Golf
Odyssey

방민준의 골프 오디세이

초판 1쇄 인쇄 2020년 10월 29일
초판 1쇄 발행 2020년 11월 7일

지은이 방민준
펴낸이 김지훈
펴낸곳 도서출판 어젠다

출판등록 2011년 7월 26일 (제2015-000263호)
주 소 서울시 마포구 양화로 7길 61-6(서교동)
전 화 (02)333-5897 | 팩스 (02)333-8460
이메일 agendabooks@naver.com

ISBN 978-89-97712-33-5 03690

이 도서의 국립중앙도서관 출판예정도서목록(CIP)은 서지정보유통지원시스템 홈페이지(http://seoji.nl.go.kr)와 국가자료공동목록시스템(http://www.nl.go.kr/kolisnet)에서 이용하실 수 있습니다.(CIP제어번호: CIP2020038409)

Golf
Odyssey

방 민 준 의

골프 오디세이

어젠다

'골프 오디세이'를 펴내며

골프와의 만남은 작은 우연이 단초였으나 그 여정은 장대했습니다.

지인에 이끌려 골프채를 잡은 뒤 제게 골프는 취미나 도락이 아니었습니다. 육체를 단련하기 위한 운동도 아니었습니다. 골프채를 잡은 지 1주일도 지나지 않아 골프의 심연을 알아채고 전인미답(前人未踏)의 밀림이나 오지를 탐험하는 자세로 바닥 모를 골프의 심연으로 빠져들었습니다.

골프를 접해본 사람들은 그 불가사의성(不可思議性)을

두고 무지개나 신기루를 좇는 것 같다고 말합니다. 결코 만족을 얻지 못하고 목표에 이르지 못하면서도 골프채를 놓지 못하는 것을 두고 '악연(惡緣)' 또는 잘못 만난 '웬수'라고까지 말합니다.

저는 호머의 대서사시 오디세이의 주인공 오디세우스가 된 느낌으로 험하디 험한 골프의 바다를 항해했습니다. 트로이가 멸망한 뒤 신들의 노여움과 사랑에 얽혀 고향으로 돌아가지 못하고 10여 년 바다를 떠돌며 방랑한 오디세우스처럼 30년 넘게 무궁무진한 골프 세계를 탐험해왔습니다.

골프와 얽힌 지난 세월을 톺아보면 그것은 구도의 길이었고 인생을 관통하는 철학을 찾아 헤매는 항해였습니다.

골프와 인연을 맺은 뒤 간단없이 이어지는 깨달음을 그동안 여러 권의 에세이집, 소설, 칼럼으로 담아냈습니다. 이런 과정에서 깨달음의 진화를 실감하면서 골프라는 험난한 길에 들어서 헤매는 사람들을 위해 나침반이나 지침서가 될 수 있는 것을 남기고 싶었습니다. 감히 불경이나 성경 같은 골프 철학서를 남기고 싶은 욕심이 일었습니다.

30여 년간 써온 칼럼 중에서 정수(精髓)를 뽑아

였었습니다. 아침에 깨달았다가도 저녁이면 잊는 골프의 속성을 생각해 늘 머리맡에 두고 아무 때나, 아무 페이지나 들추면 골프에 관한 지침과 지혜를 접할 수 있는 책이 되었으면 합니다.

그동안 저와 라운드하면서 숱한 깨달음의 기회를 주신 분들, 골프를 이유로 가정을 소홀히 해온 남편과 아비를 너그럽게 용서해준 아내와 딸 아들에게 고마움을, '버드 피쉬'에 이어 '골프 오디세이'의 출간에 흔쾌히 응해주신 도서출판 어젠다의 김지훈 대표께 특별히 감사의 마음을 전합니다.

2020년 10월

방민준

차례

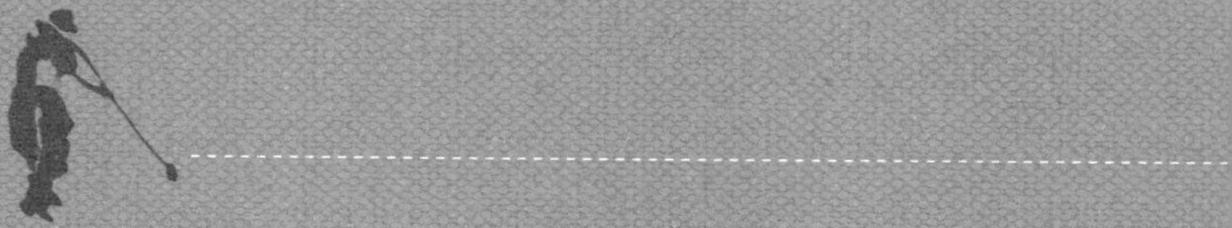

모순의 스포츠

'모순투성이' 골프의 변증법

옛날 중국 초(楚)나라에 유명한 대장장이가 있었다. 이 대장장이는 창(矛)과 방패(盾)를 만들어 시장에 내다 팔았다. 장터에 나가면 창과 방패를 양손에 들고 "이 창으로 말하면 이 세상 어떤 방패로도 그 예리함을 막을 수 없는 최고의 창"이라고 선전했다. 이어 방패를 들어 보이며 "이 방패는 이 세상 어떤 창으로도 뚫을 수 없는 최고의 방패"라고 소리쳤다. 어느 날 옆에서 이를 지켜본 한 노인이 "여보시오, 그러면 당신이 만든 창과 방패가 맞부딪치면 어떻게 되는 것이오?"하고 물었다. 그 순간 장터에 모인 구경꾼들이 폭소를 터뜨리며 대장장이를 향해 손가락질했다. 앞뒤가 맞지 않고 이치가 어긋난다는 뜻의 모순(矛盾)이 태어난

배경이다.

골프야말로 모순덩어리다. 이 세상 모순이란 모순을 다 모아놓은 듯하다. 골프에서 최고의 미덕으로 치는 평정(平靜)부터가 모순의 집합체다.

친구들과 어울려 푸른 잔디를 거닐며 하얀 공을 날리는 것만으로도 흥분하고도 남을 일인데 흥분하지 말라고 한다. 멋진 샷을 날리고 나면 절로 하늘을 날 듯 희열이 치솟는데 들뜨지 말라고 한다.

미스샷 후 자신에 대한 실망감, 동반자의 멋진 샷에 박수를 보내면서도 마음 한구석에 피어오르는 불편한 심정, 더 멋진 샷을 만들어내겠다는 욕심 등은 매우 자연스러운데도 언제나 잔잔한 호수처럼 평정심을 유지하라고 한다.

누군가와의 대결에서 꼭 이기겠다는 투쟁심, 지난 패배를 갚고야 말겠다는 복수심, 동반자 모두를 무너뜨려야 하는 적으로 생각하는 적대감 등도 금기시된다. 이런 감정이 자신의 발전을 담보하는 자극제 역할을 하는데도 말이다.

망각조차 골프에서는 미덕 대우를 받는다. 앞으로의 샷을 위해 가능한 한 지난 것은 모두 잊으라고 한다. 지난 홀의 치명적 미스샷이나 황홀한 굿샷의 순간을 잊어버리라고 한다. 위기에 처한 도마뱀이 꼬리를 자르듯 지난 기억을 끊으라고 한다.

타오르는 분노의 불길이나 주체할 수 없는 환희의 감정도 고이 눌러두라고 한다.

골프가 신사의 스포츠라며 동반자에 대한 철저한 배려를 강조하지만 이 역시 마음에서 우러난 것이라기보다는 상대방으로부터 부당한 피해를 피하기 위한 배려를 염두에 둔 위선으로도 보인다.

스포츠 중 유일하게 심판이 없다는 점을 근거로 골프는 정직한 게임의 상징으로 여겨진다. 그러나 골프만큼 상대방은 물론 자신까지 속이고 싶은 유혹이 많은 스포츠도 없다.

동반자를 속이기는 쉽다. 그러나 동반자 모르게 속이기는 어렵다. 동반자들은 멀리 떨어져 있어도 다른 동반자가 무슨 속임수를 쓰는지 유리 어항을 들여다보듯 훤히 안다. 다만 동반자들은 모른 척 또는 못 본 척하고, 자신은 다른 동반자들이 모르리라고 생각할 뿐이다.

스코어카드에는 이름과 타수만 적혀 있지만 그 이름의 주인공들은 스코어카드에 얼마나 많은 속임수, 부정직, 싸구려 선심이 숨어 있는지 안다.

모든 스포츠가 기울인 노력과 흘린 땀에 비례해 기량이 향상되는 데 반해 골프는 결코 그러리라는 보장이 없다. 그래서 더 골프를 붙들고 씨름하는 오기가 발동되는지도 모른다.

살아있는 골프의 전설 잭 니클라우스는 "골프의 80%는 정신력, 10%는 능력, 10%는 운"이라고 갈파했다. PGA투어의 짐 퓨릭은 한술 더 떠 "골프의 90%는 정신력, 나머지 10%도 정신력"이라고 말했다.

이 같은 정신력에 대한 골프 대가들의 인식 탓인지 일부 골프선수들은 성적 부진의 해법을 정신력에서 찾는다. 마인드 컨트롤(mind control)에 큰 비중을 두고 심리상담을 받기도 한다.

이같은 골프의 상충성(相衝性) 때문에 골퍼는 정신적 혼란을 피할 수 없다. 골프채를 잡은 이상 골퍼는 항상 갈등의 늪에 한 발을 담그고 있는 셈이다.

수많은 갈등과 충돌을 겪으며 해법을 찾는 골퍼들의 모양새가 독일의 철학자 게오르크 헤겔(1779~1831)의 변증법을 연상케 한다.

골퍼의 길은 끊임없이 되풀이될 정반합(正反合)의

길인지도 모른다. 그래서 골프를 '불가사의한 스포츠'라고 하는가 보다.

골프가 불가사의한 까닭

모든 스포츠가 강한 중독성을 갖고 있지만 골프의 중독성은 유별나다. 다른 스포츠의 중독성에 비하면 치명적이다.

골프에 한번 발을 들여놓으면 웬만해선 벗어나기 어렵다. 이제 갓 골프를 시작한 걸음마든, 골프 특유의 불가사의한 묘미에 가까이 가지 않았든, 기량이 일정 수준에 이르지 못해 미스샷과 나쁜 스코어로 스트레스를 받으면서도 골프와 결별하지 못하는 이유는 무엇일까.

그 이유를 꼽으라면 수도 없다.

내 의지와 희망을 쉽게 저버리는 배반성, 느슨하면서도 승부욕을 자극하는 경쟁 구도, 깊은 자연과의 친화성, 아침에 깨달았다가도 저녁이면 지워지는 골프 근육의 짧은 기억능력, 신체조건이나 체력으로 변별되지 않는 결과의 의외성, 언제라도 천국과 지옥을 오갈 수 있는 예측불허성, 목표에 도달하면 또 다른 목표가 나타나는 신기루 같은 속성, 그리스 신화의 시지프스처럼 목표에 도달해도 그곳에 머물 수 없는 형벌 같은 특성 등등.

그래서 골프가 태동한 이래 수많은 사람들이 골프의 불가사의성(不可思議性)을 언급했다.

"골프의 가장 큰 결점은 그것이 너무도 재미난다는 데 있다. 골프에 대한 그칠 줄 모르는 흥미는 남편으로 하여금 가정, 일, 아내, 그리고 아이들까지 잊게 한다."(영국의 전설적 골프기자 헨리 롱허스트)

"골프란 아주 작은 볼을, 아주 작은 구멍에, 매우 부적합한 채로 쳐 넣는 게임이다."(영국수상 윈스턴 처칠)

"골프는 남녀노소를 막론한 만인의 게임이다. 걸을 수 있고 빗자루질을 할 힘만 있으면 된다."

"골프코스는 머물지 않고 가능한 한 빨리 지나가야 할 덧없는 세상살이 모든 것의 축약이다."(프랑스의 극작가이자 외교관 장 지라두)

골프가 왜 불가사의한 운동인가를 주제로 대화를 나눈다면 밤을 지새워도 끝나지 않을 것이다.

골프는 말하자면 상식과 통념을 거부하는 희한한 운동이다. 이 때문에 많은 사람들이 한번 골프채를 잡으면 지팡이를 짚을 수 있을 때까지 골프채를 놓지 못하는 것이다.

"60세 노인이 30세 장년을 이기는 골프게임이 어찌 스포츠란 말인가!"(작가 버드 쇼텐)

이 한 마디가 골프의 불가사의성을 대변해준다.

이런 전통적인 시각에서 빗겨나 걷기에서 골프의 중독성을 발견한다. 아기나 개나 고양이 등의 움직임을 보면서 힌트를 얻었다.

아기는 걸음마를 시작하면서, 개나 고양이 등 동물들도 태어나 스스로 일어서 걸으면서 세상과 만난다. 자라면서 걷는 반경이 넓어지고 삶의 폭도 넓어진다.

미국의 인류학자 마빈 해리스(Marvin Harris, 1927~2001)가 그의 저서 '문화인류학'에서 '태초에 발이 있었다'며 인류 진화의 원동력을 걷기로 본 것은 혜안이다.

그는 약 600만 년으로 추정되는 직립보행의 역사가 바로 인류 진화의 역사라고 봤다. 인류의 도구 개발, 두뇌 발달,

언어 창조, 수명 연장 등의 동인을 직립보행에서 찾았다.

골프의 기원을 살펴보면 걷기가 골프의 핵심이고 골프채나 공은 걷기를 도와주는 하나의 도구에 불과했음을 알 수 있다.

11세기 전후 스코틀랜드 대서양 연안의 황량한 들판에서 양떼를 몰던 목동들이 심심풀이 삼아 돌멩이나 털뭉치를 토끼굴에 처넣는 게임을 즐기거나, 마을의 어부들이 고기잡이를 끝내고 집으로 돌아갈 때 재미 삼아 막대기로 돌멩이를 치며 걸었다는 골프 기원설은 걷기가 없는 골프는 존재할 수 없음을 시사한다.

18세기 프랑스의 대사상가 장 자크 루소가 갈파했듯 낭만적인 걷기는 철학과 시의 산실이었다. 동서양의 수많은 철학자 시인들은 산책, 산보, 도보여행, 탐험 등 다양한 형태의 걷기를 통해 사상을 심화시키고 시를 짓고 자연과학을 연구했다.

현대인들이 아침저녁으로 근처 산이나 들판, 강가를 걷고 험준한 산악이나 성지를 찾아 트레킹에 나서고 순례길에 오르는 것도 정신적 육체적 활력을 얻기 위한 본능적 행동인 셈이다.

이런 시각에서 보면 골프야말로 인간 본능에 기초한 가장 낭만적인 걷기가 아닐까.

골프코스는 제한된 공간이긴 하지만 코스 자체가 다양한 자연을 압축한 공간이기도 하다.

인공이 가미되긴 했지만 양탄자같은 초원, 연못과 개울, 모래밭, 황무지, 바위와 절벽, 덤불과 수목이 어우러진 골프코스는 일상에 쫓겨 자연 속으로의 탐험 기회가 없는 사람들에겐 4~5시간 동안 다양한 자연환경을 경험하며 대화하고 사색할 수 있는 최적의 공간이다.

이런 공간에서 '가장 불가사의한 운동'인 골프를 한다는 것만큼 매혹적인 일이 또 어디 있을까.

'지팡이 짚을 힘만 있으면 골프를 하라'는 골프속담이 있는 것도 단조롭고 무미하기 쉬운 보통 오솔길의 걷기와 차원이 다른 골프코스에서의 걷기가 안겨주는 위안과 즐거움 때문이리라.

골프는 누가 뭐래도 걷기에 골프 도구를 보탠 것 이상일 수 없다.

골프에서 걷는 즐거움을 제거한다면 결코 지금과 같은 인기를 누릴 수 없을 것이다.

Far and Sure

●

'멀리, 그리고 정확하게(Far & Sure)'는 골퍼의 영원한 화두(話頭)다. 골퍼들은 저마다의 소망을 갖고 있겠지만 아무도 이 화두로부터 자유로울 수 없다. 골프가 태동한 이후 많은 골퍼들이 이 화두에 매달렸지만 도달하지 못했고 앞으로도 영원히 도달할 수 없는 신기루고 무지개다.

이 화두의 기원은 1528년으로 거슬러 올라간다. 물론 훨씬 전부터 이 꿈은 골퍼들의 가슴 속에 있었겠지만 명문화한 것은 이때다.

제임스 6세의 뒤를 이어 아들인 찰스 2세가 스코틀랜드의 왕이 되었다. 내기 골프를 즐겼던 왕은 어느 날 잉글랜드의 귀족 2명과 골프의 발상에 대해 논쟁을 벌였다. 서로가 스코틀랜드와 잉글랜드를 골프의 발상지라고 주장해 논쟁은 끝날 줄 몰랐다.

참다못해 잉글랜드의 한 귀족이 왕에게 제안했다.

"골프 내기로 결론을 매듭지으면 어떨까요."

이렇게 해서 잉글랜드의 귀족 2명 대 왕과 스코틀랜드인 1명이 골프 솜씨를 겨루게 되었다. 왕은 신하들을 시켜 스코틀랜드 최고의 골퍼를 찾도록 했다. 왕의 파트너로 추천된 골퍼는 제화공인 존 패더슨으로, 신분은 천했지만 골프에는 뛰어났다. 그는 천한 신분을 이유로 극구 사양했으나 왕의 명령을 거역할 수 없어 골프장으로 나갔다.

시합은 금방 판가름 났다. 계속되는 패더슨의 묘기로 왕의 팀은 압도적인 스코어로 잉글랜드 귀족의 코를 납작하게 했다. 내기에 걸린 거금 중 절반은 패더슨에게 돌아갔다.

왕은 골프가 끝나고도 그에게 무엇인가 해줄 것이 없을까 궁리하다 상패 하나를 만들었다. 패더슨 가(家)의 문장(紋章)에 골프클럽 하나를 새긴 뒤 그 밑에 왕이 직접 'Far & Sure'라는 글귀를 써넣었다.

세 단어로 된 이 짧은 명구(名句)는 오늘날까지 모든 골퍼들의 영원한 화두로 이어져 내려오고 있다. 찰스 2세 역시 이 때문에 골프 역사에 영원히 빛나는 인물로 남게 되었다.

소문난 골프애호가였던 삼성그룹 창업자 고 이병철 회장은 생전에 500개가 넘는 골프채를 갖고 있었던 것으로 유명하다. 특히 드라이버가 많았는데 이는 골동품 가치가 있는 골프채 수집에 남다른 취미가 있기도 했지만 주위에서 잘 맞고 멀리 나간다며 신제품 드라이버를 선물했기 때문이었다.

새 드라이버를 들고 온 사람마다 "이 채는 지금보다 10야드 더 나가는 신병기"라는 말을 빠뜨리지 않았다.

이 회장은 나중에 "내가 30년도 넘게 골프를 쳤는데, 그것들의 효과가 사실이라면 난 벌써 파 4홀 정도는 거뜬히 원온을 했어야 하는 것 아닌가? 드라이버를 신병기로 바꿀 때마다 거리가 10야드씩 더 나갔을 테니까 말이야. 다 소용없는 얘기야."라고 말했다고 한다.

이 일화는 아무리 골프 장비가 좋아지더라도 비거리를 늘리는 데는 한계가 있으며 볼을 멀리 정확하게 날리기 위한 좋은 스윙을 연마하지 않은 채 좋은 골프채로 이를 대신하려 하는 것은 어리석은 일임을 일깨워준다.

'Far & Sure'에 대한 골퍼들의 열망은 스윙의 개발과 함께 골프 장비의 발전을 촉발했다. 특히 장비의 발전은 눈부셨다. 스윙은 17세기에 이미 이론서가 쓰였을 정도로 상당한 수준에 이르렀으나 골프채는 19세기에 접어들어서 히커리 나무로 만든 샤프트와 아이언 클럽이 등장하면서 현대적인 골프 장비 형태를 갖추기 시작했다. 이전에는 클럽 한 개의 무게가 현재의 두 배 가까이 되는 600g이 넘었는데 히커리 샤프트의 개발로 100g 이상 줄일 수 있었다.

최근의 골프 장비 기술은 첨단과학과 접목되어 몇 개월마다 신제품이 나올 정도로 눈부시게 발전하고 있다. 이병철 회장의 "다 쓸데없는 얘기야"라는 명언을 무색케 할 정도로 비거리 증대와 정확도 개선에 괄목할 효과를 나타내고 있다.

미국 PGA투어 대회를 치르는 골프장들이 최근 너무 좋은 스코어가 나오자 난이도를 높이기 위해 코스를 어렵게 개조하는 것도 골프 장비의 개선 때문이다. 급기야 골프 장비의 규제론까지 나오고 있다.

골프 장비산업은 가히 첨단산업이라 할 만큼 물리학, 재료공학, 항공우주공학에 나노기술까지 동원되면서 아마추어 골퍼들에게도 '보다 멀리, 그리고 정확하게'를 쉽게 실현할 수 있을 것 같은 환상을 갖게 한다.

필드에 나가지도 않고 필드의 상황을 그대로 입체영상으로 재현해 즐길 수 있는 스크린골프도 등장, 싸게 골프를 즐기며 골프 레슨에도 도움을 얻는다.

획기적인 골프 장비의 발달은 다분히 아날로그적 스포츠인 골프를 디지털 스포츠로 변화시키고 있다고 해도 과언이 아니다. 골프만큼 아날로그적인 요소와 디지털적인 요소가 혼합된 스포츠도 찾기 힘들 것이다.

그러나 아무리 첨단소재와 첨단과학이 골프에 응용되어 골프의 디지털화가 가속화하더라도 골프 장비를 다루는 사람을 디지털화할 수는 없다. 아무리 멀리 날아가는 볼, 쉽게 칠 수 있는 골프채가 나오더라도 스윙 동작을 기계가 대신할 수는 없기 때문이다. 스윙의 주체가 사이보그가 아닌 사람인 이상 디지털적인 스윙 동작은 불가능하다.

골프에서 아날로그적인 요소의 제거가 불가능하다면 디지털적인 요소와 아날로그적인 요소가 적절히 조화를 이루는 디지로그(Digilog)적 사고와 훈련이 불가피하다. 첨단소재와 첨단과학으로 만들어진 골프 장비도 잘 단련된 육체와 좋은 훈련으로 다듬어진 스윙, 그리고 골프 장비를 신체의 일부로 받아들여 일체화하려는 마음가짐과 결합했을 때 비로소 제 기능을 발휘할 수 있다.

완전한 디지털화가 불가능하다는 점, 이것이 바로 골프가 불가사의한 스포츠인 핵심이 아닐까.

골프의 리듬

'쏴아- 쏴아-'

뇌혈류 검사를 받아보면 혈관에서 파도 소리를 듣게 된다. 대나무 숲을 스치는 바람소리 같기도 하다. 모니터에 나타난 그림도 영락없이 해변으로 몰려드는 파도 모양이다.

이 소리에 집중하다 보면 한적한 해변에 있는 듯 저절로 마음이 편해지고 눈이 감긴다.

빗소리를 들으면 대부분의 남자들은 술 생각을 한다. 특히나 함석지붕이나 천막, 슬레이트 지붕에 떨어지는 빗소리는 자연발생적으로 빈대떡과 술을 떠올리게 한다.

몸속을 흐르는 혈류의 리듬과 비나 개울 등 물의 리듬이 비슷하기 때문이 아닐까. 억수로 비가 쏟아질 때, 개울물이

철철 넘쳐흐를 때 술 생각이 간절한 것은 몸속 혈류의 리듬에 익숙한 태초의 감성이 살아나기 때문일 것이다.

피의 흐름에서 생기는 맥박이나 심장 박동과 호흡의 리듬은 같은 종의 동물이라면 비슷하다.

사람의 맥박은 신생아일 경우 1분에 100~150회, 유아는 80~120회, 1~10세의 어린이는 70~130회, 10세 이상 성인은 60~100회, 훈련받은 운동선수는 40~60회로 차이는 있지만 비슷한 연령이라면 이 범주에서 크게 벗어나지 않는다.

호흡의 경우 폐활량이나 운동 습관에 따라 차이가 나지만 1분당 60회에서 100회 사이가 보통이다.

보통사람은 맥박이나 호흡 등 타고난 생체리듬을 그대로 유지한다. 건강을 위해 또는 질병 치료를 위해 훈련을 통해 변화시킬 수는 있지만 그 진폭은 극히 제한적이다.

그러나 천부적으로 타고난 각자의 생체리듬도 심리적 상황에 따라 극단적으로 차이가 난다.

한 구도자가 한밤에 좁은 산길을 걷고 있었다. 달빛도 없는 밤길이라 지척도 구분할 수 없었다. 그러다 발을 헛디뎌 비탈로 미끄러졌다. 놀란 구도자는 엉겁결에 미끄러지지 않으려고 손에 닿는 나무 둥치에 매달렸다. 어둠 속에서 천 길 낭떠러지를 상상하며 날이 새기만을 기다렸다. 간신히 있는 힘을 다해 나무 둥치를 놓치지는 않았다.

먼동이 터 주위를 보곤 자신이 얼마나 어리석은지 깨달았다. 천 길 낭떠러지라고 생각한 벼랑은 없었다. 바로 발아래는 평지였다. 매달려 있을 필요가 없었다. 잡은 나무둥치를 놓으면 땅이 받쳐주고 무사히 언덕을 오를 수 있는 곳이었다.

구도자는 어둠을 이유로 주변 상황을 파악하려 하지 않고 미리 겁을 먹고 낭떠러지라고 생각한 자신을 되돌아보며 지옥은 마음이 만들어내는 것이란 걸 깨달았다.

한순간이라도 손안에 없으면 불안한 필수 휴대품이 된 스마트폰을 잊어버렸을 때를 상상해보자.

현대인에게 휴대폰은 신체의 일부나 마찬가지다. 휴대폰 없이는 일상이 한순간에 마비된다. 모든 정보를 휴대폰 속에 담아두었는데 정작 내 손에는 휴대폰이 없으니 내가 필요한 정보는 하늘나라로 날아간 격이다.

이때 가슴은 요동치고 호흡은 거칠게 빨라진다. 휴대폰 속에 끼워둔 카드를 누가 사용하지는 않았을까, 가족에게는 무슨 수로 연락할까 아득해진다. 휴대폰 속에 집적해둔 귀중한 정보들을 어떻게 다시 모을 수 있을까를 생각하면 더욱 눈앞이 캄캄하다. 사막 한가운데 뚝 떨어진 것처럼 막막하다.

그러다 잊어버렸다고 생각한 휴대폰을 다른 옷 주머니에서 발견하는 순간 가슴은 진정되고 호흡이나 맥박도 제 리듬을 찾는다.

휴대폰은 도망가지 않고 놓아둔 그 자리에 있었지만 엉뚱한 곳에서 잊어버렸다고 생각하고 그에 따른 여러 불상사를 머릿속에 떠올리면서 생체리듬에 막대한 영향을 미친 것이다. 타고난 생체리듬도 멘탈 리듬에 따라 극과 극을 오간다는 뜻이다.

중요한 것은 이 멘탈 리듬이 명상, 관조, 직시, 집중, 초월 등의 습관과 훈련으로 제어할 수 있다는 사실이다.

왕 싱글이라고 자타가 인정하는 고수도 어느 날 맥없이 무너질 때가 있다. 지난주 우승한 프로선수도 다음 대회에서 컷 탈락하는 수모를 겪는 경우도 비일비재하다.

우주의 철리는 파동을 벗어날 수 없다. 파동이 오르락내리락하며 출렁이는 것은 자연스럽다. 개개인에 따라 파동의 진폭이 다르고 주기에 차이가 있을 뿐이다.

타고난 생체 리듬으로부터 완전히 자유로울 수는 없다. '모든 것은 마음이 만들어낸 것(一體唯心造)'이라고 하지만 물이나 구름처럼 손에 잡히지 않는 마음을 다스린다는 것은 지난하다.

그러나 자신의 생체리듬, 멘탈 리듬의 정체를 알고만 있어도 천당과 지옥을 오가는 불행은 예방할 수 있다. 그리고 타고난 생체리듬이나 멘탈 리듬도 습관의 변화와 훈련에 따라 조절 가능하다.

우리가 접하는 위대한 선수는 바로 이런 능력을 갖추었다고 보면 틀림없다. 자신의 마음의 파동을 알아차리고 그 파동이 불러올 수 있는 긍정적 부정적 상황을 눈치채면 얼마든지 마음 움직이는 대로 부화뇌동하지 않을 수 있다.

라운드하는 순간, 나의 생체리듬과 멘탈 리듬의 움직임을 알아차리고 주의하는 습관을 갖는 것만으로도 골프의 수준을 몇 단계 높일 수 있다.

끄는 힘과 미는 힘

끄는 힘과 미는 힘은 어느 쪽이 더 강할까?

바퀴가 달린 수레에 물체를 싣고 움직일 때를 가정해보자. 물리학적인 이론으로 보면 같은 물체를 움직이는 데 필요한 힘은 끌 때나 밀 때나 같아야 한다.

그러나 실제로 리어카를 끌거나 밀어보면 미는 것보다 끄는 게 훨씬 쉽다. 앞에서 끌 땐 손잡이를 배에 걸치고 앞으로 움직이면 끄는 대로 따라오지만 뒤에서 밀 땐 팔에 힘을 주고 방향을 유지하느라 힘의 소모가 더 많기 때문이다.

세계 스트롱맨 대회의 트럭 끌기가 좋은 예다. 거구의 선수들이 20여 톤에 달하는 트럭을 정지상태에서 일정한 거리까지 이동시키는 시간을 다투는 이 경기에서 선수들은 긴 밧줄로 몸과 트럭을 연결해 앞으로 끈다. 결코 트럭을 뒤에서 밀지 않는다. 끌려는 오지만 밀어서는 꼼짝도 하지 않기 때문이다. 뒤에서 밀면 그만큼 힘의 손실이 많다는 증거다.

많은 아마추어들이 물 흐르는 듯 부드러우면서 힘찬 스윙을 꿈꾸지만 백스윙이나 팔로우스윙이 뜻대로 안 되는 것은 지나치게 미는 힘에 의존하기 때문이다. 효율이 더 좋은 끄는 힘을 활용하지 못하고 효율도 떨어지고 방향성도 보장되지 않는 미는 힘에 매달린 탓이다.

백스윙이 제대로 안 되는 것도 오른쪽 어깨를 뒤쪽으로 돌리지 않고 왼쪽 어깨를 턱 밑으로 밀어넣어 만들려 하기 때문이다. 오른쪽 어깨가 뒤로 돌지 않으면 아무리 왼쪽 어깨를 밀어도 온전한 백스윙은 만들어지지 않는다. 도리어 몸의 중심축이 오른쪽으로 밀려 축이 무너지는 부작용을 낳는다.

팔로우스윙 때도 오른쪽 팔로 가격하려다 보니 좋은 피니시가 만들어지지 않는다. 백스윙 때 오른쪽 어깨와 팔이 리드했다면 다운스윙, 팔로우스윙 때는 반대로 왼쪽 어깨와 팔이 리드해야 힘의 효율을 극대화할 수 있다.

왼쪽 어깨와 팔이 리드하면 끄는 힘이 작용해 그만큼 볼에 파워가 붙는다. 힘이 분산되지 않아 방향성도 좋아진다. 밧줄로 연결된 수레가 끄는 대로 끌려오는 것과 같은 이치다.

오른쪽 어깨와 팔로 볼을 가격하려는 스윙은 리듬이나 타이밍이 조금이라도 어긋나면 슬라이스나 훅을 초래한다. 미는 힘의 방향성이 보장되지 않기 때문이다.

미는 힘을 강하게 하려다 보면 오른 어깨와 팔과 손목에 힘이 들어가 오히려 헤드 스피드에 브레이크를 거는 역효과를 낸다.

그렇다고 미는 힘이 쓸모없다는 얘기가 아니다. 리어카를 끌 때 뒤에서 누가 손이라도 얹어 힘을 보태면 한결 끌기가 수월하듯 스윙할 때도 끄는 힘을 미는 힘이 받쳐 주면 힘의 총량이 그만큼 늘어나 클럽헤드의 스피드가 빨라지고 볼에 파워가 붙는다.

끄는 힘과 미는 힘을 주엔진과 보조엔진으로 생각하면 틀리지 않을 것 같다.

밸런스

균형, 안정, 평정, 조화, 저울, 잔고 등을 의미하는 영어 balance는 둘을 의미하는 'ba'와 접시라는 뜻의 'lance'가 결합해 만들어진 단어다. 라틴어의 둘을 의미하는 'bis'와 접시, 천칭을 의미하는 'lanx'에 어원을 두고 있다. 두 개의 접시가 한쪽으로 기울지 않고 평평하게 놓인 저울을 가리킨다.

한자어 균형(均衡)에서 均은 밭을 고르게 평평하게 간다는 뜻이고 衡은 저울대를 의미한다. 저울이 한쪽으로 기울지 않고 바로 서 있는 모양이 바로 균형이다.

구력 30년도 훨씬 지나 골프에서 균형이 얼마나 중요한가를 깨달았다는 것이 부끄럽지만 지금에라도 골프가 철저한 균형의 운동이라는 것을 깨달은 것은 천만다행이다.

골프에서 스윙이란 간단히 말해 회전운동을 직선운동으로 전환 시키는 동작이다. 교습가마다 비거리 증대와 방향성 향상을 위해 나름의 독특한 스윙이론을 제시하지만 회전운동을 직선운동으로 바꾸는 것이 스윙이라는 대원칙은 변할 수 없다.

유명 프로선수의 스윙이 교과서로 소개되고 있지만 누가 뭐래도 스윙을 위한 균형 잡힌 자세는 기마자세와 Y자를 뒤집어 놓은 모양이 최상이다.

교습가나 프로들의 자세에서 미세하게 오른쪽으로 기운듯한 모양새가 보이기도 하지만 이는 파워 증대나 헤드 스피드를 높이기 위한 개인의 운동습관에 기인한 것에 지나지 않는다.

그네타기나 활쏘기, 검도에서 보듯 육체가 최대의 힘을 발휘하기 위해선 몸의 축이 흔들리지 않고 균형이 잡혀 있어야 한다.

모든 골퍼에게 요구되는 평정심 또한 마음의 균형을 잡는 일이다.

최근 들어 비거리가 늘었다는 말을 많이 듣는다. 이유를 곰곰이 따져봤더니 가급적 몸을 덜 움직이고 균형 잡힌 스윙을 익힌 후에 생긴 일이다.

몸을 요동치지 않고, 볼을 가격한다는 생각을 지우고, 다만 클럽헤드가 바람을 가른다는 생각으로 부드러운 스윙을 익힌 결과 드라이버 비거리가 늘었고 아이언 비거리도 한 클럽 정도 차이가 났다.

균형 잡힌 스윙을 몸에 익히게 된 데는 아내의 도움이 컸다는 것을 고백한다.

아내는 체격이 왜소한 편이지만 자세가 똑바르고 걸음걸이가 당당한 편이다.

그런 아내가 시니어모델 스쿨에 들어가 서너 달 열심히 배우더니 완전히 달라진 자세가 되어 내 자세를 뜯어고치기 시작했다. 서는 자세와 걷는 자세는 물론 팔과 발의 움직임까지 개조했다.

평소 내 자세는 '자유방임형'이나 다름없었다. 배는 내밀고 허리는 약간 구부정하다. 걸을 때도 몸을 곧추세우지 못했다. 의자에 앉을 때는 허리를 세우지 않고 C자로 구부러지는 편한 자세를 취하는 게 습관이 되었다.

이런 내겐 아내의 자세 개조작업은 여간 어려운 것이

아니었으나 아내의 잔소리가 나를 위한 것이니 거부할 수도 없었다.

그러기를 몇 개월 했더니 내가 봐도 확 달라졌다. 언제나 어깨를 활짝 펴고 허리를 곧추세우고 팔과 다리를 당당히 움직인다. 아랫배는 안으로 잡아당기고 걸음도 호랑이걸음처럼 일직선으로 걷는다.

스스로 10년은 젊은 느낌이 들고 주변에서도 "청년 같다"고 해준다.

자세 변화는 자신감과 함께 나의 골프 스윙도 변화시켰다. 골프 연습을 할 때도 제대로 된 어드레스 자세와 스윙 자세를 지키는 데 집중할 수 있었다. 주위에서 그 연세에 스윙이 아름답다는 소리를 들을 정도가 되었다. 70이 넘어 40~50대와 겨루어 지지 않으면 대단하지 않은가.

밸런스에 대한 깨달음과 이를 위한 실천이 안겨준 값진 선물이다.

내 안의 괴물

아마추어 골퍼들은 자신의 스윙이 얼마나 훌륭한지, 얼마나 엉망인지 모른다.

주말에 골프연습장에 가보면 모두가 연습에 몰두하는 모습을 볼 수 있다. 연습에 몰두하는 사람들의 90% 정도는 오로지 자신만의 연습에 몰두한다. 자신이 옳다고 생각하는 방식으로, 자신이 가장 효과적이라고 생각하는 방법으로 한눈팔지 않고 볼을 쳐내는 데 열중한다. 겨우 5% 이내의 사람들만이 자신의 스윙을 점검하며, 고수의 스윙을 유심히 지켜보며 자신에게 무엇이 문제인지 찾아가며 올바른 스윙을 익히기 위해 땀을 흘린다.

골프연습장에서 오른손을 다쳐 두 달 가까이 연습을 할

수 없었던 지인을 만났다. 동네에서 친구들과 술을 마시고 귀가 중 넘어지는 바람에 오른 손목 골절상을 입은 그는 구력 30년에 가까운 골프광이다.

그렇다고 기량이 아주 탁월한 것은 아니고 골프의 매력 자체에 빠져 골프를 즐기는 전형적인 골프애호가다. 스코어에 별 신경을 안 쓰고 골프코스를 거닐며 동반자들과 대화를 나누고 자연을 완상하는 것 자체를 즐기는 스타일이다. 특히 라운드를 끝내고 갖는 뒤풀이 자리에서 술잔을 주고받는 데 최상의 행복을 느끼는 듯하다.

하도 손이 근질근질해 가볍게 연습을 해볼까 생각하고 연습장에 나와 봤다는 그는 잠시 쉬고 있는 내게 다가와 입을 열었다.

"모두들 열심히 연습에 몰두하는데 사실 자신도 모르는 괴물을 키우고 있어요."

처음엔 말뜻을 알아듣지 못했다.

자신이 말한 뜻이 정확히 전달된 것 같지 않다는 느낌을 받은 그는 부연설명을 했다.

"자기 딴에는 옳은 스윙을 익힌다고 기를 쓰는데 실은 대부분 괴물을 키우고 있다니까요. 저도 참 열심히 연습했는데 지나고 보니 괴물을 키웠지 뭡니까. 이젠 별수 없지요. 괴물하고 같이 사는 수밖에…."

그때야 그의 말을 알아들었다.

"그동안 참 열심히 골프 연습을 했는데 지나놓고 보니 내 속에 괴물을 키우고 있었던 것 아닙니까? 그때는 몰랐지요. 열심히 골프채를 휘두르는 데만 집중했지 제대로 휘두르는지는 신경 쓰지 않았으니까요."

그러면서 그는 연습에 열중하고 있는 사람들을 훑어보았다.

그의 시선을 따라 가보니 볼을 자동으로 매트 위에 놓아주는 '캐디마스터'를 차지한 모두가 주위엔 아랑곳없이 기계가 놓아주는 볼을 쳐내는 데만 열중하고 있었다. 물론 제각각의 스윙 자세로 쉼 없이 골프채를 휘둘러대고 있었다.

"혹시 자신이 괴물을 키우고 있는 것은 아닐까 하는 의문만 가져도 골프가 달라질 텐데 그때는 몰랐어요."

회한이 묻어나는 그의 한 마디는 내 머리를 때렸다.

나 역시 지금의 스윙을 익히기 전까지 얼마나 독불장군식으로, 주위의 충고를 무시하고, 제멋대로의 샷을 익히는 데 열중했던가.

'세살 버릇 여든까지 간다.'는 속담은 골프에서도 예외가 아니다.

처음 골프채를 잡아 레슨프로로부터 걸음마를 배울 때는 시키는 대로 하다가도 얼마 못가 독자행보를 선택해 자신만의 연습에 몰두하는 게 대다수 골퍼들의 습성이다.

머리로 이해한 것만 믿고 내 몸이 따르지 못한다는 사실은 모른 채 자기만의 연습에 몰입한다.

필드에서 보게 되는 동반자들의 괴이한 스윙은 바로 이 과정에서 태어나 주인님이 흘린 땀을 먹고 무럭무럭 자란 괴물인 것이다.

골프연습장에서 땀을 흘리는 사람들 대부분이 지금 괴물을 키우고 있을 가능성이 높다. 자신만 모를 뿐 옆 사람이 보면 온전하지 못하는 정도를 지나 괴상해 뵈는 스윙을 익히는 데 온 정성을 기울이고 있다는 말이다.

혹시 나는 어떨까. 주변에 눈을 돌려 정말 내가 배우고 익혀야 할 스윙을 찾는 노력을 소홀히 하지 말자. '이젠 내가 알아서 하지 뭐.'하고 생각하는 순간부터 내 속에서 괴물이 자라기 시작한다는 사실을 명심하자.

빈 스윙

골프에서 힘(power)은 영원한 화두(話頭)다.

'힘 빼는 데 3년'.

골프 이력이 꽤 쌓인 사람들이 후학들에게 자주 하는 말이다. 힘 빼는 게 얼마나 어려운 것인가를 강조하는 말인데 사실 3년 만에 힘을 뺄 수 있다면 천재이거나 행운아다.

처음부터 정식 교습가로부터 골프를 제대로 배운 사람이면 몰라도 독학을 중심으로 간헐적인 지도를 받는 보통 골퍼들로서는 3년 만에 힘을 뺀다는 것은 불가능하다. 구력 30~40년이 지난 사람도 여전히 힘을 뺀다는 진정한 의미를 모른 채 골프와 씨름한다.

공을 멀리 쳐 보내야 하는 골프에서 힘을 빼라는 말은

언뜻 모순처럼 보인다. 공을 멀리 보내려면 강하게 힘껏 쳐야 하는 것은 당연하다. 그런데 힘을 빼라니 초보자들로서는 머리가 헷갈린다.

주말골퍼들은 프로선수들을 만나면 그 답을 찾으러 비결을 묻곤 한다. 상세히 가르쳐줄 계제가 안 되는 탓도 있지만 많은 프로선수들이 짧게 답을 던진다. 그리고 그 답은 공통적으로 두 가지로 갈린다.

"힘껏 휘두르세요. 머뭇거리지 말고 있는 힘 다해서 치시면 됩니다."

"힘 빼고 치세요. 물 흐르듯 부드럽게 치세요."

한쪽에선 힘껏 치라 하고 다른 고수들은 힘 빼고 치라고 하니 더욱 혼란스러울 뿐이다.

다 같은 힘인데 전문가가 말하는 힘과 주말골퍼들이 생각하는 힘은 확연히 다르다.

비거리는 공을 때려내는 헤드 스피드와 비례한다. 헤드 스피드가 빠를수록 튕겨 나가는 공의 스피드도 빠르고 비거리도 늘어난다.

프로선수들이 '힘껏 쳐라'고 하는 것은 헤드 스피드를 빠르게 하라는 뜻이다. 헤드 스피드를 빠르게 하려면 스윙

스피드가 빨라야 함은 물론이다.

그런데 대부분의 주말골퍼들은 헤드 스피드를 빠르게 하는 게 아니라 골프클럽을 움켜쥐고 돌리는 손과 팔 어깨에 힘을 주는 것으로 착각한다.

헤드 스피드를 빠르게 하려면 골프클럽을 빠르게 돌려야 하는데 이때 필요한 것은 움켜쥐는 힘이 아니라 윤활유를 바른 유니버설 조인트처럼 손목 팔 어깨 허리를 걸림없이 회전시켜 주는 동작이다. 이것이 골프 파워의 핵심이다.

이를 터득하지 못한 주말골퍼들이 힘껏 공을 치려고 할 때 나타나는 전형적인 증상은 신체의 경직이다. 클럽을 강하게 움켜쥐니 손과 팔 어깨의 근육은 경직되고 자연히 관절이 유니버설 조인트 역할을 하지 못한다. 힘껏 친다고 해봐야 헤드 스피드는 오히려 느려진다. 마치 자동차의 브레이크를 잠근 채 액셀 페달을 세게 밟는 꼴이다.

관절이 굳은 상태에서 힘차게 스윙을 하려다 보니 몸의 중심축이 흔들리고 무게중심이 전후좌우로 흔들리는 불필요한 군더더기 동작이 나타난다.

당연히 공을 헤드 페이스 중앙에 정확히 맞힐 수 없고 힘(스피드)을 공에 온전히 전달하지 못하고 일관성도 보장되지 않는다.

구력 40년이 가까워지는 필자도 이제야 골프에서 필요로 하는 힘의 정체를 깨닫고, 몸에 익히며 매일 오도송(悟道頌)을 토해낸다.

골프가 요구하는 힘 즉 빠른 헤드 스피드는 빈 스윙을 할 때 느낄 수 있다. 공이 없는 상태나 공 뒤로 물러난 상태에서 연습스윙을 할 때는 대부분 프로 못지않은 부드럽고 빠른 스윙을 구현해낸다. 스윙에 옹이가 없다. 그러나 막상 볼을 앞에 놓고 치기 위한 스윙을 할 때는 공을 강하게 치려는 생각에 손과 팔 어깨가 경직되고 백스윙은 가다가 말고 팔로우스윙도 돼지 꼬리처럼 말린다.

연습스윙처럼 백스윙이나 팔로우스윙을 갈 데까지 가게 하고 싶다는 생각을 갖고 온갖 이미지를 만들어가며 연습한 결과 이제 힘을 뺀다는 의미, 헤드 스피드를 높인다는 의미를 깨닫는다. 소림사(少林寺)에서 무술을 연마하는 수련생들이 거쳐야 하는 많은 관문을 통과하듯 꽤 높은 단계에 접어들었다고 자만하면서도 빈 스윙을 완벽히 구현하는 데 그렇게 긴 시간이 걸린 셈이다.

30~40대에 빈 스윙의 깊은 뜻을 깨달아 익혔더라면 어땠을까.

나무처럼
서라

들판이나 숲을 거닐다 보면 그 많은 식물들이 하나도 같은 것이 없음에 놀란다. 같은 종이라도 서 있는 모습이나 가지를 뻗은 모양이 모두 다르다. 한 둥치에서 뻗어나간 줄기와 가지, 나뭇잎, 꽃잎조차 같지 않음에 놀란다.

식물의 씨앗은 같은 종의 DNA를 공유하고 있지만 언제 어디에 떨어져 싹을 틔우느냐에 따라 서로 다른 독립된 개체로 자라기 때문일 것이다.

씨가 떨어진 장소, 토양의 성분, 계절 변화에 따른 온도와 강수량 일조량 등의 기후조건에 따라 개체로서의 특성을 지니게 되는 것이리라.

이런 눈으로 산야의 식물들의 모습을 둘러보면 '지금 여기'에 터를 잡아 뿌리를 내리고 가지를 뻗고 잎을 틔우고 꽃을 피워 씨앗을 만들며 자라는 식물들이야말로 주어진 환경에 가장 적절하게 적응한 결과라는 사실을 깨닫는다.

식물의 세계에까지 '인연과보(因緣果報)'의 법칙이 적용된다는 사실에 소름이 끼칠 정도다. 식물의 세계가 이럴진대 인간세계의 개체 다양성은 무한하다 해도 과언이 아닐 것이다.

지극히 평범한 이런 깨달음은 사실 골프를 통해 얻었다.

골프를 제대로 하려면 지켜야 할 준칙들이 수없이 많지만 올바른 스탠스를 취하는 것도 중요한 요소다. 연습장에서는 잘 맞는데 필드에서 그대로 재현되지 않는 것은 스탠스가 다르기 때문이다.

연습장에선 매트가 깔려 전후좌우의 기울어짐이 없이 평평하지만 현장은 다르다. 평평한 곳을 찾기 어려울 정도로 다양한 지형을 만나게 된다.

볼이 놓인 지형에 맞게 스탠스를 취하고 스윙도 여기에 맞게 해야 하는데 대부분 골퍼들은 연습장에서 하듯 골프채를 휘두르다 미스샷을 내고 만다.

나도 스탠스 문제로 상당한 어려움을 겪었다. 연습장과 현장의 지형이 판이하다는 사실을 숙지하고도 현장 지형에 맞게 스탠스를 잡는 것은 쉽지 않았다.

어느 날 골프코스에서 늘어선 나무들의 모습에서 깨우침을 얻었다. 유심히 코스 주변의 소나무 숲을 살펴보다 한 그루도 같은 모습으로 서 있지 않다는 사실에 놀랐다. 잎의 모양이나 줄기의 껍질, 솔방울의 생김새만 비슷할 뿐 어느 한 그루도 서 있는 모습이 같지 않았다.

평지라고 해서 모두 같은 모습으로 서 있는 것도 아니었다. 미세한 차이로 기둥 줄기의 기울기와 방향이 다르고 잎의 밀도도 달랐다.

경사진 곳에서는 지면의 기울기에 맞춰 쓰러지지 않을 자세로 버티고 서 있었고 심지어 도저히 나무가 자랄 수 없을 것 같은 벼랑의 작은 틈에서도 뿌리를 내려 마치 인도의 요기처럼 서 있기도 했다.

소나무뿐만 아니라 눈에 보이는 모든 나무와 야생화, 풀들이 모두 주어진 지형에 맞게 제각기 다른 자세로 흔들리며 자라고 있다는 사실은 경이였다.

일치하는 것이라곤 모든 나무들이 뿌리를 내린 장소에서 도태되지 않고 가지를 뻗으며 자라기에 알맞은 모양으로 서 있다는 사실이었다.

그때 이후 평지나 비탈에서 선 나무의 모습에서 어떤 스탠스가 최상의 동작인지 힌트를 얻었다.

볼이 놓인 장소가 내리막이냐 오르막이냐, 앞으로 기울었느냐 뒤로 기울었느냐 등 다양한 라이(lie)에 따른 스탠스와 몸의 유지는 골프코스에 자라는 나무들이 잘 보여주었다.

이런 깨달음을 얻은 뒤 골프 스코어가 눈에 띄게 좋아졌고 에이지 슛(Age shoot, 나이와 같거나 그보다 적은 스코어를 내는 것)까지 기록했으니 내겐 매우 귀중한 깨우침이다.

소나무가 서 있는 모습에서 촉발된 깨달음의 여정은 결국 임제(臨濟)선사의 '수처작주(隨處作主)'에까지 닿았다.

중국 당나라의 대표적 선사인 임제는 '수처작주 입처개진(隨處作主 立處皆眞)'이란 사자성어(四字成語)로 유명하다. '머무르는 곳마다 주인이 되어라. 지금 있는 그곳이 바로 진리의 세계다.'라는 뜻이다.

'머무르는 곳마다 주인이 되라'는 가르침은 골퍼의 시각에선 '나무처럼 그곳에 서라'로 들린다.

늑대와 함께 골프를

늑대는 먼 옛날부터 인간에게 공포의 대상이었다. 100만 년 전에 출현한 것으로 추정되는 늑대는 인간이 번성하기 전에는 지구상에서 가장 강인한 동물이었다. 인간이 늘어나면서 늑대의 생활터전은 좁아질 수밖에 없었고 인간과 늑대의 충돌이 시작된다.

중세 이전까지만 해도 서로의 공존이 가능했다. 인간은 가축을 보호하기 위해 늑대들을 공격했지만 철저한 팀워크, 날카로운 관찰력, 무리에 대한 충성심, 다양한 커뮤니케이션 기술, 그리고 도저히 흉내 낼 수 없는 인내심 등 늑대 무리가 지닌 덕목 때문에 한편으론 늑대를 경외의 눈으로 바라보았다.

불행하게도 이 같은 늑대의 덕목이 늑대 무리의 살육을 촉발하는 원인이 되었다. 중세 유럽의 지배자들이 뛰어난 전사의 품격을 지닌 늑대와 자신을 동일시, 늑대와 개의 교배를 통해 늑대개를 만들어내 궁정에서 키웠다. 이 과정에서 사나운 잡종이 탄생, 우리를 탈출해 가축과 사람을 공격했고 사람들은 이를 야생 늑대의 소행으로 받아들였다.

이때부터 인간의 일방적 늑대 살육전은 본격화되었고 늑대는 모든 사악한 것의 상징으로 변했다. 인간의 욕심과 실수 때문에 늑대가 억울한 누명을 쓰고 멸종의 위기를 맞은 것이다.

늑대의 사회구조는 인간의 그것과 흡사하다. 늑대 연구가들은 늑대 무리가 지닌 덕목에 감탄해 늑대를 인간이 본받아야 할 '아름답고 신비한 생명체'로 받아들이기를 주저하지 않는다. 인간의 사회구조와 흡사하면서도 인간이 갖추지 못했거나 잃어버린 미덕을 훌륭하게 간직하고 있기 때문이다.

늑대 무리는 자연계에서 가장 유능한 사냥조직이기는 하지만 그 실패율은 대략 90%에 달한다. 통계상 열 번 사냥을 시도해서 겨우 한 번 성공하는 셈이다. 늑대들은 언제나 굶주려 있기 때문에 사냥은 늑대의 생존에 필수불가결한 요소다. 그러나 늑대들은 배고픔 때문에 미친 듯이 살상을 하고 자포자기하지 않는다. 늑대들은 바로 눈앞에 놓인 과제에 최선을 다하며 거듭되는 실패에서 교훈을 얻으며 사냥기술을 계속 연마해간다.

인간들의 실패개념은 늑대에게 적용되지 않는다. 늑대에게 있어 실패한 사냥은 단지 기술을 재정비하고 전의를 가다듬을 수 있는 또 다른 기회이다. 그들은 실수를 실패로 여기지 않는다. 마치 중요한 자료를 컴퓨터에 입력하는 것과 같이 언젠가 나중에 효과적으로 사용될 귀중한 지식으로 여긴다. 인간들이 실패라 부르며 부끄러워하는 것을 늑대들은 지혜로 변화시키는 것이다.

끊임없이 실수가 되풀이되고 실수 때문에 분노와 실의에 빠지기 쉬운 골프야말로 늑대의 지혜가 필요한 게임이다. 수없이 겪는 실수에 좌절하지 않고 보다 나은 기량 연마를 위한 교훈이자 자료로 받아들인다면 골프가 그렇게 고약한 게임이 되지는 않을 것이다.

늑대들의 인내심은 지구상 그 어떤 동물도 필적할 수 없을 것이다. 사냥과정에서 나타나는 늑대의 인내심은 경탄을 넘어선다. 늑대들은 종일 먹이를 추적하지만 따분해하거나 지치지 않는다. 적당히 쫓는 것이 아니라 날카로운 감시의 눈길을 늦추지 않고 뒤쫓는 짐승의 구성원 하나하나에 대한 건강상태, 심리상태 등을 철저히 분석, 그중에 가장 약하거나 상처 입었거나 어린 동물만을 선택해 주목표로 공격한다. 결코 다루기 힘든 대상을 표적으로 삼지 않는다.

먹잇감을 고르는 데 그치지 않고 먹잇감의 사소한 특징과 습관까지 낱낱이 관찰하고 숙지한다. 약간 신경질적인 행동을 보이는 짐승은 쉽사리 늑대의 표적이 된다. 그런 성향의 짐승은 무리에서 벗어나 홀로 위험에 노출되는 경우가 많기 때문이다.

주 표적이 무리에서 떨어져 있거나, 지치거나 다쳐 저항하기 어려울 때가 되어야 비로소 공격한다. 그동안 최적의 기회가 오기를 인내심을 갖고 엿보며 기다리는 것이다. 굶주림 때문에 경솔하게 행동할 충동이 생기지만 오랫동안 몸에 밴 지혜가 이들에게 누구도 흉내 낼 수 없는 인내심을 심어준 것이다.

이 인내심은 바로 골퍼에게 가장 필요한 덕목이다. 4명이 라운드를 하다 보면 항상 상대방을 이기겠다는, 적어도 지지는 않겠다는 투지와 오기로 공격적이 되기 쉽다.

'골프에서 승패는 얼마나 멋진 샷을 날리느냐가 아니라 실수를 얼마나 적게 하느냐로 판가름 난다'는 골프 격언을 수긍한다면 골프란 전반적으로 안전하게 전개해나가다 기회가 오면 놓치지 않고 공격적으로 나서는 지혜와 용기가 필요한 게임이란 것에 동의할 것이다. 그러나 대부분의 골퍼들은 공격의 유혹을 뿌리치지 못하고 경솔하게 칼을 빼들었다가 그 칼로 자신을 찌르는 과오를 되풀이한다.

이런 골퍼에게 늑대의 인내심은 최상의 무기가 될 것이다.

추상화 그리고 상상력

창조의 샘은 상상력에서 솟는다. 근면과 성실은 현상유지나 점진적 개선은 보장해 주지만 차원이 다른 도약은 기대할 수 없다. 비행기가 대지를 박차고 하늘로 솟구치는 비상은 빠른 속도로 내달려서만 되는 것이 아니라 양력이 작용해야 가능하다. 인류 발전사에서 양력의 역할을 해온 것이 바로 상상력이다.

골프애호가들은 종종 골프를 인생에 비유한다. 그린을 인생의 축도로 본다. 이런 비유는 바로 홀에 이르는 길을 찾는 과정에서 나온 것이다.

티잉 그라운드에서부터 홀에 이르는 길을 찾는 과정은

인생과 흡사하다. 티잉 그라운드에 서서 무리한 욕심을 부리거나 자만에 빠지면 홀이 숨기고 있는 덫에 걸려 참혹한 고통을 맛봐야 한다. 치밀한 계획 없이 대충 달려들어도 만족한 결과를 얻을 수 없다. 지레 겁먹고 수동적인 자세로 임하는 것 역시 실력 발휘를 방해한다. 코스의 전체 모습을 제대로 읽고 코스에 순응하면서 자신의 실력을 발휘할 수 있는 현명한 전략을 세우고 흔들림 없이 밀고 나가는 골퍼만이 홀을 떠날 때 미소를 지을 수 있다.

골프를 하다 보면 '골프는 추상화와 다름없다'는 느낌을 갖는다. 골프코스 설계가들은 전체적인 레이아웃에서 자연의 호쾌함과 상쾌함 등을 즐기도록 배려하지만 코스 곳곳에 함부로 대할 수 없는 미로와 함정을 숨겨두고 골퍼의 절제력, 인내심과 상상력을 테스트한다.

이런 골프코스의 특징을 한눈에 읽어내기란 여간 어렵지 않다. 겉으로는 편안하고 쉬워 보여도 모든 코스는 자만과 만용을 부리는 사람에게 줄 벌을 숨기고 있다.

특히 그린은 무궁무진한 상상력과 과감한 결단력, 부지런함을 갖추지 않고선 읽어내기가 쉽지 않다. 정확한 거리, 경사도와 좌우의 기울기 정도, 잔디 결의 상태와 잔디

길이, 수분함량 정도, 중간의 둔덕이나 장애물 여부, 그린 주변의 지형, 심지어 바람의 세기까지 감안해 길을 찾아야 하는데 구력이 늘어갈수록 그린 읽기가 추상화 감상보다 더 어렵다는 생각이 더해간다.

학창시절 피카소나 달리, 미로 등의 추상화를 대하는 순간 도대체 장난으로 그린 것인가 싶을 정도로 무엇을 표현하려고 했는지 감을 잡을 수 없었지만 여러 번 그림을 대하고 그림 속에 숨은 비밀들을 하나하나 캐 나가다 보면 그림이 생명을 얻고 무엇을 표현하려고 했는가 깨닫게 되는 것과 흡사하다.

골프코스, 특히 그린은 처음에는 그 속에 숨겨놓은 함정이나 비밀통로 등을 간파하지 못한 채 대충 대하지만 숨은 길을 찾아내는 훈련을 하다 보면 반도체 칩의 회로처럼 길이 드러난다.

이때 필요한 것이 바로 풍부한 상상력이다. 골프장에서 상상력은 무궁무진할수록 좋다. 티잉 그라운드에서 미리 자신의 볼이 날아가는 모습을 그려본 뒤 스윙을 하고 두 번째 샷, 어프로치 샷도 상황에 맞는 샷을 상상해본 뒤 게임을 풀어 가면 골프의 묘미가 달라진다.

아무 생각 없이 샷을 날리는 것과 충분한 상상력을 거친 뒤 날리는 샷은 질이 다르다. 허공에 대고 막연하게 활을 쏘는 것과 표적을 정해 활을 쏘는 것이 다르듯이.

자신의 기량과 골프코스를 냉정히 파악하고 상상력을 총동원해 실현 가능한 전략을 세우고 시나리오대로 헤쳐 나가는 재미는 여간 쏠쏠하지 않다. 계획대로 되면 그 짜릿함은 어디에도 비할 바가 없다. 계획이 어긋나더라도 새로운 계획을 세워 위기를 헤쳐 나가는 재미도 예사롭지 않다.

애버리지 골퍼들은 총 타수의 50% 이상을 그린에서의 퍼트로 소비한다. 그만큼 퍼트가 중요하다는 얘기다.
일정한 수준에 이르면 짧은 샷을 잘 처리해야 스트로크를 줄일 수 있는데 드라이버 샷보다는 어프로치 샷, 어프로치 샷보다는 퍼트가 좋을수록 좋은 스코어를 낼 수 있다. 특히 프로선수들에겐 퍼팅이 전부라 해도 과언이 아니다.

그러나 대부분의 골퍼들은 최후의 관문인 그린에서 대강대강 끝내는 경향이 있다. 가장 중요한 곳에서 가장 건성으로 처리해버리는 것이다.

골프의 축도가 그린인 이상 골프의 묘미 또한 그린에

축약돼 있다. 겉으로 봐선 잘 손질한 비단결 같은 잔디밭이지만 그곳에는 협곡이 있고 산마루가 있다. 숨 가쁜 오르막길도 있고 멈추기 힘든 내리막길도 있다. 험난해 보이지만 잘 살펴보면 홀로 인도하는 오솔길도 숨어 있다.

그러나 보통 골퍼들로서는 보기 좋은 그린에 숨은 이런 지형을 읽어내기가 쉽지 않다. 겉으로 본 것과 실제로 볼이 굴러가는 길은 전혀 다르다. 독단과 오판, 혼란, 착각이 작용하기 때문이다.

남들이 찾아내지 못한 숨은 길을 찾아내 볼을 홀 안으로 떨어뜨리는 묘미는 골프의 극치다. '땡그랑'하는 소리는 한순간에 분노와 갈등으로 어지러웠던 머리를 명징하게 해준다.

이런 묘미를 맛보려면 우선 부지런하고 세심해야 한다. 멀리서부터 그린의 모습을 주의 깊게 살피고 남보다 먼저 그린에 도착해서 정밀한 현장 답사작업을 펴야 한다. 볼과 홀을 중심으로 360도를 돌며 면밀히 살펴봐야 한다. 남이 퍼트하는 것을 유심히 살펴 도움을 얻고 그래도 미심쩍으면 캐디에게 조언을 구한다. 단 남에게 피해를 주거나 경기를 지연시켜서는 안 된다. 세심하게 결정하되 한번 결정하고 나면 과감하게 스트로크해야 한다. 그러기 위해선 고른

호흡을 유지하고 산만한 주변의 환경에도 흔들리지 않고 몰입하는 습관을 길러야 한다. 이런 모든 과정은 물론 풍부한 상상력 위에 이뤄져야 한다.

보통 골퍼들이 까다롭게 여기는 그린 주변에서 홀에 붙이는 어프로치 샷 역시 퍼팅 이상의 상상력을 요한다. 높이 띄울 것인가, 굴릴 것인가, 잠깐 띄웠다 굴러가게 할 것인가, 세게 칠 것인가, 약하게 칠 것인가 등 복잡미묘한 스트로크는 상상력의 도움 없인 선택할 수 없다. 손에 볼을 잡고 여러 가지 스트로크 동작을 머릿속으로 해보면 볼이 어떻게 움직이는지 간파할 수 있다. 그중에서 가장 적당하다고 판단되는 스트로크 동작을 선택, 확신을 갖고 구현하면 된다.

골프코스는 반도체 칩과 같이 그 속에 비밀의 회로를 숨겨두고 있다. 이 비밀 회로를 찾아내기만 하면 골프코스는 참 재미있고 행복한 곳이다. 상상력이 가미된 골프는 숨은 길을 찾아내 목적지에 도달하는 익스트림 스포츠의 쾌감을 안겨준다. 상상력만 있다면 '숲으로 가는 오솔길은 얼마든지 있다.'(영국 속담) 그리고 불가능하게만 보이는 '멀리 그리고 정확하게(Far and Sure)'라는 골퍼의 꿈도 가까워진다.

수묵화와 골프

내가 골프 수묵화를 그리리라고는 상상도 못했다. 어릴 적 그림에 소질이 없지 않았지만 먹, 붓과는 거리가 멀었다.

30여 년의 직장 생활을 마무리 지으며 하고 싶은 것을 시작한 것이 수묵화였다. 동네 문화센터의 수묵화반에 등록해 사군자 그리는 것부터 시작했다. 처음 붓을 잡는 법, 먹을 가는 법을 시작으로 붓놀림의 기초를 익힌 뒤 이른바 매난국죽(매화, 난초, 국화, 대나무)을 그리기 시작했다.

수묵화를 배우면서 먹이 표현할 수 있는 농담(濃淡)의 스펙트럼이 무한함에 감탄을 금치 못했다. 수채화를 그릴 때와는 차원이 달랐다. 수채화를 그릴 땐 물감의 농도나 색의 혼합으로 표현하고픈 색을 어렵지 않게 만들어 낼 수 있었지만 수묵화의 농담은 차원이 달랐다.

우선 인내심을 갖고 먹을 충분히 갈아야 하고 붓에 먹과 물을 어떻게 스며들게 하는가를 터득해야 했다. 이를 깨닫는 데는 많은 시간과 시행착오가 필요했다.

붓의 어느 정도까지 먹을 묻히고 물을 어느 만큼 머금게 하는가와 붓을 놀리는 속도를 어떻게 하는가는 장인의 손길이 필요한 경지였다.

매난국죽을 그리면서 먹물을 머금은 붓이 표현해내는 무궁무진한 흑백의 스펙트럼에 감탄을 금치 못하면서 수묵화의 기법으로 골프 관련 그림을 그리면 좋겠다는 생각이 떠올랐다.

내게 골프는 최후의 스포츠였다. 아니 인생의 모든 것이 녹아든 철학이었다. 30이 넘어 골프채를 잡았지만 짧은 기간에 골프가 안고 있는 묘미(妙味)를 알아챈 내게 골프는 단순히 운동을 대신할 수 있는 스포츠 또는 취미생활의 차원이 아니었다.

골프는 도(道)였고 철학이었다. 인생을 압축한 환(丸)이었다. 골프가 필요로 하는 부단한 깨달음과 땀과 정성이 담긴 노력, 여기에 뒤따라야 하는 겸손, 배려, 조화, 화해, 평정 등 온갖 정신적 수련이 나를 매혹시켰다.

이런 심연 같은 골프를 농담의 깊이가 무한한 수묵화로 표현하겠다는 시도 자체가 신선한 충격이었고 흥분 그 자체였다.

그리고 열심히 화선지 위에 골프 스윙의 동작을 붓으로 표현하기 시작했다. 거의 6개월 골프 스윙을 표현하기 위한 붓놀림을 구축하는 데 몰두했다. 골프의 스윙 동작이 머무르지 않고 한순간에 이뤄지듯 붓의 움직임 또한 그에 가까워야 했다.

아무도 골프를 수묵화로 표현하는 사람이 없다는 데 자신감을 얻어 3년 이상을 몰입했다. 그 결과물에 나도 놀랐고 주변도 놀랐다. 골프 수묵화를 접해본 적이 없는 사람들이 환호한 것은 물론이다. 가끔 괜찮은 작품을 표구해 골프 모임의 상품으로 갖고 가면 인기가 대단했다.

그러나 내 수묵화를 받은 사람은 그 골프 수묵화 한 점이 수북이 쌓인 수십여 장의 파지 끝에 나온 것이라는 사실은 알 까닭이 없다. 50여 장을 그린 뒤 한 장을 건지면 운수 좋은 날이었다.

그러기를 어느덧 10여 년이 흘렀다. 내 방 한구석에 수묵화 도구를 비치해두고 마음이 내키는 대로 먹을 갈고 화선지를 펼친다.

아무도 시도하지 않은 골프 수묵화를 그리고 작품의 완성도도 일정 수준에 도달했다는 것도 보람이지만 수묵화로 인해 골프의 밀림을 제대로 탐험할 수 있는 길을 찾았다는 데 더 큰 환희를 맛보고 있다.

그러고 보니 골프야말로 한편의 수묵화다.

수묵화는 덧칠을 할 수 없다. 한 번의 붓질로 끝내야 한다. 첫 붓질이 잘 못 됐다고 그 위에 다시 붓을 댈 수는 없다. 덧칠은 실수를 인정하는 것이다. 싫든 좋든 첫 붓질을 인정하고 다음 붓이 갈 길을 찾아야 한다.

골프 역시 잘 못 된 샷을 물릴 수 없다. 화선지 위를 달리는 모든 붓질은 처음이자 마지막이듯, 내가 날리는 모든 샷 역시 처음이자 마지막이다. 마음이야 없었던 샷으로 지우고 싶지만 내가 날린 모든 샷은 낙인(烙印)으로 남는다.

특히 수묵의 농담(濃淡)은 골프의 샷과 너무도 닮았음을 절감한다. 경계를 알 수 없는 수묵의 농담은 거리에 따른 스윙의 크기와 힘의 세기의 무한한 조합을 상징한다.

며칠 붓을 잡지 않으면 붓놀림이 어색하고 흔들린다. 골프 역시 며칠 연습을 게을리하면 스윙 어딘가가 헝클어진다.

골프 수묵화를 그리면서 얻은 귀중한 깨달음들이다.

현명한 골퍼의 캐디 활용법

골프는 철저하게 자신과 외로운 싸움을 벌이는 운동이라고들 말한다. 3~4명이 한 조를 이뤄 플레이하지만 동반자로부터는 도움을 얻을 수 없기 때문이다.

그러나 골프는 결코 혼자서 하는 운동은 아니다. 캐디라는 협조자의 도움을 얻어야 한다. 캐디 없이 라운드할 수 있는 골프장이 있긴 하지만 대부분 캐디가 배정되는 국내 골프장에 익숙한 사람들은 캐디 없이는 정상적인 플레이를 하기 어렵다.

캐디 없이 혼자서 플레이한다고 가정해보자. 결코 자신의 핸디캡대로 플레이할 수 없다. 거리나 방향, 그린의 빠르기, 코스 곳곳에 도사린 함정 등을 제대로 알아낼 수가 없기 때문이다. 최소한 5타 이상, 많게는 10타는 더 치게 된다. 이는 곧 캐디의 말을 제대로 들으면 최소한 5타 이상은 줄일 수 있다는 뜻이기도 하다.

캐디를 잘 활용하면 원활하게 게임을 풀어갈 수 있지만 반대로 지나치게 캐디에게 의존하면 골퍼 자신의 자생력이 없어 골프가 늘지 않는다.

쉼 없이 캐디에게 질문을 던지고 심부름을 시키는 골퍼들이 의외로 많다. 거리와 방향, 장애물의 유무, 까다로운 그린의 상태 등에 대해 묻고 또 묻는다. 캐디피를 지불하니 캐디에게 정보 제공을 요구하고 조언을 구하는 것은 당연한 권리다. 그리고 웬만한 고수가 아닌 한 동반자가 캐디 이상의 도움을 준다는 것은 불가능하다.

골프장에서는 캐디 말을 무조건 믿어야 한다. 플레이어는 그 골프장이 처음이거나 라운드 경험이 얼마 안 되지만 캐디는 매일 라운드한다. 이것만으로도 캐디는 플레이어와는 비교할 수 없는 엄청난 양의 정보를 갖고 있다. 수많은 골퍼들과 라운드하면서 홀 마다의 특성과 그린의 흐름, 실수를 범하기 쉬운 코스, 착각하기 쉬운 코스 등을 꿰뚫고 있다.

캐디가 신참이 아니라면 플레이어는 자신의 판단보다는 캐디의 판단을 더 믿고 조언을 고맙게 받아들이는 게 현명하다.

특히 그린에서 캐디의 판단과 조언은 절대적이다. 아무리 그린 읽기를 잘 하는 골퍼라도 낯선 골프장을 찾았을 때 그린을 제대로 읽어내기란 불가능하다. 자주 찾는 골프장이라고 해도 그때그때 그린의 상태가 다르기 때문에 자신의 판단이 100% 옳다고 장담할 수 없다. 그린에서 타수를 줄이는 첩경은 캐디의 판단과 조언을 신뢰하고 따르는 길뿐이다.

많은 골퍼들이 범하는 실수는 지나치게 캐디에게 의존한 나머지 스스로 상황을 판단하고 결정하는 능력을 습득하지 못한다는 점이다. 거리를 가늠하고 코스나 그린을 읽어내는 나름의 안목과 방법을 터득했다면 캐디의 도움 없이도 만족스런 플레이를 펼칠 수 있다. 확실한 판단이 서지 않는 경우 캐디에게 조언을 구하면 문제는 해결된다.

그러나 실제로는 대부분의 골퍼들이 채를 휘두르는 것 외에는 거의 캐디에게 의존하려 든다. 거리에서부터 바람의 방향, 경사도 등을 꼬치꼬치 캐묻는다. 카트에서 내릴 때 미리 몇 개의 클럽을 뽑아 준비하지 않고 볼이 있는 현장에 가서 몇 번 클럽을 갖다 달라고 소리친다.

그린에서는 더욱 가관이다. 볼이 떨어지면서 생긴 상처를 보수하는 것은 고사하고 볼 마크를 하고 볼을 닦고 라인을 맞추는 것까지 모두 캐디의 몫으로 남겨둔다.

캐디가 볼을 잘 닦아 라인을 맞춰 놓으면 그때야 어디가 높으냐, 내리막이냐 오르막이냐, 잔디 결이 역결이냐 순결이냐 등 질문세례를 쏟아낸다.

아무리 유능한 캐디라 해도 네 명이 동시에 여기저기서 질문을 퍼붓고 주문을 해대면 제대로 된 정보를 제공할 수 없다.

네 명의 채를 받아들고, 퍼터를 전해주고, 마크를 하고, 볼을 닦아주고, 라인을 맞춰 놓는 일을 한꺼번에 하는 것도 벅찬데 미세한 것까지 스스로 판단하지 못하고 캐디에게 물으니 캐디로선 감당키 어렵다.

그런데도 미스샷을 하고 난 뒤에는 캐디 탓으로 돌리기까지 한다.

유능한 골퍼는 캐디를 바쁘거나 피곤하게 하지 않는다. 클럽을 선택하거나 볼 마크를 하고 볼을 놓는 일은 스스로 하고 긴가민가한 것에 대해서만 핵심적인 질문을 던져 답을 얻는다. 캐디가 여유가 있어야 네 명의 특징을 파악하고 필요한 순간 정확한 정보를 제공해줄 수 있다.

지나치게 캐디에 의존하는 골퍼는 걸음마를 배우고도 엄마 손을 놓지 못하는 어린아이와 다를 바 없다. 아이가 엄마 손을 놓고 걷다 넘어지면서 혼자 걷는 법을 익히듯, 골퍼 역시 캐디의 의존하지 않고 스스로 판단하고 결정하는 습관을 익혀야 자립독행하는 완전한 골퍼가 될 수 있다.

고요한
샷

볼은 골프채와 접촉함으로써 비상(飛上)의 생명을 얻는다. 골프채와 볼을 따로 떼어놓아서는 존재할 수 없다.

그러나 골프채와 볼은 지나치게 가까워도 골프를 망친다. 골프를 제대로 즐기기 위해서는 골프채와 볼이 지나치게 집착하는 것을 피해야 한다. 역설적이지만 꼭 새겨두어야 할 골프 진리다.

미스샷은 골프채를 강하게 움켜쥐고 과도한 힘으로 볼을 때리려고 할 때 필연코 발생한다. 볼을 힘껏 쳐내려니 자기도 모르게 골프채가 순간이나마 볼에 머물려 한다. 찰나에 지나가는 샷을 볼에 머물게 하려니 이상이 생길 수밖에 없다.

근육은 경직되고 몸의 균형이 무너진다. 자연히 샷은

의도한 것과는 전혀 딴판으로 이뤄져 미스샷을 유발하고 만다.

귀가 닳도록 듣게 되는 "힘을 빼라" "때리지 말고 지나가라" "스윙궤도로 쳐라"는 말들은 모두 골프채를 볼에 집착시키지 말라는 뜻의 여러 가지 표현일 뿐이다.

뒤틀림 없는 온전한 타원형을 그릴 수 있는 스윙이라면 골프채가 볼에 머물 틈이 없다. 바람결과 함께 스쳐 지나갈 뿐이다.

마치 인파를 헤치고 지나갈 때 소매를 스치고 어깨가 부딪히지만 머물지 않고 지나가듯, 산골짜기를 흐르는 바람이 숲속을 스쳐 지나가지만 숲에 머물지 않듯.

특히 퍼팅에서 퍼터와 볼의 집착은 금물이다. 시계추처럼 절제된 동작으로 움직이는 퍼터의 스윙궤도 어딘가에 볼이 순간적으로 살짝 닿는다는 이미지로 쳐야만 볼은 원하는 방향으로, 원하는 거리만큼 굴러간다. 그렇지 않고 의도적으로 볼을 때린다거나 밀 때 골프채가 볼에 머무는 결과가 생겨 볼은 당초 의도했던 방향에서 벗어나고 홀컵을 지나치거나 못 미치게 된다.

좋은 샷은 골프채가 볼의 소매를 스치고 지나가는 듯한

스윙에서 탄생한다.

골프채가 볼에 머물지 않고 지나가는 샷을 '고요한 샷'으로 명명했다.

강하게 치려고 몸을 요동치지 않고 꼭 필요한 동작만 하는 샷이다. 불필요한 군더더기를 제거하고 또 제거해 형해(形骸)만 남은 샷, 샷의 미니멀리즘(Minimalism)이라고나 할까.

지인의 간곡한 권유로 골프채를 잡은 이후 30여 년을 골프에 매달려 추구해온 것은 결국 '고요한 샷'이었음을 깨닫는다.

'고요한 샷'에 이르는 길이 이렇게 험난할 줄 알았다면 골프채를 잡지 않았을 것을.

다행히 지난겨울과 올봄을 지나면서 '고요한 샷'의 사립문에 들어선 환희를 맛보고 있다.

'고요한 샷'의 사립문에 이르기까지 '일필휘지 같은 샷' '옹이 없는 샷' '걸림 없는 샷' 등 숱한 화두에 매달렸다. 지나고 보니 '고요한 샷'의 다른 표현일 뿐이었다.

그동안 드물게 가볍고 부드러운 스윙에서 나온 멋진 샷은 경험했었다. 그런데 최근 거의 모든 샷을 고요하게 할 수 있다는 자신감이 붙었다.

프로선수들 특히 여자선수들의 더없이 부드럽고 우아한 스윙을 나도 따라 할 수 있다는 믿음도 생겼다

이는 아무래도 고(故) 고우영 화백의 거침없고 부드러운 스윙과 20여 년 전 만났던 81세 할머니의 스윙에 대한 반추가 큰 도움이 되었던 것 같다.

연습할 때마다 고우영 화백의 스윙을 떠올리고 81세의 나이에 요즘 여자선수들처럼 풀스윙을 거침없고 구사하는 할머니의 기억을 되살려낸 것이 '고요한 샷'의 사립문으로 인도한 것이다.

파워 히트를 반대하진 않는다. 타이거 우즈, 브룩스 켑카, 더스틴 존슨, 브라이슨 디셈보, 헨릭 스텐슨처럼 강인한 체력을 바탕으로 볼을 멀리 그리고 정확하게 날려 보낼 수 있다면 '고요한 샷'의 사립문을 찾을 필요가 없다.

문제는 힘으로 볼을 날려 보내려 할 때 일어날 수 있는 위험요소다. 파워 히터들이 간혹 위험에 빠지는 것도 강한 힘을 동원하는 과정에 자신도 모르게 경직이 일어나거나 몸의 축이 무너지고, 스윙아크에 옹이가 생기기 때문이다.

프로선수들이야 많은 연습으로 이런 위험요소를 최소화할 수 있다. 그러나 주말 골퍼들의 입장에선 얘기가 다르다.

최고 수준의 검객은 결코 칼춤을 추지 않는다. 필요할 때 잠깐 바람을 가를 뿐이다. 요란한 칼춤은 망나니의 몫이다.

골프 연습의 네 종류

●

"골퍼 연습에는 네 종류가 있다. 마구잡이로 연습하는 것, 현명하게 연습하는 것, 어리석게 연습하는 것, 그리고 전혀 연습하지 않는 것이다."

'종(種)의 기원'으로 유명한 찰스 다윈의 손자로, 케임브리지대를 나와 변호사로 활동하다 골프에 매료되어 주옥같은 골프 에세이를 남긴 영국의 골프평론가 버나드 다윈이 한 말이다.

골프연습장에서 연습하는 사람들을 보면 버나드 다윈의 이 말은 1세기를 훌쩍 뛰어넘은 지금도 진리임을 실감할 수 있다.

연습장에 가보면 모두가 땀을 흘리며 연습에 열중하지만

교과서적인 스윙을 하는 사람은 찾아보기 힘들다. 비슷한 스윙을 하는 사람도 구경하기 어렵다.

처음 골프에 입문할 때 대개 레슨프로나 고수의 지도를 충실히 따르지만 일정 기간이 지나면 자립 독행을 선언, 자기 나름의 연습에 몰두하기 때문이다.

주위에서 격려의 의미로 던지는 '골프 천재'라는 말을 곧이곧대로 받아들이거나, 어느 순간 주위를 깜짝 놀라게 하겠다는 욕심으로 스윙의 기본이 갖춰지기도 전에 독학의 길로 들어선 결과다.

독학 자체가 잘못된 것은 아니다. 교습서를 제대로 이해하고 골프를 잘 하는 사람들의 스윙을 면밀히 관찰하면서 자신의 결점을 보완해나갈 능력이 있다면 독학은 효과를 발휘한다. 이런 사람은 스스로 자기점검을 할 줄 안다. 스스로 깨우치기가 어려우면 전문가를 찾는 것을 부끄러워하지 않는다. 혼자서 현명하게 연습하는 방법을 깨달은 사람이다.

독학이 어려워 완전한 스윙의 틀이 만들어질 때까지 철두철미하게 교습가의 지시에 충실하며 따르는 사람 역시 모범적인 연습생이다.

자신의 스윙이 잘 됐는지 아닌지도 모르고 기계적으로

볼을 때려내는 사람은 마구잡이 연습의 전형이다. 이런 사람의 연습은 운동은 될지 몰라도 골프를 연마하는 데는 백해무익이다.

자신이 교과서 같은 스윙을 하고 있다는 착각에 빠져 잘못된 자세로 연습을 하거나, 혼자서 탐구는 하지만 몸으로 제대로 구현하지 못하는 사람은 어리석게 연습하는 사람이다. 이런 사람은 레슨프로나 고수들의 충고를 거부하는 버릇이 있다.

골프에 입문할 때는 열심히 배우고는 일정 수준에 이른 후 연습을 하지 않는 사람은 늘 푼수가 없다. 현상 유지에 만족하거나 약간의 퇴보를 당연한 것으로 받아들인다. 그래도 이런 사람은 마구잡이로 연습하거나 어리석게 연습하는 사람에 비해 고질병이 없어 연습만 재개하면 발전 가능성은 있다.

연습장에 가보면 볼을 얼마나 많이 쳐내느냐의 경쟁을 벌이듯 바쁘게 기계적으로 볼을 쳐내는 사람들이 의외로 많다.

'골프에서 연습 외에는 왕도가 없다'고 하지만 동작 하나하나, 스윙 하나하나를 점검하지 않은 연습은 무의미하다. 그런 연습은 오히려 잘못된 스윙을 고착시키고 고질병을 악화시킬 뿐이다.

나는 과연 어떤 방법으로 연습하고 있는지 냉정하게 짚어보자. 볼을 많이 때려내는 것보다는 볼 없이 하는 빈 스윙을 많이 하는 것이 교과서적인 스윙을 구축하는 지름길이다.

골프의 풍수지리

'산은 강을 건너지 못하고 강은 산을 넘을 수 없다."

풍수지리의 철칙이다.

아무리 기세등등한 산맥도 강을 만나면 멈춰야 하고 아무리 힘찬 강물도 산을 만나면 돌아서 흘러야 한다.

골프를 사랑하는 사람이라면 이 같은 풍수지리의 철리(哲理)를 깨달을 필요가 있다.

온갖 조건의 지형에 조성되는 다양한 골프코스도 예외 없이 풍수지리의 철학이 관통한다.

산과 언덕, 호수, 계곡, 개울, 벙커 등 골프코스가 품어야 하는 장애물들은 모두 풍수지리의 철학을 담고 있다.

대부분의 골퍼들은 동반자와의 경기에 몰입돼 당장 눈앞의 볼을 어떻게 멋지게 날릴 것인가에만 급급하기 마련이다.

그러나 풍수지리의 철리를 이해하고 골프코스를 전체적으로 조망할 수 있는 안목이 생기면 경기하기가 한결 수월해진다.

산이나 언덕을 어느 쪽으로 끼고 코스가 조성돼 있느냐에 따라 공략 방법이 달라져야 함은 물론이다. 오른쪽이 산이라면 심한 훅을 조심해야 하고, 왼쪽이 산이라면 심한 슬라이스를 유의해야 한다. 동시에 훅과 슬라이스를 피하려다 산이나 해저드 속으로 볼을 날릴 위험도 고려해야 한다.

특히 도그레그 홀에서 질러갈 것이냐, 돌아갈 것이냐 냉철한 판단이 필요하다. 거리상의 이점 때문에 질러가는 샷에 대한 유혹이 강하지만 넉넉하게 질러갈 능력이 안 된다면 돌아가는 게 안전하다. 내 능력에 부치는 거리라면 멀리 쳐야겠다는 생각에 근육이 경직되고 힘이 들어가 평소의 비거리도 내지 못하기 때문이다.

호수나 계곡도 건너뛸 수 있는지, 둘러가야 하는지 냉철한 판단, 용기와 절제를 요구한다. 자신의 기량으로 질러가거나 건너갈 수 있다면 결행할 만하지만 어쩌다 잘 맞으면 넘어갈 수 있는 정도라면 돌아가는 게 상책이다.

골프에서 요행은 통하지 않는다. 오히려 더 큰 불행을 자초할 뿐이다.

스코어의 절반 이상을 차지하는 그린에서의 플레이야말로 철저한 풍수지리 철학의 이해를 요구한다.

물론 코스 설계가는 홀마다 개성을 살려 다양한 난이도를 만들지만 그것도 풍수지리의 큰 틀 안에서다.

그린은 산과 물, 햇빛의 영향을 직접적으로 받는다.

그린의 기울기는 산에서 저지대로, 연못이나 계곡 쪽으로 흐른다. 제주도에 조성된 골프코스에 '한라산 라이'라는 게 적용되는 것도 이 때문이다.

잔디의 결도 볕이 많이 쪼이는 쪽으로 기운다. 태양이 어디에서 떠서 어디로 지는가에 따라 잔디의 결이 달라지므로 세심한 주의가 필요하다.

상수常數와 변수變數

상수란 변하지 않는 일정한 값을 가진 수나 양을 가리키는 수학 용어다. 상수에 대립되는 용어가 변수로, 어떤 관계나 범위 안에서 여러 값으로 변할 수 있다.

변수 중에서도 다른 변수에 영향을 주면 독립변수, 영향을 받으면 종속변수, 양 변수 사이의 함수관계를 결정하면 매개변수가 된다.

모든 수학 공식은 이 상수와 변수의 다양한 조합에서 태어난다.

인간이 만들어낸 놀이 중 가장 불가사의한 스포츠로 평가받는 골프라고 상수와 변수의 조합에서 예외일 수 없다.

골퍼가 경험하는 모든 라운드는 골퍼 개개인이 갖고 있는 상수와 변수의 다양한 조합의 결과물이다.

골프에서 상수와 변수는 무엇일까.

몇 년째 손에 익은 골프클럽이 가득한 골프백을 메고 필드에 선 자신을 상상하며 우선 상수를 가려내보자.

생체리듬이나 감성리듬에 따라 차이가 나긴 하지만 기량은 상수에 가깝다. 타고난 체격과 체력, 좋든 나쁘든 굳어진 습벽과 구력은 스코어 상 일정한 통계치를 제공하기에 상수에 속한다.

골프클럽 역시 수년째 사용해 손에 익었을 테니 상수다.

함께 라운드할 동반자와 골프코스, 그날의 날씨, 배정된 캐디도 엄밀하게 따지면 그날 라운드의 상수다. 라운드 중에 교체할 수 없기 때문이다.

동시에 이것들은 긴 기간을 기준으로 보면 변수이기도 하지만 당장 집중해야 할 라운드에선 틀림없는 상수다.

그렇다면 변수는?

변수란 그때그때 상황의 변화에 따라 함께 변하는 요인일 텐데 딱 집어내기가 의외로 어렵다.

오늘의 동반자와 골프코스, 날씨, 배정된 캐디는 수많은 라운드를 놓고 보면 변수가 될 수 있지만 그날의 라운드에 한정해서 보면 선택의 여지가 없으므로 상수가 되기도 한다. 이미 결정된 사항을 나의 호불호의 감정에 따라 변화시킬 수 없기 때문이다.

이런 식으로 곰곰이 상수와 변수를 뉘 가리듯 가려보면 골프에서 의외로 변수의 범위가 좁다는 사실을 깨닫게 된다. 좀 더 깊이 들어가면 나 이외의 모든 상황과 조건은 상수이고 변수는 대부분 나와 관련된 것임을 알아차리게 된다.

라운드 직전 일주일간의 내 생체리듬과 감성리듬, 라운드 당일의 여러 컨디션들, 집에서 골프장에 이르는 과정에서 겪는 상황과 이에 따른 마음의 출렁임 등은 변수로 그날의 골프에 결정적 영향을 미친다.

특히 현장에서 대하는 골프코스에 대한 특별한 이미지 혹은 감정은 그날의 라운드를 결정한다 해도 과언이 아닐 정도다.

이를테면 오늘 뭔가 좋은 일이 일어날 것 같은 긍정의 기를 느낀다든가, 왠지 몸과 마음이 움츠러들고 뭔지 뜻대로 될 것 같지 않은 느낌이 든다거나, 골프코스가 유난히 짧아 보이고 자주 노닐던 곳처럼 익숙하다거나, 여러 차례 경험한 코스임에도 길어 보이고 벙커와 해저드 OB지역이 먼저 눈에 들어온다거나, 동반자가 툭 던진 한마디가 계속 뇌리에 남아 마음을 흔들어놓거나, 캐디의 어떤 행동이 눈에 거슬린다거나 등등은 그날 라운드에 엄청난 영향을 미치는 주의해야 할 변수들이다.

문제는 대부분의 주말 골퍼들이 상수를 인정하지 않고 지나치게 변수에 매달리고 휘둘린다는 사실이다.

자신의 객관적 기량을 상수로 인정하지 않음은 물론 라운드 당일의 골프코스나 날씨, 동반자, 캐디 등 변할 수 없는 상수를 상수로 받아들이지 않고 변수로 받아들여 불만이나 불쾌감을 안고 라운드를 하다 전체 라운드를 망치기 일쑤다.

특히 일정한 수준에 머문 자신의 기량을 상수로 인정하지 않고 라운드 당일 깜짝 놀랄 결과를 만들어낼 것 같은 변수로 받아들이는 바람에 더 큰 좌절과 실망을 맛보기 마련이다.

감기에 걸렸다고 가정해보자. 감기 걸린 당사자는 평소의 컨디션과는 다르니 변수일 테지만 이미 걸린 감기를 나을 때까지 어떻게 할 수 없으니 상수인 셈이다. 이때 감기를 상수로 인정하지 않고 변수로 여기면 감기 핑계를 대고 집중된 경기를 할 수 없게 된다.

엄밀히 따지면 골프에서 만들어지는 상황은 90%가 상수라면 겨우 10%가 변수다. 그러나 라운드 결과는 종종 90%의 상수가 아닌 10%의 변수에 의해 좌우된다는 사실을 깨달을 필요가 있다.

결국 변수로부터 얼마나 자유로운가가 골퍼의 수준을 결정짓는 셈이다.

골프광

●

아주 우연히 골프의 밀림에 발을 들여놓아 자칭 골프광이 되었지만 그동안 나를 능가하는 수많은 골프광을 만났다.

장인의 부음 소식을 접하고도 골프 약속을 지킨 친구도 있었고 아내의 출산 예정일에 회사 일을 핑계 대고 라운드를 마친 친구도 있었다.

새벽에 불가피한 일이 생겨 한 자리가 비어 연락했더니 군말 없이 총알처럼 골프장으로 달려나온 후배도 있었다. 그 후배는 밤새 야근을 하고 새벽에 막 집으로 들어서던 참이었다.

치명적 교통사고를 당해 의식불명 상태였다가 며칠 후 깨어난 한 선배가 의사에게 던진 첫 마디는 "골프 못 칠 정도는 아니지요?"였다.

고 고우영 화백도 보기 드문 골프광이었다. 사냥, 스킨스쿠버, 낚시 등에 빠졌다가 골프를 배운 뒤 다른 취미는 모두 잊었다는 그는 라운드 전날 밤잠을 못 자 충혈된 눈으로 나오곤 했다. 이유를 묻자 그는 천진난만하게 "라운드 약속이 있으면 소풍 가는 아이처럼 잠이 안 와요."라고 말했다.

이밖에 의수나 의족을 하고도 골프를 사랑하는 사람도 만났다. 나 역시 발목 골절로 깁스를 한 채 목발을 짚으면서도 골프장에 나와 골프채를 휘둘렀다.

시베리아 횡단 열차의 침대칸에서 이웃한 사람과의 화제가 골프로 옮겨가자 밤새 보드카를 마시며 골프 얘기를 하다 지평선 위로 솟는 붉은 해를 맞은 경험도 했다.

자가용 트렁크에 골프채를 실어놓고 밤늦게 회식을 끝내고는 심야 연습장으로 향하는 회사 중역도 봤고 라운드 약속이 잡힌 골프코스를 인터넷에서 프린트해 도상훈련을 하는 열성파도 목격했다.

서양에선 결혼하는 날 라운드 약속 때문에 신부가 골프장으로 달려오게 하는가 하면, 아내 장례식날 골프채를 장례 마차에 싣고 장례가 끝나자마자 골프장으로 향하는 경우 등은 흔하다. 자신의 유골을 자주 다니던 골프코스에

뿌려달라는 유언을 남기는가 하면 실제로 경비행기로 골프장 상공에서 유골을 뿌린 예도 있다.

필자도 가족에게 유골을 수도권의 한 골프장 안에 몰래 뿌려달라고 얘기한 바 있다.

골프광의 압권을 '골퍼의 영혼을 위한 닭고기 수프'에서 만났다.

세계적 베스트 셀러인 '닭고기 수프' 시리즈를 엮어낸 잭 캔필드, 마크 빅터 한센, 제프 오버리, 마크 도넬리, 크리스 도넬리 등이 공동으로 펴낸 이 책에는 골프와 얽힌 다양한 감동적인 에피소드가 풍성하다.

그중에서도 '내가 만난 골프광'이란 글에서 골프광의 진면목을 접할 수 있었다.

뉴욕 교외선을 타고 출퇴근하는 길에 종종 만나는 사람끼리의 대화 내용은 이렇다.

"기가 막힌 날씨네요."

"잔디가 마르고 있으니 곧 라운드하기 딱 좋게 될 거요."

"그래요, 태양이 높아지고 날이 길어지겠지요."

"그게 정말 중요하지요. 오전 6시에도 라운드를 돌 수 있거든요. 난 아침 먹기 전에 라운드를 시작하는 사람이 왜 그렇게 적은지 이상하다는 생각을 해요. 엊저녁에도 친구들 몇이 모여 골프 얘기를 하게 되었는데 오전 5시부터 7시 30분이라는 황금시간이 제대로 활용되지 못해 정말 안타깝다는 말이 나왔어요."

창밖의 풍경을 보며 대화가 이어진다.

"여기만 해도 제법 전원 분위기가 나지요?"

"그래요. 하지만 이 땅을 쓸모없이 놀리다니 아깝군요. 정원이니 농장 따위밖에 없지 않소? 집도 몇 채 없는 너른 들판에 상추나 심어놓았으니 쯧쯧. 18홀 코스쯤은 너끈히 앉힐 만한 곳인데.'

"그런가요?"

"그럼요. 여기 흙은 아주 가벼워서 벙커를 만들기도 쉽다오. 거기서 힘껏 공을 치면 커다란 구멍이 패이겠지요. 지금보다야 백 배 나아지는 셈 아닌가요?"

조간신문을 펼치며 니카라과 파병기사가 나오자 대화가 계속된다.

"해군 얘기가 나왔으니 말인데 애나폴리스 사관학교에서 골프를 필수과목으로 만든다고 하는데 정말 커다란 발전이 아니오? 그럼 해상 훈련시간은 좀 줄어들지 몰라도 해군의 자질은 틀림없이 향상될 거요. 대단한 결단을 내렸네요."

롱아일랜드에서 발생한 기이한 살인사건으로 화제가 옮겨갔다.

"살인사건 기사 따위는 읽지 않아요. 흥미가 없어서요."

"그런데 이번 사건에서 희생자는 골프채에 맞아 사망했거든요."

"아니 골프채를 휘둘러 살인을 했단 말인가요?"

"그렇다는군요. 어떤 클럽을 사용했는지…"

"몇 번 아이언이었을까요? 신문 좀 봅시다. 나무로 만든 드라이버 같은데. 아니 그저 골프채에 맞았다고만 되어 있구먼. 도대체 신문들이 정확한 보도를 하지 않으니 말이오."

"골프를 자주 치시나 봐요?"

"아니오. 그러지 못해 유감이요. 너무 늦게 시작했거든요. 겨우 20년이 되었을 뿐이오. 5월이면 21년이 되지요. 도대체 뭘 하느라 그렇게 꾸물댔는지 모르겠소. 인생의 절반을 낭비한 셈이니까. 본격적으로 빠져든 것은 서른을 훨씬 넘기고 나서였소. 하긴 우리 인간은 늘 그렇게 인생을 되돌아보며 잃어버린 것을 깨닫는 존재지요. 더 안타까운 것은 골프를 칠 기회가 별로 없다는 거요. 잘해봐야 일주일에 네 번 정도지요. 물론 토요일과 일요일은 거의 놓치지 않아요. 여름 휴가 때도 주로 골프를 치지만 그래 봐야 한 달 정도지요. 겨울이면 일주일에 겨우 한두 번 남쪽으로 내려가 골프를 치고 오는 정도고요. 난 너무 바쁘게 사는 것 같아요."

그중 한 사람이 동네 골프클럽에서 우연히 열차에서 만난 사람을 아는 동네 지인을 만났다.

"그 스미스씨 하고 같이 출근하면서 이야기를 나누었는데요. 대단한 골프광이더군요."

"그 사람이 골프광이라고?"

동네 지인은 코웃음을 쳤다.

"스미스가 허허? 이제 겨우 공을 맞추는 정도라오. 더군다나 골프를 시작한 지 고작 20년밖에 되지 않았단 말이요."

20년 경력의 골프광을 '이제 겨우 공을 맞추는 정도'라고 단언하는 사람이 얼마나 지독한 골프광인지는 소개되지 않았다.

독학의 함정

골퍼들 사이에는 독학 또는 속성으로 골프를 터득했음이 자랑으로 통하는 경향이 있다. 머리 좋고 운동신경이 발달한 사람일수록 레슨프로의 긴 커리큘럼이 답답해 단기로 끝내버리고 레슨서를 사들고 독학의 길로 들어선다.

실제로 남자들의 경우 처음 한두 달 스탠스나 그립 잡는 법, 간단한 스윙 방법을 배운 뒤 독학의 길로 들어서는 경우가 태반이다.

그러나 독학으로 골프를 터득한 사람치고 좋은 스윙을 가진 경우는 드물다. 많은 땀과 정성을 쏟지만 정통파와는 거리가 멀다.

골프연습장에서 보면 매일같이 부지런히 연습하면서도

이상한 스윙이 고쳐지지 않는 사람이 많다. 고질병 같은 스윙을 하면서도 이상하다는 것을 눈치 못 채고 고질병을 악화시키는 연습을 기계적으로 반복한다.

자신이 변칙적인 스윙을 한다는 사실을 아는 사람도 "이미 습관이 돼버렸다"거나 "이제 와서 어떻게 스윙을 개조하겠느냐"며 고질병을 인정해버린다.

LPGA투어 통산 7승의 폴라 크리머가 경기 중 캐디로부터 틀린 점을 교정받는 장면이 중계화면이 잡힌 적이 있었다. 폴라 크리머의 볼이 자주 페어웨이를 벗어나고 그린을 맞추지 못하자 참다못한 캐디가 폴라 크리머를 세워놓고 연습스윙을 시키는 장면이었다. 캐디는 골프채의 그립 끝을 크리머의 머리에 대고 스웨이나 헤드업을 못하도록 했다. 그렇게 몇 번 연습하고 난 후 실제 티샷을 하도록 했다.

연습장에서도 레슨프로가 이런 행동을 취하기란 쉽지 않다. 서로 허물없는 사이가 아니라면 머리에 골프채를 대면 불쾌감을 느끼기 때문이다.

PGA투어나 LPGA투어 소속 선수들 대부분이 전담 코치를 두고 있다. 상시 코치를 두는 선수도 있고 그럴 형편이 안되면 부정기적으로 코치의 점검을 받고 교정을 받는다.

잘 나가던 선수들이 아무 이유 없이 무너지는 것은 자신만 믿고 독학으로 골프를 하다가 자기도 모르는 사이 조금씩 무너져버렸기 때문이다.

스승이 제자보다 더 잘하기는 어렵지만 스승은 제자의 잘못을 지적해 바로잡아 줄 수 있는 안목이 있다.

건강한 사람도 정기적으로 건강검진을 받고 지병이 있는 사람은 주치의를 정해놓고 병을 다스리듯 골프 역시 병을 다스리듯 점검하고 교정을 받아야 한다.

정통파로 배웠다 해도 자신도 모르는 사이 스윙이 변형되거나 나쁜 습관이 생긴다. 잘 되던 골프가 안 된다면 어딘가 문제가 생겼다고 보면 틀림없다.

구력이 오래된 골퍼들은 남을 가르치려 들면서도 자신의 잘못된 점은 간과하는 버릇이 있다. 제 눈의 들보는 못 보고 남의 눈의 티를 찾아내는 격이다.

남의 지적을 겸허하게 받아들이는 것도 대단한 용기다. 용기 있는 자만이 골프의 향상을 기대할 수 있다. 골프에서 독학은 결코 자랑거리가 아니다.

단칼에 베어라

서예를 배워본 사람이라면 한자의 한 일(一)자를 제대로 쓰는 게 얼마나 어려운지 안다. 먹물이 묻은 붓끝이 한지에 닿자마자 머뭇거리지 않고 과감히 옆으로 그어 글자의 끝에서 붓을 거두는 게 생각처럼 쉽지 않다. 붓을 잡은 손에 힘이 너무 가거나 너무 없으면 붓을 제대로 움직일 수 없다. 획이 비틀비틀하거나 일관성이 없어진다. 머뭇거림 없이 한순간 제꺽 써야 하는데 마음대로 안 된다.

획을 긋거나 점을 찍는 다양한 방법을 운필법(運筆法)이라 한다. 서예는 이것을 터득해 자기화하는 과정이나 다름없다. 글씨를 단숨에 쓰는 일필휘지(一筆揮之)는 경지에 오른 사람이나 할 수 있다.

골프의 스윙도 서예와 흡사하다. 일정 수준 운필법을 익혀야 글을 쓸 수 있듯 스윙의 기본을 제대로 익혀야 올바른 스윙을 할 수 있다.

서예에서는 한 획을 쓸 때 기필(起筆) → 송필(送筆) → 수필(收筆)의 과정을 거친다. 쉽게 말해 붓을 움직여 끌고 나가 마무리를 짓는 것이다.

단박에 골프의 백스윙 → 다운스윙 → 팔로우스윙이 떠오른다. 비슷한 정도가 아니라 같다고 보면 틀리지 않을 것이다.

서예의 대가들이 일필휘지로 글자를 쓰듯 골프의 고수들 역시 일필휘지하듯 스윙을 한다.

대가의 붓은 망설임이나 머뭇거림 없이 물 흐르듯 움직인다. 골프 고수의 스윙 역시 옹이 없이 거의 한 동작처럼 이뤄진다.

서예 대가의 일필휘지나 골프 고수의 옹이 없는 스윙을 검술에 비유하면 단칼에 베는 것이다.

무림의 고수들은 칼을 써야 할 상황이 되면 전광석화처럼 칼을 쓴다. 언제 칼을 뽑았는지, 언제 상대를 베었는지 알아챌 겨를 없이 찰나에 이뤄진다. 칼집에 칼을 넣는 동작만 눈에 들어온다. 일필휘지의 칼이다.

조선시대 사형수의 목을 베는 사형 집행수를 망나니라 한다. 말과 행동이 막 돼먹어 나쁜 짓을 일삼은 사람을 가리키는 뜻으로 변했지만 분명 칼질로 밥을 먹고 사는 공복이었다.

사극에 등장하는 망나니는 사형수의 목을 내리치기 전에 입에 머금은 물을 뿜어내며 한바탕 칼춤을 춰 사형수의 혼을 빼놓은 뒤 눈 깜짝할 사이에 목을 벤다.

망나니가 사형수의 목을 베기 전에 입에서 물을 뿜고 칼춤을 추는 것은 사형수의 혼을 빼기 위한 것이라기보다는 망나니 자신의 두려움 혹은 갈등을 해소하기 위한 일종의 루틴(routine)이 아닐까 생각해본다.

망나니가 자신의 칼질에 대해 두려움이나 죄스러움 같은 잡념이 끼어들면 단칼에 사형수의 목을 베는 데 실패할 수도 있다. 단칼에 사형수의 목을 베지 못하면 그 이후에 일어나는 예기치 않은 불상사는 모두 자신이 책임져야 한다. 목숨까지 내놓아야 한다.

사형 집행 전의 망나니의 이런 루틴은 긴장감, 죄책감, 망설임 등의 잡념을 없애기 위한 예비 동작인 셈이다.
망나니의 루틴이다.

대부분의 아마추어 골퍼들이 티잉 그라운드에 설 때는 물론 샷이나 스트로크를 할 때마다 잡념에 휩싸인다.

혹시 실수하면 어쩌나, 내가 정한 방향이 틀리진 않을까, 어드레스를 제대로 섰나 등등의 의문과 걱정, 동반자의 멋진 샷을 따라잡겠다는 욕심, 지난 홀의 실수를 단번에 만회하겠다는 과욕, 심지어 연습장에서 새로이 익힌 타법, TV 레슨프로나 골프지침서에서 접한 것들이 뭉게구름처럼 피어올라 혼미해지기 마련이다.

이래서는 일필휘지, 단칼 같은 샷은 나오지 않는다.

'마음을 비워라'는 고수들의 충고는 바로 일필휘지의 샷, 단칼 같은 샷을 만들어내기 위한 것이다.

중도의 스포츠

맹수와 골퍼

아프리카 초원의 야생을 다룬 다큐멘터리 프로그램을 보면서 놀라는 것은 맹수들의 사냥 장면이다.

사자나 치타 표범 늑대 등 이른바 먹이사슬의 상층부를 차지하고 있는 맹수들의 사냥 모습은 결코 맹수답지 않다.

이들은 아무리 굶주려도 마구잡이로 사냥하지 않는다. 굶주림을 채우기 위해 덤벼서는 결코 먹잇감을 구할 수 없음을 체험으로 터득한 때문이리라.

아무리 연약한 사냥감이라 해도 이들은 드러내놓고 먹잇감에 다가서지 않는다. 물론 상대하기 벅찬 성체를 사냥감으로 삼는 무모함도 없지만 약한 사냥감을 점찍어 놓고도 얼마나 조심스러운지 답답할 정도다.

멀리서 먹잇감의 일거수일투족에 온 신경을 집중하며 기회를 엿보다 사냥 목표를 정한다. 먹잇감에 접근할 때도 풀숲에 몸을 낮추고 소리 없이 다가가 인내심을 갖고 공격하기 좋은 기회를 엿본다. 이때의 끈기와 인내는 인간의 그것과는 차원이 다르다.

기회가 왔을 때 전광석화처럼 온 힘을 다해 먹잇감으로 달려가는데 이 순간 맹수의 움직임은 집중과 몰입의 절정을 보여준다.

먹잇감을 잡고 나서 거친 숨을 몰아쉬는 맹수의 모습은 결정적 사냥의 순간에 얼마나 혼신의 힘을 쏟고 집중하는지 보여준다.

시베리아 호랑이나 알래스카 곰들의 사냥 장면에서도 같은 장면을 목격한다. 그렇게 당당한 호랑이가 사냥에 나서서 먹잇감을 발견한 이후의 행동은 소심할 정도다.

결코 성급하게 다가서지 않고 상대방이 눈치채지 않게 몸을 웅크리고 바닥에 바짝 엎드려 기다리다가 소리 없이 접근해 먹잇감이 주의를 기울이지 않을 때를 포착, 번개처럼 몸을 날려 먹잇감을 덮친다.

자신 덩치의 10분의 1도 안 되는 먹이일지라도 호랑이는 결코 '너는 내 먹이다'라는 자신감으로 나서지 않는다. 기회가 오지 않았는데도 무모하게 힘을 소모하며 추격하지도 않는다.

우둔해 뵈는 곰들도 의외로 영리하게 먹잇감을 사냥한다. 연어가 회귀하는 강에서 연어를 낚아채고 설원에서 먹잇감을 사냥할 때의 소심함과 용의주도함은 놀랍다.

맹수는 결정적인 순간이 아니고서는 결코 맹수의 속성을 드러내지 않고 조심하고 소심하며 우직할 정도로 때를 기다리는 인내심을 발휘한다.

맹수들의 또 다른 특성은 결코 실패를 두려워하지 않는다. 맹수들의 사냥 성공률은 10%에도 못 미친다. 10번 사냥을 시도해 겨우 한 번 성공할 정도다.

유능한 사냥조직인 늑대는 거듭되는 실패에서 얻은 교훈을 공유하며 사냥기술을 공유하는 것으로 유명하다.

골퍼에게 필요한 것이 바로 맹수의 조심성, 집중, 인내심 그리고 실패를 활용하는 지혜다.

맹수의 특성을 이해하고 난 뒤 정상급 골프선수들을 보면 너무도 맹수를 닮았음을 깨닫게 된다. 정상급 골퍼들이야말로 맹수들이 지닌 지혜를 터득하고 실천하는

'인간 맹수'들이다.

겸손하며 냉정하고, 덤비지 않고, 실패를 겸허히 받아들이고, 다음을 위해 실력 연마를 게을리하지 않는다. 맹수다움을 잊음으로써 진정한 맹수가 되는 것과 너무도 흡사하지 않은가. 단 골퍼의 먹잇감은 골프 그 자체지 결코 동반자나 경쟁자가 아님을 깨달을 필요가 있다.

골퍼의 구체적 표적은 홀 마다의 파(PAR)다. 그러나 대부분의 골퍼들은 파가 아닌 동반자 또는 경쟁 관계에 있는 동료를 사냥 표적으로 삼음으로써 스스로 자멸의 길로 빠져드는 우를 범한다.

최고 수준의 기량을 갖추고 간단없이 연습하는 프로선수들도 맹수다움을 잊는데 기량도 떨어지고 연습도 게을리하는 주말골퍼들이 눈앞의 먹잇감에 성급하게 달려드는 어설픈 맹수 흉내를 낸다면 결과는 물으나 마나다.

대나무의 성장통

우후죽순(雨後竹筍)이란 말이 있듯 대나무 순은 비온 뒤에 쑥쑥 자라지만 항상 성장만 하지 않는다. 대나무가 절개(節槪)의 상징이 될 정도로 곧게 자랄 수 있는 것은 적절히 성장을 멈출 수 있기 때문이다.

대나무는 기후가 나쁘거나 수분이 부족할 때 성장을 멈추고 다음 성장을 위해 힘을 모은다. 이때 생기는 것이 마디다.

성장판을 닫고 힘을 비축한 뒤 기회가 되면 다시 성장한다. 이런 과정을 되풀이하면서 대나무는 휘지 않고 곧게 그리고 높이 자랄 수 있는 것이다.

오늘의 드럼통이 생겨난 것도 대나무의 마디에서 힌트를

얻은 것이라고 한다. 처음에 만든 드럼통은 표면에 아무런 굴곡이 없는 매끈한 통이었는데 이 때문에 작은 충격이나 굴릴 때 쉽게 찌그러졌다. 누군가가 대나무의 마디에서 아이디어를 얻어 드럼통 옆구리에 마디를 넣었더니 강도가 4배나 강해졌다.

해저드, 러프, 벙커 등 장애물 없는 골프코스는 존재하지 않는다. 미스샷 없는 라운드 역시 불가능하다. 좌절 없는 라운드도 없다

프로선수들도 중도에 골프를 접을까 고민하게 할 정도로 좌절에 빠지게 하는 게 골프인데 주말골퍼야 오죽하겠는가.

만족하는 샷보다 미스샷이 많은 게 아마추어 주말골퍼들이다. 그러면서도 골프의 불가사의한 중독성 때문에 매달리면서 수도 없이 골프와의 결별을 생각한다.

내 주변에도 "이제 골프를 그만둬야 할 것 같아요."라고 토로하는 사람이 적지 않다. 이들은 한결같이 스스로 용납할 수 없는 참담한 라운드를 몇 번 경험한 뒤 입버릇처럼 같은 말을 되풀이하곤 한다.

극히 일부는 정말 골프를 접은 경우도 있다. 그러나 대부분은 그리스 신화에 나오는 시지프스의 노역을

되풀이한다. 힘들여 바위를 산꼭대기에 올려놓으면 굴러떨어질 것을 알면서도 다시 바위를 밀어 올리는 시지프스처럼 골퍼들은 골프를 증오하면서 다시 골프채를 휘두른다.

나도 예외가 아니었다. 그때마다 용케 홍역을 치르고 고비를 넘겼지만 최근 '정말 이제 골프채를 놓을 때가 된 것 같다'는 생각이 들 만큼 참담한 라운드를 경험했다.

아무리 골프의 속성이 그렇다 해도 해도 그날은 너무했다. 겨울골프라 스코어는 염두에 두지 않았지만 되는 샷이 거의 없었다. 드라이버, 페어웨이 우드, 하이브리드, 아이언 등 어느 것 하나 제대로 되는 게 없었다.

라운드를 끝내고 집으로 돌아와 정말 심각하게 아내에게 "이제 골프를 그만둘 때가 된 것 같다"고 털어놨다. 경제적으로도 부담이 되고 재미도 못 느낀다며 궁색한 핑계를 댔다.

그리고 며칠 후 운동 삼아 연습장에 나가 골프채를 휘둘러봤다. 어라, 그저께 날린 샷과는 완전히 달랐다. 며칠 전의 참담한 기억이 사실이었던가 싶을 정도였다. 다시 옛날의 샷이 되살아났다. 환장할 노릇이다.

속으로 중얼거렸다.

'이래서 골프채를 못 놓는구나!'

그동안 여러 번 경험한 일인데도 마치 처음 느껴보는 기분이었다.

불현듯 대나무의 마디가 떠올랐다. 마디가 곧은 대나무를 만들 듯 되풀이되는 좌절이 나의 골퍼를 성장시킨다는 사실을 절감했다. 정말 골프와는 체질이 맞지 않거나 흥미가 없는 경우를 제외하곤 대부분의 골퍼들이 겪는 좌절과 고통은 결국 자신의 골프를 한 단계 업그레이드 시키기 위한 성장통임을 깨닫는다.

댓잎 위에 눈이 미끄러지듯

스포츠 중에 골프와 가장 근사한 것이 궁도가 아닐까. 활을 쏘기 전에 내 몸과 활, 시위, 화살이 일체가 되는 정신집중의 과정을 거쳐 거의 무의식 상태에서 자신도 모르게 활을 쏘는 단계는 여러모로 골프에서의 어드레스, 집중, 빈 마음 상태에서의 스윙 등과 너무도 흡사하다.

'마음을 쏘다, 활'이란 책을 읽고 이를 확인할 수 있었다.

독일 하이델베르크대학의 철학자인 오이겐 헤리겔(1884-1955)이 1920년대 일본의 한 대학에 객원교수로 체류하는 동안 일본 궁도의 명인 아와 겐조(阿波研造, 1880-1939)로부터 궁술을 배우면서 궁도를 통해 선의 세계와 만나 깨달음을 얻는 과정을 담백하게 전하는 내용이다. 책이 나온 지는

60년이 넘었지만 아직도 새 책으로 유통되는 것을 보면 독자로부터 지속적인 사랑을 받는 것 같다.

이 책은 오이겐 헤리겔이 궁도를 배우면서 아와 겐조와 대화를 나누며 궁도를 통해 선의 세계를 대면하는 경이와 깨달음을 잘 전해준다.

이 책에서 이런 과정을 가장 함축적으로 표현한 것이 있다. 활의 발사가 '댓잎 위에 쌓인 눈이 미끄러지듯' 이뤄져야 한다는 것이다.

교수 제자가 활시위를 최대한 당긴 후 발사하기까지 버티는 것이 힘들다고 말하자 스승은 이렇게 가르친다.

"당신이 진정 자신으로부터 벗어나지 못했기 때문에 그렇게 느끼는 것입니다. 알고 보면 아주 간단한 것입니다. 어떻게 해야 하는지 대나무 잎을 보면 알 수 있습니다. 눈이 쌓이면 대나무 잎은 점점 더 고개를 숙이지요. 그러다가 일순간 대나무 잎이 전혀 흔들리지 않는데도 눈이 미끄러져 떨어집니다. 이와 같이 발사가 저절로 이루질 때까지 최대로 활을 당긴 상태에 머물러 있으세요. 최대로 활이 당겨지고 저절로 발사가 이루어져야 합니다. 발사는 사수가 의도하기도 전에, 마치 대나무 잎에 쌓인 눈이 미끄러지듯 시위를 떠나가야 합니다."

이런 가르침도 준다.

“해야 할 것에 대해 생각하지 마십시오. 어떻게 하면 될지를 궁리하지 마십시오. 쏠 때는 쏘는 사람 자신도 모르게 쏘아야만 흔들림이 없습니다. 활시위가 엄지손가락을 순간적으로 베어버린 듯이 되어야 합니다.”

일정 수준에 이른 골퍼, 특히 골프의 정신세계에 관심을 갖고 있는 골퍼라면 궁도 명인의 이 가르침을 무념무상의 샷을 위한 고도의 지침으로 받아들일 것이다.

골프의 고수들은 결코 샷 자체에 집착하지 않는다. 샷을 하기까지 모든 상황을 냉철하게 통찰하고 자신의 판단을 신뢰하며 이어 고도의 집중을 통해 몸과 클럽이 저절로 샷을 만들어내도록 맡긴다. 내가 골프채를 잡은 이후 간단없이 매달렸고 지금도 씨름하고 있는 ‘숨 쉬듯, 걸음 걷듯 골프하기’의 또 다른 표현이 아닐까 여겨진다.

아마추어들이 어드레스에서부터 백스윙, 톱, 다운스윙, 팔로우의 과정을 세분화해 한 동작 한 동작을 체크하려다 잡념에 휘둘려 샷을 망치는 경우를 자주 본다. 이는 마치 다족류의 벌레가 어떤 순서로 다리를 움직여야 할지 생각하게 되면 전혀 움직일 수 없게 된다는 논리와 같다.

다족류가 아무 생각 없이 그 수많은 다리를 리드미컬 하게 움직여 이동하듯 골프 스윙도 무념무상의 상태에서 모든 연결된 동작들이 제껵 이뤄져야 한다.

궁도의 스승은 또 이렇게 강조한다.

"진정한 기예는 목적도 의도도 없습니다. 목표를 정확하게 맞추기 위해 화살을 발사하는 법을 배우는 데 집착하면 할수록 목표를 맞추기는 더 어렵고 발사법을 배우기 힘듭니다. 당신이 지나치게 집착하고 있다는 사실이 방해가 됩니다."

골퍼가 볼을 남보다 더 멀리 보내려고 할 때, 볼을 깃발에 가까이 붙이겠다는 욕심에 집착할 때 미스샷이 나오고 평소 하던 스윙도 이뤄지지 않는 이치와 같다.

집착이나 욕심, 의도가 강하게 개입될 때 몸은 경직되고, 최대한 이완시켰다 해도 가격하는 순간 몸의 어느 한 곳이 경직되고 꿈틀거리거나 움찔하게 돼 있다. 이 순간 자신도 모르게 우리 몸의 축이 흔들리고 목표지점을 향해 설정된 어드레스도 흐트러지기 때문이다.

이런 미스를 방지하기 위해 'No Ball Method'란 훈련법이 태어났다. 실제로 볼을 치지만 볼이 없다고 생각하고 빈 스윙을 한다는 느낌으로 샷을 날리는 훈련이다. 이 훈련법은 몸에 익히기만 하면 주위를 놀라게 하고 자신도 놀라는 결과를 보장해준다.

이때의 느낌이 바로 '대나무 잎 위의 눈이 미끄러지듯'한 샷이다. 한 라운드에 한두 번이라도 '댓잎 위의 눈이 미끄러지듯' 심리적 육체적 미동도 없이 떨어지는 샷을 경험해보고 싶지 않은가.

골프
결

『장자(莊子)』에 '포정해우(庖丁解牛)'라는 유명한 이야기가 실려 있다.

전국시대 양나라의 왕 문혜군(文惠君)이 도의 경지에 이른 포정의 소 잡는 모습을 보고 모든 사물에는 결이 있고 그 결을 따르는 것이 바로 천리(天理)임을 깨닫는다는 내용이다.

문혜군은 포정이 손과 발, 어깨와 무릎을 적절하게 움직이며 소를 해체할 때 뼈와 근육, 살이 갈라지면서 나는 소리와 칼을 밀어 넣을 때 나는 소리가 음악으로 들렸다.

문혜군은 이런 포정을 보고 "오! 훌륭하도다. 기술이 어떻게 이런 경지에까지 이를 수 있을까"하고 감탄했다.

그러자 포정이 칼을 놓고 말했다.

“제가 좋아하는 것은 도(道)로서, 기술의 경지를 넘어선 것입니다. 처음 제가 소를 잡을 때는 온통 소만 보였습니다만 3년 뒤에는 소의 몸체가 보이지 않게 되었습니다. 이제는 신명(神明)으로 만나되 눈으로 보지 않고 감관(感觀)과 사려작용은 멈추어지고 신명이 움직이게 되었습니다. 소의 결을 따라 힘줄과 뼈의 틈 사이를 치고 골절 사이의 빈 곳으로 칼을 집어넣습니다. 소 몸체가 생긴 대로 따르니 경락과 뼈에 엉킨 힘줄조차 부딪히지 않는데 하물며 큰 뼈이겠습니까. 훌륭한 백정은 해마다 칼을 바꾸니 자르기 때문이요, 보통의 백정은 달마다 칼을 바꾸니 빠개기 때문입니다. 지금 제 칼은 19년을 사용하였고 거쳐 간 소도 수천 마리나 됩니다. 그러나 칼날은 아직도 숫돌에서 방금 갈아낸 듯합니다. 소의 골절에는 틈새가 있으나 칼날에는 두께가 없습니다. 두께가 없는 칼날로 골절 사이의 빈틈에 넣으니 칼날 놀림에 넉넉함이 있습니다. 그러므로 19년이 지나도록 칼날이 숫돌에서 방금 갈아낸 듯한 것입니다. 비록 그렇더라도 매번 뼈와 힘줄이 엉킨 곳에 이르면 저도 삼가고 조심하는 마음으로 경계하고 집중합니다.”라고 말했다.

장자는 칼을 마음에 비유하고 소를 모든 사물에 비유했다. 숫돌에서 갓 갈아낸 칼날처럼 마음을 갈고 닦은 뒤 사물의 자연스러운 결을 따라 허심으로 응하면 칼날이 상하지 않듯 마음도 상처 입지 않는다고 설파했다.

모든 사물에는 결이 있다. 목수는 나뭇결을 찾아 그 나무를 다스리고 석공은 돌의 결을 찾아 돌을 다루고 옥을 다루는 사람은 그 결을 찾아 옥 그릇을 만든다.

모든 결에는 반드시 빈틈이 있다. 그 결 속의 빈 공간이 사물의 핵심이란 것이 장자의 생각이다. 천지 만물에는 반드시 결이 있는데 이것이 바로 천리(天理)라는 것이다.

'포정해우(庖丁解牛)'에 숨은 진리는 골프에도 그대로 적용된다.

골프에도 결이 있다. 골프코스에도 결이 있고 개개인의 스윙에도 결이 있다.

골프코스가 어떤 지형에 조성돼 있느냐에 따라 코스의 결이 다르다. 산악이냐 평지냐, 호수 주변이냐 강변이냐 해안가냐에 따라 지형 특성을 품은 독특한 결을 갖게 된다. 여기에 설계자의 의도까지 개입되면 그 결은 더욱 복잡하고 난해해질 수밖에 없다.

라운드하는 골퍼 역시 각기 다른 독특한 결을 갖고 있다. 이상적인 스윙을 익히느라 노력해왔음에도 개개인의 신체적 특성, 습관, 성정에 따라 이상적인 것과는 거리가 있는 자신만의 스윙 결을 지니고 있다.

이를테면 훅 구질이냐 슬라이스 구질이냐, 가격형이냐 스윙형이냐, 공격형이냐 수비형이냐 등에 따라 골프 결은 사람의 지문처럼 모두 다를 수밖에 없다.

자신의 스윙 결을 알고 골프코스의 결을 읽어낼 수 있다면 라운드의 질이 확연히 달라진다.

예를 들어 도그레그 홀이 안고 있는 함정을 극복할 수 있다면 결을 읽을 줄 안다고 자부할 만하다. 도그레그 홀은 질러가면 거리상 혜택이 주어지지만 실패할 경우 해저드나 OB의 불이익을 감수해야 한다. 기량을 테스트하는 목적도 있지만 동시에 인내심 절제심을 시험하는 홀이기도 하다. 이때 자신의 스윙 결과 코스의 결을 제대로 안다면 현명한 공략법을 찾아낼 수 있다.

포정이 결을 따라 소를 다루듯, 골퍼도 자신의 스윙과 코스의 결을 제대로 알고 그 안에 있는 빈틈을 찾아낼 수 있다면 라운드가 한결 편해지고 즐거워진다.

성철스님의 3000배

"산은 산이요, 물은 물이로다"라는 법어(法語)로 유명한 성철스님(1912~1993)은 생전에 많은 일화를 남겼다.

가야산 해인사에 딸린 암자인 백련암에서 수행하며 해인총림(海印叢林)의 초대 방장과 조계종 종정으로 추대되고도 그곳을 떠나지 않는 성철스님을 만나겠다고 많은 사람이 찾아왔다. 그러나 스님을 직접 만난 사람은 극소수에 불과했다.

자신을 만나고 싶은 사람은 3000배를 하고 오면 만나 주겠다는 조건 때문이다.

이 조건에는 예외가 없었다. 정치인, 권력자, 재벌총수, 언론인 구별 없이 3000배를 하지 않은 사람은 결코 만나 주지 않았다. 이름 없는 사람이라도 3000배를 한 사람은 반갑게 맞이했다.

이 조건은 많은 오해를 불러일으켰다. "성철스님이 뭐 대단한 사람이라고 3000배를 해야 만나주는가?"라는 비판도 있었다.

중앙일간지의 문화부장이나 종교담당 기자가 성철스님과 인터뷰를 하고 싶어도 이 '3000배의 관문'을 넘지 못해 뜻을 이루지 못한 예를 직접 보고 들었다.

'3000배가 그렇게 어렵나?' 반문하는 사람이 있겠지만 절을 해본 사람은 안다. 절에 익숙하지 않은 사람이라도 108배 정도는 할 수 있지만 3000배는 다른 얘기다. 초저녁부터 새벽까지 꼬박 10시간 정도 해야 하는데 평소 절을 안 해본 사람은 두어 시간 넘기기도 어렵다. 의욕은 있지만 몸이 따라주지 않는다.

왜 굳이 3000배를 하라고 했을까.

성철스님은 한 인터뷰에서 이 질문에 직접 답한 적이 있다.

"3000배를 하면 만나 준다는 말을 듣고 나를 보기 위해 무조건 3000배를 하라는 줄로 아는 모양인데 그렇지 않습니다. 승려라면 부처를 대행할 수 있어야 하는데 어느 점으로 보든지 내가 무엇으로 부처님을 대행할 수 있겠나

하는 생각입니다. 아무리 생각해 봐도 내가 남을 이익되게 할 수는 없습니다. 그래서 늘 말합니다. 나를 찾아오지 말고 부처님을 찾아오시오. 나를 찾아와서는 아무 이익이 없습니다. 그래도 사람들이 찾아옵니다. 그러면 그 기회를 이용하여 부처님께 절하라, 하는 것이지요. 그냥 절만 하는 것이 아니고 나를 위해서가 아니라 남을 위해서 절하라고 합니다. 그렇게 3000배를 하고 나면 사람의 심중에 무엇인가 변화가 옵니다. 그 변화가 오고 나면 그 뒤부터는 자연히 스스로 절하게 됩니다. 처음에는 억지로 남을 위해서 절을 하는 것이 어려워도 나중에는 남을 위해 절하는 사람이 되고, 남을 위해 사는 사람이 되며 그렇게 행동하게 되는 것입니다."

성철스님이 요구한 3000배는 그냥 3000배를 하라는 것이 아니라 아집과 자만을 내려놓고 모든 이에게 자비를 베풀 수 있는 마음가짐을 가지도록 하기 위한 은유적 방편(方便)이었던 것이다.

구력이 꽤 되다 보니 가끔 한 수 지도해달라는 사람이 나타난다.

당사자는 노력해도 진전이 없어 답답한 심정에 어렵게

입을 연 것이겠지만 지도 요청을 받는 쪽의 입장은 난감하다.

늘 연습하는 것을 옆에서 지켜본 경우라면 장단점을 파악하고 있기에 고쳐야 할 부분을 지적해줄 수 있지만 그렇지 않다면 막막하기 짝이 없다.

구력이 얼마나 되는지, 어떤 식으로 배웠는지, 스윙이 어떻게 굳어졌는지, 실제 라운드에서 스코어는 어떻게 나오는지 알 수 없는 사람이 다가와 '한 수 지도'를 요청하면 할 말이 없다.

일정한 수준에 이른 경우라면 몇 마디 하면 금방 알아듣고 자신의 문제점을 깨닫지만 골프를 배운 지 6개월도 안 된 사람이 '거리가 나지 않는다' '볼이 똑바로 날아가지 않는다' '클럽별 거리가 일정하지 않다'며 팁을 요청하면 황당하기 짝이 없다.

팁 한둘로 해결될 수 있다면 얼마나 좋으랴만 골프에서 그런 일은 절대 없다.

각고의 노력을 하며 수많은 깨달음, 시행착오와 실패를 반복한 뒤에라야 고수의 한 마디가 효력을 발휘할 수 있다.

고수에게 한 수 지도를 요청하려면 그 지도를 받아들일 준비가 되어있어야 한다는 얘기다. 바위에 아무리 물을 부어도 스며들지 않듯 받아들일 준비가 안 된 사람에게 아무리 좋은 묘방을 얘기해도 그 뜻이 전해지지 못한다.

마른 모래에 물이 스며들듯 배움의 목마름이 간절한 경우에야 '한 수 지도'가 오고 간다.

한 사람의 고수가 오늘에 이르기까지 쏟은 땀과 노력을 생각하면 불쑥 던지는 '한 수 지도' 요청은 사실 무례다.

스윙 축을 지키기 위한 노력과 훈련. 자연스런 코킹을 위해 버스나 지하철 탈 때 손잡이를 골프채를 잡듯 하는 습관, 올바른 스윙궤도를 터득하기 위한 다양한 노력, 팔 굽혀펴기와 스쿼트, 아령 등을 통한 부단한 근력 강화, 골프채를 휘두르기 전에 할애하는 30여 분간의 준비운동 등등의 과정을 거치지 않은 사람에게 고수의 가르침은 바위 위에 물 붓기와 무엇이 다를까.

'한 수 지도'를 구하기 전에 고수의 지도를 받아들일 준비가 갖춰져 있는지 먼저 돌아볼 일이다.

관계의 게임

대부분의 스포츠나 게임은 상대가 있다. 상대는 이겨내야 할 적이다. 모든 구기종목과 권투 유도 레슬링 등 격투기 등 편을 갈라 벌이는 경기에서 상대는 적일 수밖에 없다. 육상과 같은 기록경기조차도 선수들은 기록 그 자체에 목표를 두지 않고 함께 경기를 벌이는 상대를 적으로 인식하는 경우가 많다.

한쪽이 이기면 다른 쪽은 질 수밖에 없다. 지지 않기 위해선 이기는 길밖에 없다. 그래서 나와 상대와의 사이에는 항상 긴장과 갈등, 마찰이 존재한다.

골프가 일반적인 스포츠와 다른 가장 큰 차이점은 골프는 대적의 게임이 아니라 관계의 게임이라는 것이다. 물론 각종 골프대회에 참가하는 프로선수들은 자신을 제외한 모든 선수를 적으로 생각할 수도 있다. 그러나 이런 선수라면 별 볼 일 없는 선수이거나 대성을 기대할 수 없다. 골프는 적대의 감정에 휩싸여서는 결코 좋은 결과를 얻을 수 없기 때문이다.

골프에서는 상대해야 할 대상이 너무 많다. 골프를 하는 그 시간 그 장소에 존재하는 모든 것은 물론 골프장에 이르기 전의 모든 상황들을 슬기롭게 상대해야 한다. 함께 라운드하는 동반자에서부터 페어웨이 상태나 벙커, 그린, 러프 등 골프장의 모든 조건들, 날씨, 캐디, 그리고 순간순간 벌이지는 온갖 상황들과 현명하게 상대해야 한다. 이 많은 상대를 모두 적으로 몰아버린다면 좋은 골프를 기대할 수 있겠는가. 그 많은 적들과의 마찰과 긴장감, 갈등을 이겨낼 수 있겠는가.

골프에서 이 같은 상대들은 단지 관계의 대상이다. 관계를 원만하게 맺고 서로 조화될 때 평정이 깃든다. 갈등과 마찰 긴장이 숨을 공간이 없어진다. 골프가 관계의 게임이란 것을 깨닫는다면 태어나서부터 무덤에 이르기까지 관계의 연속인 인생살이도 크게 달라질 것이다.

친선을 내세운 아마추어들도 막상 게임이 시작되면 상대를 모두 적으로 돌려버리는 어리석음을 범한다. 자신을 제외한 모두를 적으로 삼는다. 골프란 궁극적으로 자신과의 싸움이라는 것을 망각하고 외부에서 적으로 찾으면 나를 제외한 모든 삼라만상이 적으로 변한다. 어떻게 그 많은 적과 싸워 이기려 드는가.

냉정한 프로골퍼들조차 자신 이외의 대상들을 적으로 돌려 싸우다가 참담한 추락을 경험하는 것을 보면 적을 적으로 보지 않는 경지가 그리 쉬운 것은 아닌가 보다.

기라성 같은 선수들이 몰려 있는 프로의 세계에서 모두를 적으로 돌린다면 적들의 동태를 파악하고 적들의 상황변화에 따라 자신의 대응도 달라져야 할 텐데 한 사람의 머리로는 도저히 감당할 수 없는 일이다.

그러니 정말 골프를 즐기고 좋은 성적을 거두려면 내부에 만들어둔 외부의 모든 적을 없애야 한다. 적을 죽이라는 뜻이 아니라 내 마음속의 외부의 적을 지워 없애라는 뜻이다. 그 다음엔 나를 극복하기 위해 나 자신을 적으로 해서 성실하게 싸워나가야 한다. 그리고 나 자신마저 마음속에서 지워버릴 수 있다면 그야말로 최고의 골퍼라 할 수 있을 것이다.

열심히 적을 없애자. 나마저 없애자. 승리란 결과적으로 나타날 뿐, 이기고 짐을 잊도록 해보자. 이겨도 이긴 게 아닌 듯 생각하고 져도 그 아픔을 모르는 경지를 추구해보자.

> 법구경은 이기고 지는 것을 모두 잊으라고 가르친다.
> '이기면 남에게 원한을 사고
> 지면 스스로 비굴해지나니
> 이기고 진다는 마음 버리고
> 다툼이 없으면 스스로 편안하리.'

그러나 법구경의 가르침은 현대인으로서는 접근조차 하기 힘든 경지다. 이 살벌한 적자생존의 경쟁사회에서 어찌 투쟁 없이 살아갈 수 있단 말인가. 투쟁과 결별할 수 없을 바에야, 그리고 투쟁할 때마다 승리를 쟁취하지 못할 바에야 패배를 멋지게 수용하는 자세를 갖는 게 현명한 처세술일 수도 있다.

「개미」의 작가 베르나르 베르베르는 「상대적이며 절대적인 지식의 백과사전」에서 승리보다는 패배에 더 큰 의미를 부여하며 패배를 미화했다.

"승리 뒤에는 언제나 견딜 수 없는 허망함이 찾아오고 패배 뒤에는 언제나 새로운 열정이 솟아나면서 위안이 찾아온다. 왜 그럴까. 승리는 우리로 하여금 똑같은 행동을 지속하도록 부추기는 반면 패배는 방향전환의 전주곡이 되기 때문일 것이다. 패배는 개혁적이고 승리는 보수적이다. 영리한 사람은 가장 멋진 승리를 거두려고 하지 않고 가장 멋진 패배를 당하려고 노력했다. 한니발장군은 로마를 눈앞에 두고 발길을 돌렸고 케자르는 원로원회의에 나갈 것을 고집하다가 브루투스의 단검에 찔려 죽었다. 우리의 실패는 이르면 이를수록 좋고 우리를 물이 없는 수영장에 뛰어들게 해줄 다이빙대는 높을수록 좋다. 사람들은 결코 승리로부터는 배울 것이 없고 실패를 통해서만 배우기 때문이다."

시지프스와 골퍼

골퍼는 그리스 신화에 나오는 시지프스(Sisyphus)의 형벌을 고스란히 물려받은 자가 아닐까.

시지프스는 바람의 신인 아이올로스와 그리스인의 시조인 헬렌 사이에서 태어났다. 신화에 따르면 시지프스는 '인간 중에서 가장 현명하고 신중한 사람'이었다고 한다. 그러나 신들의 입장에서는 엿듣기 좋아하고 입이 가볍고 교활하며 특히 신들을 우습게 여긴다는 점 때문에 눈 밖에 났다.

천부의 도둑인 전령의 신 헤르메스는 태어난 바로 그날 저녁 강보를 빠져나가 이복형인 아폴론의 소를 훔친 뒤 강보에 들어가 천진난만한 아기처럼 시치미를 뗐다. 이를 알아챈 시지프스가 아폴론에게 고자질하고 아폴론은 이를 다시 신들의 왕인 제우스에게 알렸다. 이 사건으로 시지프스는 인간이 감히 신들의 일에 끼어들었다는 이유로 헤르메스는 물론 제우스의 눈총을 받았다.

이런 차에 시지프스가 결정적으로 괘씸죄를 저지른다. 어느 날 제우스가 독수리로 둔갑해 요정 아이기나를 납치하는 현장을 목격한 시지프스는 아이기나의 아버지인 강신(降神) 아소포스를 찾아가 자신의 부탁을 들어주면 딸이 있는 곳을 알려 주겠다고 제안했다.

당시 시지프스는 코린토스를 세워 다스리고 있었는데 물이 귀해 백성들이 몹시 고생하고 있었다. 시지프스는 코린토스에 마르지 않는 샘을 하나 만들어 달라고 요청했다. 딸을 찾는 게 급했던 아소포스는 시지프스의 청을 들어주기로 했고 시지프스는 그에게 제우스가 아이기나를 납치해 간 섬을 가르쳐 주어 구출되도록 했다.

자신의 비행을 엿보고 고자질한 자가 시지프스임을 알게 된 제우스는 저승신 타나토스(죽음)에게 당장 시지프스를 잡아오라고 명령했다. 그러나 제우스의 보복을 예상한 시지프스는 타나토스가 나타나자 쇠사슬로 묶어 감옥에 가두었다. 명이 다한 사람을 저승으로 데려가는 저승사자가 묶여 있으니 당연히 죽는 사람이 없어졌고 명계(冥界)의 왕인 하데스는 이 황당한 사실을 제우스에게 고했고 제우스는 전쟁의 신 아레스를 보내 타나토스를 구출하게 했다. 시지프스는 호전적이고 잔인한 아레스에게 맞섰다간 온 코린토스가 피바다가 될 것을 알고 순순히 항복했다. 타나토스의 손에 끌려가면서 꾀를 낸 시지프스는 아내 멜로페에게 자신의 시신을 화장도 매장도 하지 말고 광장에 내다 버리고 장례식도 치르지 말라고 은밀히 일렀다.

저승에 당도한 시지프스는 하데스에게 이렇게 읍소했다. "아내가 제 시신을 광장에 내다 버리고 장례식도 치르지 않은 것은 죽은 자를 수습하여 저승에 이르게 하는 이제까지의 관습을 조롱한 것인즉 이는 곧 명계의 지배자이신 대왕을 능멸하는 것이니 제가 다시 이승으로 돌아가 아내를 벌한 뒤 다시 돌아오겠습니다. 그러니 저에게 사흘간만 말미를 주십시오."

시지프스의 꾀에 넘어간 하데스는 그를 다시 이승으로 보내 주었다. 그러나 시지프스는 약속을 지키지 않았다. 하데스가 몇 번이나 타나토스를 보내 으르고 경고했지만 그 때마다 시지프스는 온갖 말재주와 임기응변으로 위기를 벗어났다. 그러나 인간이 신을 이길 수 없는 법, 마침내 시지프스도 타나토스에 끌려 명계로 갈 수밖에 없었다.

명계에서 그에게 주어진 형벌은 큰 바위를 높은 산꼭대기까지 밀어 올리는 일이었다. 시지프스가 온 힘을 다해 바위를 꼭대기까지 밀어 올리면 바로 그 순간 바위는 산 아래로 굴러떨어졌다. 그러면 시지프스는 다시 바위를 밀어 올려야 했다. "바위가 늘 그 꼭대기에 있게 하라"는 하데스의 명령에 따라 시지프스는 다시 굴러떨어질 것을 뻔히 알면서도 산 위로 바위를 밀어 올려야 했다.

바위를 산 정상에 올려놓으면 곧 아래로 굴러떨어지고 또다시 바위를 산 위로 밀어 올리는 일을 되풀이하는 시지프스의 숙명은 골퍼들의 그것도 너무도 흡사하다.

처음 골프채를 잡았을 때 대부분 100타만 깨면 족하다고 소박한 기대를 한다. 그러나 100타를 깨고 나면 언제 그랬냐 싶게 90대를 목표로 세우고 80대 타수를 꿈꾼다. 80대 타수만 칠 수 있으면 더 이상 욕심을 부리지 않겠다고 호언하고도 80대를 달성하는 순간 그의 꿈은 80대 이하 싱글스코어로 대체된다.

이 정도 선에서나마 만족할 줄 안다면 골프가 그렇게 고통스런 운동이 아닐 텐데 일부는 이븐파 심지어 언더파를 꿈꾸며 땀과 정성을 쏟는다.

그럼 프로골퍼에 가까운 수준까지 도달했다고 골퍼의 꿈이 멈추는 것일까. 그렇다면 골프를 시지프스의 형벌이라고 할 수 없을 것이다.

이제부턴 나이와 함께 나타나는 육신의 퇴행을 거스르려는 모험이 시작된다. 60대가 넘어서도 70대 혹은 80대 스코어를 유지하려고 발버둥치고 드디어는 나이와 같거나 그 밑의 스코어를 기록하는 에이지 슛(age shoot)이라는 가당찮은 꿈으로 골프와 씨름한다.

이 모든 노력에도 불구하고 "이만하면 됐다!"고 받아들일 수 있는 순간은 결코 찾아오지 않는다. 골프는 항상 내가 서 있는 자리가 아닌 그다음 계단을 향하고 있다. 다음 계단 위에는 또 다른 계단이 기다리고 있다. 이 계단은 눈을 감을 때까지 이어진다.

이런 예를 어떤 스포츠에서 찾을 수 있을까. 라운드를 돌고 나서 바로 다음 라운드를 꿈꾸고 투덜투덜 대며 연습장을 찾으면서도 싫다는 생각이 없다. 인류가 발명한 놀이 또는 스포츠 중에 골프만큼 중독성이 강한 운동을 찾기 어려울 것이다.

'영원한 아마추어'로 '구성(球聖)'으로 추앙받은 바비 존스가 "골프란 그 누구도 정복할 수 없다. 스코틀랜드 사람이 말했듯 골프란 끝이 없는 게임이다. 오늘날까지 그 누구도 골프를 자신이 생각한 대로 플레이한 사람은 없었고 또 그 이상 절대로 더 잘 칠 수 없었다고 만족할 만큼 흡족한 라운드를 해본 사람도 없다. 그래서 골프가 모든 게임 중에서 가장 위대한 것이다."라고 설파한 이유를 알 만하지 않은가.

하릴없이 아더 발포어(전 영국수상)가 "인간의 지혜로 발명한 놀이 중에 골프만큼 건강과 보양, 상쾌함과 흥분, 그리고 지칠 줄 모르는 즐거움을 주는 것도 없다."라는 헌사를 바쳤을까.

골프와 인연을 맺은 사람은 시지프스의 그것과 같은 가혹하기 그지없는 형벌을 짊어져야 하지만 자발적으로, 그것도 고통 속의 희열을 맛보면서 바위를 산꼭대기로 밀어 올린다는 점에서 시지프스와는 다르다.

볼레로와 골프

프랑스 작곡가 모리스 라벨(Maurice Ravel, 1875~1937)의 『볼레로(Bolero)』는 단순하면서 중독성 있는 선율을 같은 리듬과 박자로 반복한다. 340마디 동안 169회나 반복되는 작은 북과 팀파니의 리듬 위에 다양한 악기가 차례차례 가세해 선율 주제를 반복하며 클라이막스를 향하다 화산이 폭발하듯 끝난다.

라벨의 작품 중 대중적으로 가장 많이 알려진 『볼레로』는 러시아 출신의 유명한 스타무용수이자 안무가인 이다 루빈스타인(Ida Rubinstein, 1885~1960) 여사의 의뢰로 작곡된 발레음악이다. 루빈스타인 여사는 처음 스페인음악의 거장 아이사크 알베니스(Isaac Albeniz, 1860~1909)의

『이베리아(Iberia)』를 관현악으로 편곡해 무대에 올릴 수 있게 해달라고 주문했다.

스페인의 옛 이름이기도 한 『이베리아』는 알베니스가 49세의 짧은 생애를 마감하기 직전 완성한 12개의 모음곡으로, 인상주의적인 피아노 기법과 스페인 민속음악의 요소들을 탁월하게 결합시킨 작품으로 평가받고 있다.

라벨은 알베니스의 작품을 편곡하려다 저작권 문제가 해결되지 않자 결국 편곡을 포기하고 새로운 음악을 작곡하게 되는데 이것이 『볼레로』다.

라벨은 스페인의 색체를 담기 위해 강렬한 리듬의 스페인 민속춤곡인 볼레로 리듬을 도입했으나 스페인적 색채보다는 파격적인 구성과 혁신적 실험으로 큰 반향을 불러일으켰다.

1928년 11월 22일 밤, 파리 오페라 극장에서 러시아 출신 안무가이자 무용가인 브로니슬라바 니진스카(Bronislava Nijinska)의 연출로 발레 『볼레로』가 초연되자 관객들은 충격에 빠졌다. 발레 자체의 내용이나 안무가 아닌 라벨이 작곡한 음악 때문이었다.

라벨은 『볼레로』에서 기존의 틀을 완전히 벗어던지고 새로운 음악 어법을 시도했는데 관객들에겐 충격으로 받아들여졌다. 그는 기존 음악의 '기-승-전-결'의 틀을 깨고 반복이라는 새로운 미학을 제시했다. 관객들은 처음엔 충격에 빠졌고 공연이 계속되면서 점차 '반복의 미학'을 극한으로 끌어올린 라벨의 음악에 중독되기에 이르렀다.

예술의 전당에서 『쓰리 볼레로(Three Bolero)』를 감상할 기회가 있었다. 국립현대무용단이 기획·제작한 이 작품은 라벨의 음악 『볼레로』를 공통분모로 삼아 느낌이 다른 세 가지 볼레로 음악과 무용을 들려주고 보여주는 이색적인 무대였다.

국립발레단 수석무용수와 파리 오페라발레 솔리스트를 거쳐 안무가로 활동 중인 김용걸, 앰비규어스댄스컴퍼니 예술감독 김보람, 벨기에 현대무용단 피핑톰 컴퍼니 출신으로 '댄싱9 시즌2' 우승으로 신드롬을 일으킨 김설진 등 세 명의 안무가가 색다르게 편곡·재해석한 3인3색의 무용무대였다.

학창시절 귀에 익은 멜로디와 리듬도 반가웠지만 거의 반세기 만에 한 무대에서 세 가지 볼레로를 듣고 보는 체험은 값졌다. 초연 때 입장권이 매진되고 관객이 열광하는 이유를 알만했다.

그러나 볼레로는 다른 의미로 내게 전율로 다가왔다.

볼레로의 단순하고 반복적인 리듬과 박자에 빠지면서 불현듯 라벨의 『볼레로』가 너무나 골프와 닮았다는 깨달음에 소름이 돋았다.

요모조모 따져 봐도 골프와 볼레로는 '이란성(二卵性) 쌍둥이'임에 틀림없었다.

『볼레로』가 같은 리듬과 박자를 반복하듯 골프도 비슷한 리듬과 템포의 스윙동작을 반복하는 운동이다. 어드레스와 백스윙, 다운스윙, 팔로우스윙의 끊임없는 반복운동이 골프다.

『볼레로』가 악기의 변화와 미세한 변주로 다른 듯 같은 음악을 반복하듯 골프도 큰 틀의 스윙은 같으면서도 클럽의 변화, 스윙 크기의 변화, 속도의 변화 등을 통해 다양한 상황에 맞는 스윙을 창조해낸다.

『볼레로』의 리듬과 박자가 주는 중독성 역시 골프의 중독성과도 너무 닮았다. 『볼레로』 음악을 들으면 시간 가는 줄 모르듯, 골프채를 잡고 있으면 나이 드는 줄 모른다.

『볼레로』가 리듬과 박자는 같지만 악기의 변화와 강약의 차이로 단순한 반복이 아닌 유일무이(唯一無二)한 반복을 만들어내듯, 골프의 모든 샷 역시 비슷하지만 같은 샷은 결코 재현할 수 없다.

무한으로 이어질 듯 반복되는 『볼레로』를 들으며 골프의 스윙이 어떠해야 하는가를 깨닫는다.

나만의 레시피

골프에 대한 최초의 역사적 기록은 1457년 3월6일 스코틀랜드의 왕 제임스 2세가 내린 '골프 금지령'이다.

포고령 내용은 이렇다.

"축구와 골프는 절대 금지한다. 지금 우리나라(스코틀랜드)는 잉글랜드의 위협 하에 처해 있으므로 모든 남자들은 무술에 전념해야 함에도 불구하고 이에 태만하고 축구나 골프에 열을 올린다는 것은 심히 유감스러운 일이 아닐 수 없다. 따라서 왕명으로 이를 일체 금지한다."

골프사가들은 이 금지령이 내려지기 100여 년 전부터 골프라는 놀이가 있었을 것으로 추측하고 있다. 14세기 전에 골프가 존재했을 것이라는 얘기인데 이를 입증할 만한 자료들은 풍부하다. 골프사가들은 대략 12세기경부터 골프가 목동이나 어부들의 소일거리가 되었을 것으로 보고 있다.

첫 금지령이 내려진 이후 잠시 골프가 허용되었다가 제임스 2세에 이어 제임스 3세, 제임스 4세가 다시 골프 금지령을 내렸다. 이는 왕명으로 골프 금지령을 내릴 만큼 백성들이 골프의 재미에 빠졌음을 보여준다.

골프 금지령을 내린 제임스 4세 자신이 금지령을 위반하고 골프에 심취해 결국 지독한 골프광이 된 것은 골프의 중독성이 얼마나 강한가를 반증해준다. 그의 아들 제임스 5세 역시 아버지를 따라 열렬한 골프애호가가 되어 왕가에서는 처음 사설골프장을 만들고 축구와 함께 골프를 국기로 정해 로열 스포츠로 격상시켰다.

제임스 5세의 딸 매리 공주는 골프광의 혈통을 물려받아 최초의 여성골퍼로 이름을 남기는데 여왕이 되어 남편이 죽은 지 며칠 만에 젊은 장교와 골프를 쳤다는 이유로 교회와 충돌해 결국 형장의 이슬로 사라졌다.

이 같은 골프역사를 감안하면 골프 교본의 역사도 꽤

오래 되었을 것으로 추정되지만 1687년 토머스 킨케드라는 사람이 최초의 골프 교습서를 썼다는 기록만 있을 뿐 교습서는 전해지지 않고 있다.

최초의 골프 이론서이자 교습서로 인정받는 것은 1857년 영국 에든버러의 한 인쇄소를 경영하던 헨리 B. 패니(Henry B. Farnie)가 쓴 'The Golfer's Manual'이다.

이후 많은 골프 전문가들이 교본을 냈다. 브리티시 오픈 우승 6회, US오픈 우승 1회의 당대 최고의 골퍼 해리 바든(Harry Bardon)은 '완전한 골퍼(The Complete Golfer)', 'How to Play Golf'라는 교본을 써 최고의 골프교습가로도 이름을 날렸다. PGA투어에서 18홀 평균 최저타를 친 선수에게 수여하는 바든 트로피는 바로 그를 기리는 상이다.

'구성(球聖)'이라는 극존칭을 듣는 하버드대 출신 불세출의 아마추어 바비 존스는 'How I Play Golf'와 'How to Break 90'이라는 레슨 교본을 시리즈 영화로 만들어 큰 인기를 끌었다.

이밖에 닉 팔도, 그렉 노먼, 타이거 우즈 등 유명선수와 데이비드 리드베터 등 많은 교습가들이 골프 교본을 남겼다. 골프가 사라지지 않는 한 골프교습서는 누군가에 의해 계속 쓰여질 것이다.

초보시절 누구나 한두 권의 골프교본을 접해보지만 성경이나 불경처럼 절대적으로 다가오는 교본은 없다. 몇 권을 읽어봐도 마음에 안 차 서점을 찾지만 잡히는 책마다 몇 %가 부족하게 느껴진다. 대부분 정통적이면서도 과학적으로 입증된 최신의 스윙을 소개하며 기량을 익히는 방법을 알려줄 뿐 무릎을 칠 만큼 자신에게 맞는 교본을 만나기란 쉽지 않다.

골프교본은 요리로 말하면 조리법 즉 레시피(recipe)다. 레시피는 필요한 재료와 도구 등이 모두 갖춰졌을 때 할 수 있는 조리법이다.

레시피에서 요구하는 재료와 도구가 없을 경우 조리자의 판단에 따라 재료를 다른 것으로 대체하고 조리법에도 변화를 줄 수밖에 없다.

골프교본은 골퍼를 위한 레시피다. 이상적인 것, 효율성이 높은 것, 좋은 것만 모아 놓은 레시피다. 그런데 골프교본을 접하는 사람의 조건은 제각각 다르다. 신체조건, 운동습관, 정신력 등이 천차만별이다.

교본에 아무리 좋은 레시피가 있어도 그대로 재현할 수 없다. 자신은 표준 레시피를 따른다고 생각하지만 거리가 멀다. 개개인이 자신만의 카르마를 갖고 있기 때문이다. 나무의 나이테처럼 각인된 카르마는 지울 수 없다.

요리할 때도 표준 레시피가 있지만 재료나 도구의 구비 상태, 개개인의 취향에 따라 변화를 주어 자신의 입맛에 맞는 독자적인 레시피가 탄생한다.

골프에서도 표준 레시피가 있지만 철칙은 아니다. 신체조건, 운동습관, 상황적응 능력, 심리조절능력 등 개인의 카르마에 따라 레시피는 달라질 수밖에 없다.

레슨프로나 골프 고수의 가르침 역시 자신들의 레시피를 전수하는 수준을 벗어나기 어렵다.

골프의 바탕이 되는 기본적인 레시피는 익히되 골프교본이 요구하는 조건과 나의 조건이 다를 경우 자신의 개성에 맞는 독자적인 레시피를 개발하는 지혜가 필요하다.

골프란 바로 자신만의 레시피를 찾아 헤매는 고행이다.

아가위나무
옹이에서
태어난 시

●

해리 바든(Harry Vardon), 제임스 브레이드(James Braid), 존 헨리 테일러(John Henry Taylor).

19세기 말에서 20세기 초에 걸쳐 골프의 황금시대를 구가했던 영국의 세 골프 거장이다. 해리 바든이 6회, 제임스 브레이드가 5회, 존 헨리 테일러가 5회 등 이들 세 명이 21년 동안 브리티시오픈을 16회나 차지하는 불멸의 기록을 세웠고 셋이 나란히 1, 2, 3위를 차지한 경우도 3번이나 되었다고 하니 세계 골프사에서 '세 거장'으로 추앙받는 것은 당연하다. 이들은 모두 1974년 9월11일에 개관한 미국 노스캐롤라이나의 파인허스트에 있는 세계 골프 명예의 전당에 헌액되었음은 물론이다.

아름다운 스윙으로 골프의 진수를 만끽하는 골퍼나 아름다운 스윙을 위해 연습에 몰두하는 골퍼라면 세 거장 중에서도 특히 해리 바든에게 경의를 표해야 할 것이다.

'바든 트로피'(미국 PGA투어에서 라운드 당 평균 스코어가 가장 좋은 골퍼에게 주어지는 트로피로 프로골퍼라면 누구나 이 트로피를 받는 것이 일생의 소원이다)와 '바든 그립(Vardon grip)'으로 골프 역사에 영원한 이름을 남긴 해리 바든은 바로 오늘날 전 세계 골퍼의 90% 이상이 사용하고 있는 오버래핑 그립(Overlapping grip)의 창시자다.

그의 스윙은 마치 교향악단을 지휘하는 지휘자의 그것처럼 우아해서 후세의 골프사가들은 그의 스윙을 두고 '시화(詩化)한 스윙'으로 일컬었으며 그에게 '완벽한 스타일리스트'라는 칭호를 붙이는 데 주저하지 않았다.

훗날 최초의 그랜드 슬램을 달성한 전설적인 아마골퍼인 구성(球聖) 바비 존스도 평생 해리 바든의 스윙을 흠모하며 비슷해지려고 노력했다고 토로할 만큼 그의 스윙은 완벽 그 자체였다.

해리 바든이 시와 같은 스윙을 만들어낼 수 있었던 바든 그립의 탄생은 아가위나무의 옹이 때문이었다.

바든이 7살 때 고향인 영국해협의 저지 섬에 골프장이

들어섰다. 빈촌의 소년들은 용돈을 벌기 위해 골프장에서 캐디 일을 했는데 바든도 예외가 아니었다. 소년들은 캐디 일을 하면서 틈나는 대로 골프연습을 했는데 클럽을 살 돈이 없어 나뭇가지로 골프채를 만들어 스윙연습을 해야 했다.

바든도 아가위나무(배나무과)로 클럽을 만들었다. 그런데 손잡이 부분에 옹이가 돋아 있어 스윙할 때마다 손바닥이 매우 아팠다. 칼로 열심히 옹이를 깎아냈지만 옹이자국은 계속 말썽이었다.

이 무렵 골퍼들은 대부분 내추럴 그립(야구선수가 야구방망이를 잡는 것과 같은 그립)을 했는데 바든은 손바닥을 아프게 하는 이 옹이를 피해 오른손 새끼손가락을 왼손 인지에 올려놓고 왼손 엄지 위에 오른손의 엄지 부분 손바닥을 올려놓는 식의 그립을 해보았다. 바로 오늘날의 오버래핑 그립이 탄생하는 순간이다.

이 그립으로 스윙을 하자 볼은 전보다 멀리 그리고 정확하게 날아갔다. 이 소문이 퍼지자 주위의 캐디들이 바든의 그립을 흉내 내었고 급기야 영국 본토에도 알려져 삽시간에 바든 그립이 대유행했다.

해리 바든이 얼마나 정확한 스윙을 했는지는 그가 첫 번째 미국 원정길에 올랐을 때 미국의 젊은 프로들 간에 주고받는 것으로 전해지는 다음과 같은 대화 내용이 말해준다.

"바든은 같은 날 같은 코스에서 절대로 두 번씩 라운드하지 않는데."

"그건 왜?"

"바든의 샷이 너무 정확하기 때문이야."

"샷이 정확한 것 하고 무슨 관계가 있지?"

"그건 말이야, 바든의 샷이 얼마나 정확한지 두 번째 라운드에서 그가 샷 한 공은 오전에 라운드하면서 만든 디봇에 들어가 버린다는 거야. 디봇에 들어간 볼을 치려니 두 번째 라운드의 골프가 재미없어진다는 거지."

'스윙의 시인' 해리 바든은 이런 명언을 남겼다.

"골프의 스타일이란 좋거나 나쁘거나 간에 골프를 시작한 지 최초의 1주일 안에 모든 것이 만들어진다."

시란 정련(精鍊)에 정련을 거듭해 나온 순도 높은 언어로 짜여진 감동의 표현이다. 탄성을 자아내는 세계적인 프로골퍼들의 스윙의 공통적인 특징은 군더더기가 없이 간결하다는 것이다. 문학 장르로 말하면 시다. 이들의 스윙은 복잡하지 않기 때문에 쉽게 무너지지 않는다. 무너져도 원상복구가 쉽다. 그러나 복잡한 스윙은 무너지기 쉽고 한번 무너지면 원상복구가 힘들다.

시는 외울 수 있지만 수필이나 소설은 외울 수 없다. 아름다우면서도 간결한 스윙을 권장하는 것은 이 때문이다.

연기緣起의 스포츠

●

내가 하늘에서 뚝 떨어지지 않았듯 누대에 걸친 나의 조상 역시 어느 순간 나타난 것이 아니다. 알 수 없는 시원(始原)에서 비롯된 인연들이 현재의 내게로 이어져 내려온 것일 뿐이다.

나를 존재케 한 부모의 만남 또한 수많은 인연이 뒤얽혀 이뤄진 것일 터이다. 나라는 존재는 우주의 블랙홀처럼 아득한 시절에서 이어져 온 인연의 끝자락이고 내가 만들어낸 인연은 나의 자손으로 이어져 내려갈 것이다.

우리가 밟고 있는 이 땅이 지구가 태어난 이래 켜켜이 쌓인 지층의 맨 위이듯 현재의 내 존재 또한 내 선조들의 쌓은 수많은 DNA 지층의 맨 바깥쪽일 뿐이다.

구력 30년을 넘기면서 골프야말로 철저한 연기(緣起)의 스포츠란 사실에 놀란다.

연기란 인연생기(因緣生起)의 준말이다. 모든 것은 인연(因緣)따라 일어난다는 뜻이다. 불교의 핵심철학으로 붓다가 보리수 아래에서 얻은 귀중한 깨달음이다.

이 연기론에 따르면 어떠한 존재도 우연히 생겨나거나 또는 홀로 독자적으로 생겨나는 법은 없다. 모든 존재는 그 존재를 성립시키는 다른 모든 존재와 여러 원인, 조건에 의해 생겨난다는 것이다. 물질적이든 정신적이든 모든 것은 시간적, 공간적으로 서로 서로에게 원인이 되기도 하고 조건이 되기도 하면서 상호의존적으로 존재할 뿐 독립하여 스스로 존재하는 것은 아무것도 없다는 시각이다.

'이것이 있으므로 저것이 있고, 이것이 생하므로 저것이 생한다. 이것이 없으므로 저것이 없고, 이것이 멸하므로 저것이 멸한다.'는 잡아함경의 한 구절이 연기론을 함축하고 있다.

구력, 나이가 각각 다르고 실력도 다른 A, B ,C, D 네 명이 라운드를 한 뒤 스코어카드를 받아들었다고 가정해보자.

연장자인 데다 구력도 긴 A는 평소와 비슷하게 80대

중반의 스코어를 기록했다. 중소기업을 경영하느라 연습할 시간이 없어 라운드 전날 연습장에 가는 정도다. 체계적으로 배우지도 않아 스윙은 교과서적인 것과는 거리가 있으나 나름대로 요령을 터득해 자기류의 골프 문법을 갖고 있다. 구력이 30년을 넘다 보니 위기상황에서도 크게 당황하지 않고 마음의 동요도 심하지 않다. 세 번에 한 번 정도는 70대를 치지만 스코어에 일희일비하지 않는다. 분위기에 맞춰 음주 라운드도 즐길 줄 알고 90대 타수를 쳐도 "그럴 때도 있지 뭐!"하고 웃어넘긴다.

A보다 두어 살 적은 B는 중견기업에서 과장으로 일할 때부터 골프를 익혔다. 동료들끼리는 물론 거래처와의 라운드가 잦았고 반드시 어떤 형태로든 내기 골프를 했다. 입문 초기 선배로부터 호되게 매운맛을 본 B는 오기를 품고 잘 가르친다는 레슨프로를 찾아다니며 교습을 받았다. 회식 자리를 피해 밤늦게라도 연습장을 찾아 땀을 흘렸다. 골프가 기술 못지않게 체력과 정신력의 비중이 크다는 사실을 깨닫고 그쪽으로 경쟁력을 키우는 것도 소홀히 하지 않았다. B는 이날 컨디션이 썩 좋지 않아 미스샷이 많았지만 70대 후반의 스코어를 기록했다.

좋은 체격의 C는 B와 비슷한 또래로 만능선수로 불릴

정도로 스포츠라면 못하는 게 없었으나 골프채를 잡으면서 자신이 진정한 만능 스포츠맨이 아니라는 사실을 깨달았다. 정상적으로 레슨을 받고 연습도 열심히 했으나 결과는 늘 성이 차지 않았다. 마음속의 경쟁상대를 이기기 위해 칼을 열심히 갈면 그 칼날의 희생자는 경쟁자가 아닌 자신이 되기 일쑤였다. 입문 2~3년 차에 70대를 기록하며 평생 싱글 골퍼로 버틸 수 있을 것으로 생각했으나 한번 80대 중반으로 밀리더니 좀처럼 개선되지 않고 있다. '왕년의 싱글'이란 소리를 자주 듣는 C의 스코어는 80대 후반이었다.

C의 후배인 D는 골프를 늦게 배웠으나 골프의 재미에 쉽게 빠졌다. 개인사업을 하기 때문에 시간적 여유가 많아 일주일에 두세 번씩 라운드를 해왔으나 기량 향상속도는 더뎠다. 자신이 옳다고 생각하는 연습방법을 고집하는 그는 고수의 가르침에 귀를 기울이지 않는다. 평소 술을 즐기고 친구들과 어울리기를 좋아하는 그는 내기 라운드에서 주머니가 털리면서도 다음 약속을 잡는다. 친구들은 늘 주머니가 털리면서도 이를 갈지 않고 다음 약속을 잡으며 술을 즐기는 그를 환영한다.

위에 예를 든 네 명은 골프라는 같은 스포츠를 익혔지만 수준은 결코 같을 수가 없다. 나이와 신체조건, 성격과 기질이 다르고, 운동신경의 발달 정도도 차이 난다. 자신의 경쟁심 정도, 주변에서 얻는 자극의 정도, 좋은 레슨프로를 만나는 행운의 여부, 주변에 좋은 골프 길잡이가 있는지 여부, 골프에서 얻는 재미의 차이, 미스샷이나 굿샷을 받아들이는 태도, 평소 근력운동에 얼마나 충실한가 여부, 라운드 약속이 잡히면 여기에 맞춰 생체리듬을 조절할 줄 아는가 여부, 음주의 정도, 내기를 받아들이는 자세, 현재 수준에 만족하는가 아니면 개선을 지향하는가, 나이에 따른 퇴보를 어떻게 받아들이는가, 회사나 가정사의 상황, 골프장으로 오는 길에서 겪는 불쾌한 순간, 배정된 캐디를 만나는 순간의 느낌 등등 수많은 것들이 그물처럼 뒤얽혀 그 사람의 현재 골프를 만들어내는 것이다.

천하의 타이거 우즈가 컷 통과에 실패하는 것이나, 잘나가던 LPGA투어의 스타들이 소리소문없이 사라지거나 재기가 불가능해 보이던 선수가 기적적으로 살아나 우승컵을 들어 올리는 것, 이렇다 할 특장이 없으면서도 프로의 세계에서 퇴출되지 않고 장수하는 선수 등 골프에서 벌어지는 모든 일들이 스스로 쌓은 업(karma)에 따라 철저하게 연기의 그물 위에서 일어난다는 사실은 얼마나 소름 끼치는 일인가.

그러면서도 이 불가사의한 연기는 스스로의 자세에 따라 새로운 인연과 조건을 만들어냄으로써 자신이 만들어갈 수도 있다는 점에서 망망대해의 등대처럼 희망의 빛으로 다가온다.

머리를 울리는 깨달음

골프채를 잡고 나면 필연적으로 수많은 깨달음과 만난다. 개인에 따라, 구력에 따라, 시야의 변화에 따라 깨달음의 수준도 각양각색이다.

대부분의 아마추어 골퍼들은 걸음마를 배우는 초보시절을 지나면 스스로 독학의 길로 들어서 시행착오를 되풀이하며 작은 깨달음들을 경험하고 이 깨달음들이 쌓여 중급 골퍼, 고수 골퍼로 발전한다.

'바로 이거야!'하고 무릎을 치며 회심의 미소를 짓는 빈도가 많을수록 발전속도도 빠르다. 도무지 진도가 안 나가다가도 어느 순간 머리가 번쩍하는 깨달음으로 한순간에 새로운 경지에 올라서는 경우도 있다. 때로는 많은 땀을 쏟는데도 초보 수준에서 헤매다 고통만 맛보고 골프채를 던지기도 한다.

노력 여하에 따라, 골프의 재미를 받아들이는 자세에 따라 깨달음은 다양한 모습을 하고 나타나지만 골프채를 놓지 않는 이상 새로운 깨달음은 끊임없이 나타난다. 오래전 터득한 것인데도 지워지는 바람에 새로운 깨달음으로 다가오는 경우도 있다.

20여 년 전 친구가 들려준 친구 장인의 에피소드를 내가 경험할 줄 몰랐다.

장성 출신의 친구 장인은 구력이 30년이나 된다고 했다. 은퇴 후에도 열심히 골프를 즐겼는데 라운드를 마치고 귀가할 때마다 골프가방을 내려놓으며 장모에게 "여보! 이제야 골프가 뭔지 알 것 같아!"라며 새로운 깨달음을 열심히 설명했다고 했다. 한두 번이 아니라 연습장이나 필드에서 돌아올 적마다 새로운 깨달음이 이어졌다고 했다.

구력 30여 년을 더듬어 보면 나름 많은 단계의 깨달음을 경험했지만 보라는 달은 못 보고 달을 가리키는 손가락만 본 '견지망월(見指忘月)'의 어리석음이 적지 않았음을 실감한다.

갈수록 줄어드는 비거리를 붙잡아 두기 위해 근력운동을

하고 풀 스윙을 익히기 위해 연습시간을 늘리는 노력을 게을리하지 않는 요즘 어느 날 아침, 번개 같은 깨달음이 머리를 쳤다.

평소처럼 연습하다 불현듯 '파워 쉬프트'의 정체가 뭘까 하는 생각이 떠올랐다.

골프에서 파워란 헤드 스피드다. 이 파워를 늘리기 위한 방법은 근력 강화, 체중 이동, 큰 아크의 스윙, 옹이 없는 스윙, 관절의 경직 방지 등 다양하다.

평소 안정된 스윙을 위해 클럽 헤드가 지나가는 길에 레일이 깔려있다는 이미지를 가졌다. 이 레일 위를 기관차가 달리듯 클럽헤드가 이 궤도를 벗어나지 않는 스윙을 하려고 노력했다.

궤도를 벗어나지 않는 것도 중요하지만 백스윙 때와 다운스윙, 팔로우스윙 때 기관차의 방향이 달라져야 하지 않는가 라는 데에 생각이 미쳤다.

'백스윙을 할 때 기관차는 우측으로 달리지만 다운스윙과 팔로우스윙 때는 파워의 방향이 바뀌어 기관차가 좌측을 향해 달려야 하지 않는가. 그럼 기관차의 방향 전환이 필요한데 방향 전환을 염두에 둔 기억이 없다. 백스윙 톱에서 성급하게 내려오는 시행착오를 거듭해왔다. 효과적인 방향

전환을 어떻게 해야 하는가. 완전한 백스윙을 하려면 왼쪽 어깨가 아닌 오른쪽 어깨가 리드해야 하고, 다운스윙 때는 순서가 바뀌어 왼쪽 어깨가 리드해야 하지 않는가. 이때 왼쪽 히프와 허벅지가 힘을 보태면 기관차의 마력이 극대화될 것이 아닌가.'

순간적으로 떠오른 나름의 논리를 실험해봤다. 그리고 그 결과에 놀랐다. 어쩌다 잘 맞는 것이 아니라 거의 일정하게 힘이 실리고 방향성도 좋았다. 오른팔로 볼을 가격하려는 데 따른 스윙 플레인의 찌그러짐이나 오른쪽 어깨가 앞으로 쏟아지는 현상도 나타나지 않았다. 스윙 축도 무너지지 않았고 스윙 아크도 커지는 것을 실감할 수 있었다.

한 30여 분 여러 종류의 클럽으로 실험을 해봤는데 모두 대만족이었다.

가슴이 뛰어 가만히 있을 수 없었다. 골프 이론에 통달해 연습도 학구적으로 하는 구력 30년이 넘은 연상의 지인에게 찾아갔다. 다소 복잡해 뵈는 레일과 기관차 이미지는 생략하고 백스윙 때 왼쪽 어깨를 턱밑으로 밀어 넣으려 하지 말고 오른쪽 어깨를 뒤로 빼고, 다운스윙과 팔로우스윙 때는 왼쪽 어깨 위주로 잡아당기고 오른쪽 어깨와 팔은 뒤따라온다는 이미지로 스윙을 해보라고 권했다. 평소 하던 스윙하고 달라 고개를 갸웃했으나 시험 삼아 드라이버를 잡고 내 설명대로 스윙했다.

첫 타에 그는 눈이 휘둥그래졌다. 놀라는 빛이 역력했다. 옆에서 지켜보던 다른 지인도 놀랐다. 10여 분 계속 드라이버를 쳤는데 80% 이상의 성공률을 보였다.

"왜 이런 기막힌 방법을 진작 가르쳐 주지 않고 이제야 알려 줘요?"

"저도 방금 전에 우연히 찾았습니다. 골프를 한 이후 최상의 깨달음인 것 같은데 실제로 해보시니 어떻습니까?"

"기막힙니다. 임팩트를 준다며 몸이 출렁이는 현상이나 중심축이 무너지는 것도 방지할 수 있고 무엇보다 스윙아크가 커지는 것 같습니다. 확실히 클럽헤드를 목표 방향으로 내던지는 느낌이 와요, 오늘 점심은 제가 쏘겠습니다."

골프에서 시대를 초월해, 누구에게나 적용되는 철칙은 없다.

1862년 로버트 첸버스 라는 골퍼가 '두서없는 골프이야기(A Few Rambling Remarks on Golf)'라는 책을 냈다. 그는 이 책 서문에서 "레슨서는 바이블과 다르며 누구에 대해서도 복음을 전해줄 수는 없다. 왜냐 하면 성격, 체형, 연령, 운동신경, 사고력 등이 서로 다른 사람에게 동일한 행위를 요구하는 것은 횡포이기 때문이다. 가르치는 사람이야말로 겸허하지 않으면 안 된다. 따라서 여기에 소개하는 타법은 나 자신이 이렇게 하니까 잘 되더라고 하는 보고서이며 하나의 참고로 제공할 뿐이다. 그렇게 알고 읽어주기 바란다."라고 조심스럽게 썼다.

19세기 중엽 헨리 B. 패니 라는 한 에든버러의 인쇄소 주인이 쓴 'The Golfer's Manual'이란 책에서 저자는 "샷이란 클럽을 올렸다 내리는 것일 뿐, 너무 세세히 신경을 쓰면 전체의 리듬이 파괴되어 진보가 저해된다."라고 썼다.

1907년 브리티시 오픈에 처녀 출전해 당시 골프의 세 거인이라는 해리 바든, 존 헨리 테일러, 제임스 브레이드를 꺾고 깜짝 우승을 한 바스크 출신의 무명 골퍼 알루누 메시는 "골프의 스윙은 자유다. 골프는 과학적인 용구를 가지고 비과학적으로 하는 경기이다. 개성을 소중히 여겨야 한다."고 일갈했다.

나의 깨달음도 누구에게나 통하지는 않을 것이다. 이 글 역시 '두서없는 골프이야기'의 저자처럼 내가 이렇게 해보니 잘 되더라는 경험적 보고서일 뿐이다.

내겐 놀라운 깨달음이지만 프로골퍼들에겐 당연한 걸 이제 알았느냐고 반문할 수도 있다. 전문 레슨을 받고 연습하면서 자연스럽게 터득했을 것이기 때문이다.

다만 오른쪽 어깨, 왼쪽 어깨를 어느 순간에 주동력으로 사용하는지에 대해 구체적으로 언급하지 않았을 뿐일 것이다.

그러나 '백스윙 때는 오른쪽 어깨로, 다운스윙과 팔로워스윙 때는 왼쪽 어깨로 주도한다.'는 생각으로 만들어낸 놀라운 효과는 나를 흥분케 한 것만은 사실이다.

지네의 '멘붕'

다족류 절지동물인 지네는 이솝우화에 자주 등장한다. 지네의 상대역은 거미, 개구리, 토끼, 여우 등 다양하지만 내용이나 메시지는 같다.

개구리가 하루는 지네가 우아하게 기어가는 모습을 자세히 관찰하고 있었다. 개구리는 100개가 넘는 다리를 가진 지네가 뒤엉키거나 틀리는 일 없이 물 흐르듯 움직이는 모습이 너무나 신기했다.

개구리가 물었다.

"지네선생, 어떻게 그 많은 다리를 엉키지도 않고 잘 움직일 수 있나요? 내가 세어보니 다리가 100개도 넘는 것 같은데."

지네가 입을 열었다.

"나는 한 번도 그것을 생각해본 적이 없소. 개구리 양반! 대단하시오. 그 많은 다리를 금방 다 세다니. 그대는 수학자나 철학자임에 틀림이 없소."

놀라움을 금치 못한 지네는 무수한 자신의 다리를 내려다보며 "그럼 내가 한 번 다리가 어떻게 움직이는지 살펴보겠소." 하고는 시범을 보였다.

"하나 둘 셋 넷, 그리고 다음 발 움직이고, 그리고 어! 어!"

지네는 깜짝 놀라 당황하지 않을 수 없었다. 다리가 꼬여서 더이상 움직일 수 없었다.

"나는 지금까지 걷는 방법에 대해 한 번도 생각해 본 적이 없었소. 그냥 저절로 걸을 수 있었고 아무 문제도 없었소. 그런데 걷는 방법을 생각하면서 걸으려니까 한 발자국도 움직일 수가 없소. 지금까지 어떻게 걸었었는지 방법을 잊어버렸소."

이 우화는 인간에게 교훈을 준다. 의식이 지배하는 행동과 의식 없이 직관으로 이뤄지는 자연스런 행동, 지나치게 부분에 집착하는 시각과 전체를 아우르는 시각, 분석적 논리적 과학적 사고가 갖는 함정과 자연스런 조화와 통섭의 미덕 등을 대비적으로 보여준다.

골프는 숙지해야 할 사항이 너무나 많다. 그 점이 단점이자 특징이다.

그립에서부터 스탠스 서기, 정확한 에이밍, 다양한 스윙의 구현, 파워를 내기 위한 몸통의 회전, 스윙스피드 높이기, 일정한 방향성 유지하기, 몸의 축 지키기 등 골프와 관련된 지침들을 세분화하면 수십 가지가 넘을 것이다.

여기에 골퍼로서 갖춰야 할 기본적 에티켓과 배려의 자세, 주변 상황과 조화를 이룰 수 있는 정신자세 등까지 포함하면 골프의 체크 리스트는 지네 다리 수 못지않을 것이다.

기초를 익히는 데만 최소한 3개월 정도 집중적으로 레슨프로의 지도를 받아야 한다. 기초를 제대로 익혔다고 골프기량이 저절로 향상되지 않는다. 끊임없이 반복되는 시행착오를 겪으며 정성과 땀을 쏟아야 일정한 수준에 도달할 수 있는데 이 또한 보장되지 않는다.

스스로 자신을 점검하고 개선 방향을 찾을 수 있는 수준에 이르렀다고 안심할 수 없다. 아침에 깨달았다가도 저녁이면 잊어버리는 게 골프다. 어렵게 익힌 동작이나 자세가 흐트러지지 않도록 점검해야 한다. 최고의 기량을 갖춘 세계적 선수들이 스윙코치나 심리전문가를 두고 자신의 스윙과 마음가짐을 체크하는 것은 이 때문이다.

많은 골퍼들이 골프를 익혀가는 과정에서 이솝 우화에 등장하는 지네의 혼란에 빠진다. 특히 초보시절에 더 심하지만 싱글 핸디캡에 이르러서도 계절 질환처럼 이 덫에 걸려든다.

자신도 모르게 틀어진 스윙, 잘못된 자세나 습관을 고치기 위해선 동작이나 자세를 세분해서 관찰하며 바로잡아야 하는데 세부적으로 분석적으로 논리적으로 덤벼들다 그만 지네가 경험한 '멘붕상태'에 빠지게 되는 것이다.

백스윙에서 미끄러지듯 채를 끌어내리고, 다운스윙 시 팔꿈치의 궤도는 오른쪽 갈비뼈를 스치듯, 팔이 내려오기 전에 골반을 회전시키고, 헤드가 볼을 지날 때까지 코킹을 유지하며, 클럽을 목표방향으로 내던질 때까지 척추각을 유지하되 어느 동작에서도 옹이가 생기지 않도록 한다는 등 지침이나 체크리스트를 생각하다 보면 제대로 된 스윙이 만들어질 수 없다.

한 일(一)자를 일필휘지로 쓰듯 한 동작처럼 스윙을 제꺽 해치워야 하는데 디테일에 빠져 마디마디 잘라서 생각하니 머리에 쥐가 나고 만다.

구력 10년쯤 될 무렵 겪은 일화 한 토막.

라운드 중에 한 동반자가 넌지시 말을 건넸다.

"드라이버를 잘 치시는데 드라이브 샷을 날릴 때 숨을 내쉽니까, 들여 마십니까?"

나야말로 그런 것은 생각해본 적이 없다. 나도 궁금했다.

그래서 다음 홀 티잉 그라운드에 올라서서 어드레스를 하며 숨을 내쉬는지 들여 마시는지 확인하려 정신을 집중했다. 그러나 결과는 뒤죽박죽이었다. 숨을 생각하느라 볼을 제대로 맞추지 못했고 그러다 보니 정작 숨을 내쉬는지 들여 마시는지도 놓치고 말았다.

동반자의 음모를 눈치챈 나는 다음 홀부터 숨을 잊고 평소대로 돌아가 내 리듬의 라운드를 할 수 있었다.

아기가 걸음마를 배울 때 엄마가 오른발 왼발을 교대로 움직이라고 가르치지 않는다. 아기는 일어설 때 엄마의 도움을 받지만 그 다음부터는 스스로 다리를 교대로 옮겨 딛을 줄 안다. 무의식적으로 자동적으로 나오는 동작이다.

야생의 동물들이 새끼를 낳으면 새끼는 땅에 떨어지자마자 비틀거리며 몸을 일으키고 걸음을 걷고 하루도 되지 않아 뛸 수 있다. 의식과는 상관없이 생래적으로 그렇게 되도록 몸이 반응하기 때문이다.

골프와 관련된 모든 자세와 동작 역시 내 몸이 자연적으로 반응할 수 있어야 한다. 처음 기초를 배울 땐 지도가 필요하지만 익히고 나서는 부분적 세부적 과정을 잊고 과학적 논리적 사고도 접어둔 채 본능적으로 스윙을 하는 습관을 터득해야 한다. 각 분야의 달인들이 보여주는 놀라운 기술 기능이 의식 없이 절로 발현되는 이치나 다름없다.

숨 쉬듯 걸음 걷듯 아무 의식 없이 클럽을 휘두를 수 있어야 지네의 멘붕으로부터 자유로울 수 있다.

디테일을 익혔으면 디테일로부터 자유로워야 한다.

골프의 알아차림

●

한번 골프채를 잡은 사람은 웬만해선 골프와 헤어지기 어렵다. 사정만 허락한다면 눈을 감을 때까지 골프채를 잡을 수 있기를 갈망한다.

그만큼 골프 세계가 불가사의하고 무궁무진하기 때문이다.

동시에 골프는 기막힌 묘미와 함께 그리스 신화의 시지프스를 연상케 하는 형벌을 안겨준다. 시지프스가 바위를 산꼭대기에 올려놓는 순간 바위는 다시 아래로 굴러떨어진다. 그래도 시지프스는 다시 바위를 산꼭대기로 밀어 올리는 일을 끝없이 되풀이해야 한다. 제우스가 그에게 내린 형벌이기에 피할 도리가 없다.

골프의 밀림에 발을 들여놓은 이상 무궁무진한 골프의 세계를 탐험하는 묘미를 맛볼 수 있지만 필경 시지프스의 형벌이 뒤따른다.

골프를 두고 '끝이 없는 게임(Endless Game)'이라고 하는 것도 골퍼가 짊어진 시지프스의 형벌을 상징한다.

골프란 일정한 단계에 도달하면 만족하며 즐기기만 하면 되는 운동이 아니다.

'이 정도면 됐다' 싶은 경지에 도달했다고 생각할 때 저만치에 또 다른 새로운 목표가 신기루처럼 어른거린다.

초보일 땐 100타를 깨는 데 목표를 두지만 그 목표는 이내 90타, 80타, 안정적인 싱글 핸디캐퍼로 변하듯 골프채를 잡은 이상 지속적으로 나타나는 신기루로부터 자유롭기 어렵다.

'왕 싱글'이란 말을 듣는 고수조차 60대 타수, 생애 최저타를 위해 땀을 흘리고 나이가 들면 자기 나이와 같거나 그 이하의 스코어를 내는 에이지 슛(Age Shoot)을 꿈꾼다.

골프의 형벌은 골프가 개선·발전은 고사하고 현상 유지조차 어렵다는 데 있지 않을까. 자신만의 작은 목표에 도달했다고 해서 그곳에 계속 머무를 수 없는 게 골프다. '밑 빠진 독에 물 붓기'에 가까운 부단한 연습과 깨우침이 뒤따라야만 현상 유지 내지는 발전이 가능하다.

골프에 쓰이는 근육의 기억력은 길어야 3일이라고 한다. 1940~1950년대 미국 골프를 주름잡은 벤 호건이 남긴 명언인 "하루 연습을 안 하면 내가 알고, 이틀 연습 안 하면 갤러리가 안다. 사흘 연습 안 하면 세상 모두가 안다."라는 금언 역시 골프 근육의 빠른 망각을 전제로 한 것이다.

'골프란 아침에 깨달았다가 저녁이면 까맣게 잊는 운동'이라는 말이 있는 것도 그만큼 현상 유지가 어렵다는 뜻이다.

매일 연습장을 찾아 열심히 연습하는데도 진전이 없는 골퍼들이 의외로 많다. 구력 20년 30년이 넘었는데도 잘못 배운 스윙 버릇을 버리지 못하고 괴기한 스윙의 주인공으로 낙인찍힌 경우도 드물지 않다.

골프장을 향할 때마다 '이번엔 제대로 쳐봐야지' 하고 다짐을 하지만 어김없이 '자기 환멸'에 가까운 절망을 경험한다. 골프장을 떠나면서 골프와의 결별을 심각히 생각해 보지만 다시 연습장을 찾는다. 그러면서도 개선은커녕 고질병, 괴물만 키우는 연습을 되풀이한다.

많은 골퍼들이 골프의 밀림에 들어와 멋진 비경을 제대로 탐험하지 못하고 오히려 고통을 경험하는 것은 연습방법에 문제가 있기 때문이다.

무턱대고, 습관적으로, 기계적으로 하는 연습은 독약이다. 매일 연습장을 찾아 많은 시간 땀을 흘려도 잘못된 연습은 고질병을 더욱 악화시킬 뿐이다.

그럼 무엇이 바른 연습일까.

어릴 때부터 교과서적인 스윙을 익혀 세계적인 선수로 명성을 날리는 선수들이 코치의 지도를 받는 까닭을 생각하면 답이 있다.

일관성 있는 스윙, 지속 가능한 스윙을 위해 근력을 키우고 체계적인 훈련과 연습을 일과처럼 해온 정상급 선수들의 스윙도 변한다.

아무리 큰 강이라도 몇 번의 홍수로 물길이 바뀌듯 견고했던 스윙도 시간이 지나면서 변하기 마련이다.

자신도 모르게 변한 스윙을 점검하기 위해 프로선수들도 유명 코치를 찾는다. 동영상을 찍어 스윙을 확인하고, 거울 앞에서 스윙을 점검하는 것도 잘못된 점을 찾아내기 위함이다.

그런 의미에서 '위빠사나 명상'은 골퍼들에게 등대 역할을 할 수 있지 않을까.

최근 유행하는 위빠사나 명상의 핵심은 '알아차림(Awareness)', '마음챙김(Mindfulness)', '깨어있음(Awakening)', '사티(Sati, 꿰뚫어보다)'다.

번역과정에서 용어는 다양하지만 '알아차림'의 여러 표현일 뿐 의미는 같다고 보면 된다.

'알아차림'이란 있는 그대로 보는 훈련을 통해 자신의 장단점을 관찰하고 답을 찾고 삶의 지혜를 얻는 것이다.

희로애락에 휘둘리는 자신을 정확히 알아차리듯 스윙의 문제점을 냉정히 정확하게 알아차릴 때 고질병만 악화시키는 타성적 기계적 연습에서 벗어날 수 있다.

미스샷을 날리고 나서 어디에 무엇이 문제가 있어 그런 샷이 나왔는지 알아채고 그런 실수를 줄이기 위한 연습을 할 때 비로소 개선과 발전이 뒤따르는 것이다.

기술적인 것은 물론 정신적인 면에서도 이 알아차림의 방법은 평정을 되찾는 데 결정적 역할을 할 수 있으리라.

골프의 묘약 루틴

사람마다 그만의 독특한 골프 버릇이 있다. 셋업을 취하기 전, 셋업을 할 때, 스윙할 때, 샷을 날리고 나서, 미스샷을 낸 뒤, 기막힌 결과를 얻었을 때 등등 플레이를 하면서 남이 흉내 내기 어려운 독특한 동작을 한다. 영어로 '루틴(routine)'이라고 한다.

루틴은 언뜻 불필요한 듯 보이지만 안정된 샷을 위해선 필요한 것이기도 하다. 소림사에서 일정한 단계의 무술 습득을 증명하기 위해 반드시 통과해야 하는 수많은 관문처럼 이 과정을 거쳐야만 자신이 마음먹은 샷을 날릴 수 있다. 이 동작을 생략하면 어딘가 어색하고 자신감이 없어져 결국 엉뚱한 일이 벌어지게 된다.

세베 바예스테로스(Seve Ballestelos)와 함께 스페인을 대표하는 골퍼인 호세 마리아 올라자발(Jose Maria Ollazabal)은 많은 시간을 들여 셋업을 한 뒤 샷을 날리기 전까지 수없이 목표물과 볼을 번갈아 보는 버릇이 있었다. 보통 한두 번 쳐다보곤 샷을 날리기 마련인데 그는 고개를 돌리는 동작을 7~8번을 반복하고 나서야 샷을 날렸다.

한 친구가 그의 이 같은 습관을 꼬집었다.

"자네가 나보다 먼저 볼을 칠 땐 잠깐 눈을 붙여도 되겠더라구."

올라자발이 대답했다.

"미안하네. 하지만 그 동작을 하지 말라는 건 골프를 그만두라는 것이나 같은 주문일세."

올라자발의 깔끔한 샷은 군더더기처럼 보이는 이 동작을 거친 뒤에 나오는 것이다.

유럽투어에서 21승, 미국 PGA투어에서 6승(마스터스 2승 포함)을 올려 세계 골프 명예의 전당에까지 이름을 올린 올라자발은 나중엔 셋업 후 목표지점을 바라보는 횟수를 상당히 줄이고도 멋진 샷을 날렸다.

같은 스페인의 세르히오 가르시아(40)도 20~30대에는 셋업을 한 뒤 목표지점을 번갈아 바라보며 클럽을 흔드는 동작을 대여섯 번씩 하는 루틴 때문에 동반자의 눈총을 받았으나 지금은 많이 개선된 느낌이다.

1990년대 중반부터 2000년대 중반까지 세계 골프를 휩쓸었던 어니 엘스(50·남아공)는 큰 체격(키 1m90cm)에 '힘 하나 안 들이고 치는 듯한' 스윙으로 '빅 이지(The Big Easy)'라는 별명을 갖고 있다. 프레드 커플스(60·미국)와 함께 아마추어 골퍼들이 가장 배우고 싶어하는 우아한 스윙의 주인공으로 60이 넘은 나이에도 챔피언스투어(시니어투어)는 물론 PGA투어에도 출전하며 현역으로 활동하고 있다.

프로 아마 가리지 않고 골퍼라면 모두가 탐을 내는 그의 스윙은 여덟 살 때 골프클럽을 잡은 이후 연습할 때마다 '천천히, 천천히(slow, slow)'를 자신에게 주문하면서 굳어진 루틴이 만들어낸 작품이다.

한국도 자주 방문했던 어니 엘스는 한 인터뷰에서 "역설적이지만 볼은 천천히 칠수록 더 멀리 날아간다. 골프 스윙에서 가장 중요한 것은 타이밍과 리듬인데, 볼을 멀리 정확하게 치기 위해서는 클럽의 무게를 최대한 이용해야 하고 그러기 위해선 부드러운 리듬으로 정확한 타이밍에 임팩트해야 한다"고 말했다. 그러면서 "짧은 순간이지만 스냅을 하느냐 하지 않느냐에 따라 드라이버 샷의 경우 20~30야드 차이가 날 수 있다"며 왜글의 중요성을 강조했다.

그러고 보니 그의 루틴은 샷을 하기 전 클럽을 잡은 채 손목을 좌우로 흔드는 것이었다.

남아공에서 와이너리를 운영하며 와인까지 생산하는 엘스는 "와인과 골프는 굉장히 천천히 이뤄지는 과정(slow moving process)을 거쳐야 한다는 점에서 공통점이 있다"는 의미심장한 말을 했다.

어니 엘스에게 '천천히'는 골프에서나 인생에서나 성공을 보장하는 루틴이었던 셈이다.

태국의 아리야 주타누간의 경우 입가의 엷은 미소와 합장이 루틴이다. 뭔가 잘 안 풀릴 땐 입가에 엷은 미소를 한 번 짓고는 다음 동작을 하는 데 거의 성공적이다. 그리고 그 결과에 대해선 합장으로 동료나 갤러리들에게 감사 표시를 한다.

천하무적일 것 같은 그도 최근 극도의 슬럼프에 빠져 그의 루틴을 볼 기회가 줄어들었으나 그는 결코 이대로 잊힐 선수는 아니다.

자기 나름의 습벽은 자신감과 안정감을 심어주는

긍정적인 역할을 한다. 남 보기에 흉하다고 이미 굳어진 골프 버릇을 억지로 고치려다 도리어 엉뚱한 화를 당할 수도 있다. 긍정적인 역할을 한다면 굳은 습벽을 버리려 애쓸 필요는 없다.

골프채를 잡는 한 루틴으로부터 자유로울 수 없다. 연습장에서, 라운드 전날 저녁, 라운드 당일 일어나 집을 나서서 골프장에 도착해 라운드하는 모든 과정에서 자신만의 골프 관련 습벽이 생긴다.

나만의 루틴이 남에게 피해를 주지 않고 내 마음이 만족하고 편안하다면 묘약이다. 그러나 루틴의 시간이 길다면 독약이 된다.

TV의 드라마나 쇼의 진행이 더디면 방송 채널이 돌아가듯 그만의 루틴이라도 시간이 길어지면 동반자들도 등을 돌린다.

지나치게 긴 루틴은 동반자로부터 비난의 대상이지만 스스로에게도 부정적 영향을 미친다. 시간을 끌면 끌수록 불안감과 부정적 지레짐작, 잡념이 뭉게구름처럼 피어올라 자신을 에워쌀 뿐이다.

내게 약이 되는 루틴은 잘 지키고 남에게도 나에게도 해가 되는 루틴은 과감히 버릴 줄 알아야 도약할 수 있다.

'기다림의 미학'

골프는 깨달음의 긴 여정이다.

초보 때는 초보대로, 중급자는 중급자대로, 싱글골퍼는 그 단계에서의 깨달음을 얻으며 다음 관문을 두드린다.

그래서 연습장에서 주위를 살펴보면 "아!"하는 탄성이나 "골프가 뭔지 이제야 알겠어!" 하는 대오성(大悟聲)을 심심치 않게 듣게 된다.

한창 골프의 매력에 빠져 연속되는 깨달음에 남모르게 미소 짓던 20여 년 전, 골프를 엄청 좋아하는 친구가 들려준 일화는 지금도 생생하다.

나이 70이 넘어서도 여전히 골프를 즐긴다는 친구의 장인은 라운드를 하고 돌아오면 자주 장모를 찾아 이렇게 외친다고 했다.

"여보, 오늘 골프가 무엇인지 깨달았어! 이제야 골프를 좀 알 것 같아."

이때 장인의 모습은 정말 새로운 비밀을 알아낸 소년 같다고 했다.

그러면 친구의 장모는 "그래요? 좋겠소. 골프장 갈 때마다 뭔가 깨닫고 오신다니 얼마나 행복하겠소. 그래 오늘은 또 무엇을 깨달았어요?"하고 묻곤 한다는데 그러면 장인은 골프가방을 풀지도 않고 장모에게 그날의 깨달음을 진지하게 털어놓는다고 했다.

물론 장모는 장인이 말하는 내용을 깊이 알아듣지 못하지만 그냥 들어주는 것이란다. 친구의 장모에겐 20년 가까이 남편이 라운드를 마치고 돌아올 때마다 들어온 대오성인 셈이다.

골프가 싫증이나 지루함 없이 항상 새롭게 다가오는 것은 무엇 때문일까. 이 해답을 찾아 나서면 비로소 골프의 비밀과 매력을 깨닫게 된다.

골프가 언제나 새로운 경험을 안겨주는 것은 두 번 다시 똑같은 샷을 날릴 수 없는 특성 때문이 아닐까.

라운드마다 비슷한 상황이 벌어지곤 하지만 그 상황은 비슷하기만 할 뿐 같지 않다. 새로운 상황을 맞으니 새로운 샷을 만들어내야 하고 새로운 경험을 하며 예기치 않은 굿샷과 미스샷이 나온다. 이 과정에서 전에 알지 못한 새로운 것을 깨닫게 되는 것이다.

영원히 되풀이할 수 없는 샷임에도 불구하고 골퍼들은 다시 한번 같은 샷을 날릴 수 있기를 기대한다.

또 다른 골프의 특성, 즉 한시도 머물지 않고 사라져 버리려는 골프 감각의 속성이 골프를 언제나 새롭게 느끼게 한다.

아마도 이 세상에서 골프의 감각만큼 붙잡아 두기 힘든 것도 없을 것이다. 장시간 땀과 열성을 쏟아 골프의 감을 근육과 머리에 깊숙이 각인시켜 놓았다고 안도하는 순간 이미 골프의 감은 뒷문으로 도망칠 궁리를 하고 있다.

많은 골퍼들이 한두 개의 멋진 샷을 날린 뒤 "바로 이 맛이야!"하고 무릎을 치지만 결코 그 순간의 감각을 잡아둘 수 없다.

'골프는 아침에 자신을 얻었다고 생각하면, 저녁에는 자신을 잃게 하는 게임'(해리 바든)이다.

골프에 관한 한 '이제 됐다'는 순간은 결코 찾아오지

않는다. 진정한 골퍼라면 눈을 감는 순간까지 새로운 깨달음의 노력을 포기할 수 없다.

친구 장인의 얘기를 듣고 "골프란 운동의 속성이 산꼭대기로 바위를 굴려 올려야 하는 시지프스의 형벌이나 다름없으니 눈을 감을 때까지 깨달아가는 건 당연한 것 아니겠어?"하고 흘려 넘겼던 자신이 친구 장인을 그대로 닮아가고 있었다.

그동안 체험한 깨달음 중에서도 최근에 머리를 때린 깨달음은 내겐 아주 특별하다. 그 동안의 수많은 깨달음 중에서도 가장 높은 수준이 아닐까 여겨질 정도다. 골프와 인연을 맺어 같은 길에서 헤매는 누군가에게 도움이 되었으면 하는 마음으로 부끄러움을 무릅쓰고 그 깨달음을 털어놓는다.

'골프는 기다림의 운동이다.' 이것이 내 머리를 울린 깨달음의 핵심이다.

동네 연습장에 겨울철 할인혜택이 주어지는 3개월짜리 회원등록을 한 뒤 거의 매일이다시피 3~5박스 정도 연습볼을 쳐왔는데 마지막 무렵에 번개처럼 '골프란 기다림'이란 생각이 번쩍했다.

그리고 내 나름대로의 '기다림의 미학' 개념을 적용해 연습했더니 비거리 방향성 안정성 등 모든 것이 개선되었다. 이때까지 내가 해온 골프와 차원이 달랐다.

무엇이 골프를 망치게 하는가도 이 '기다림의 미학'의 대척점에서 찾을 수 있었는데 그건 바로 성급함으로 귀결되었다.

때를 기다릴 줄 아는 인내심이 결여된 성급함, 조급함이 자연스럽고 힘찬 스윙을 방해했던 것이다.

풀스윙을 못한다는 것은 백스윙과 팔로우스윙을 제대로 못한다는 것인데 이는 곧 기다림의 결여에서 비롯된 것으로 이해되었다.

많은 아마추어들이 허리와 어깨가 충분히 돌아가 완벽한 백스윙에 도달할 때까지 기다리지 못하고 오로지 볼을 때려내겠다는 생각에 탑 오브 스윙에 도달하기 전에 클럽을 끌어내린다. 뿐만 아니라 클럽 페이스가 지면에 놓인 볼과 정면으로 만날 때까지 기다리지 못하고 머리 가슴 등 상체를 일으키거나 너무 빨리 허리를 돌리는 바람에 스위트 스팟에 볼을 맞히는 데 실패한다.

여기에 볼을 멀리 날려 보내겠다는 욕심까지 더해 몸에 힘을 잔뜩 주고 회전운동을 하는 바람에 몸의 중심축도 무너진다. 볼을 가격하는 데 몰두한 나머지 팔로우스윙 역시 중도에 멈춰져 버리고 만다.

클럽의 헤드가 중력과 관성에 따라 내던져져 완전한 팔로우가 이뤄질 때까지 기다리면 방향성과 비거리가 보장되는데도 클럽헤드가 완전히 등 뒤로 넘어가기 전에 중단해버림으로써 비거리도 손해 보고 엉뚱한 미스샷을 유발하고 만다.

뒷땅이나 토핑, 하이볼, 슬라이스나 훅 등 모든 미스샷은 모두 백스윙, 히팅 순간, 팔로우스윙 시점에 끝까지 기다리지 못하고 성급하게 덤빈 결과로 빚어지는 것이다.

'기다림의 미학'은 스윙에만 국한되는 것이 아닐 것이다. 성급하게 좋은 결과를 바라거나 조바심을 내는 행동은 전체 라운드의 흐름을 방해한다. 잃은 타수를 만회해야겠다는 조급함, 동반자보다 많은 버디를 낚아야겠다는 경쟁심 역시 골프를 망치게 한다.

최근 이 깨달음을 바탕으로 연습한 결과 전보다 훨씬 크고 부드러운 스윙을 구현할 수 있게 됐다. 내 나이에 남들은 비거리가 준다는데 오히려 비거리가 늘고 방향성도 좋아졌다.

'기다림의 미학'이란 깨달음이 지워지지만 않는다면 나이에도 불구하고 급격한 후퇴는 예방할 수 있겠다는 자신감이 생겼다.

노자와 함께 무위의 골프를!

골퍼라면 누구나 보다 나은 스코어를 추구한다. 그러나 스코어에 대한 지나친 집착은 엄청난 스트레스를 주고 골프 자체의 묘미마저 빼앗는다.

골퍼들은 라운드할 때마다 신기록을 기대하지만 이 기대가 실현될 가능성은 극히 낮다. 40대 이전이면 1년에 한두 번 신기록을 달성할 수 있다. 그러나 40대가 넘으면 기록경신은 고사하고 유지조차 힘들다.

베스트 스코어는 어떻게 만들어지는가. 자신의 베스트 스코어가 만들어질 때의 상황을 떠올려 보면 좋은 기록이 나오는 공통적인 조건을 알아낼 수 있다.

베스트 스코어는 얼떨결에, 무심결에 만들어진다. 잘

친다고 생각하지 않았는데 열심히 하고 나니 신기록이 저절로 만들어지는 것이다. 동반한 고수한테 한 수 배우자는 자세로 임했는데 결과는 신기록으로 나타난다.

반대로 기록을 깨겠다고 굳게 다짐하고 나선 라운드에서 베스트 스코어를 달성한 경우는 거의 없다. 신기록 달성의 각오로 나선 라운드는 어김없이 형편없는 스코어를 안겨준다.

그런데도 많은 골퍼들이 기를 쓰고 신기록 달성, 또는 자신의 기대치에 맞는 스코어 작성에 매달린다. 첫 홀에서의 '올 파'나 '올 보기'를 서슴없이 받아들이고 티샷을 실수하곤 스스로 멀리건을 자청하는가 하면, 캐디에게 "트리플 보기 이상은 적지 말라"고 당부하기도 한다. 심지어 OB 난 볼을 OB가 아니라고 우기고 러프에서의 타수를 줄여 신고하면서까지 좋은 기록에 연연한다.

베스트 스코어는 만드는 것이 아니라 만들어지는 것이다. 신기록을 반드시 달성하겠다는 욕망 없이 겸허한 자세로 골프에 열중했을 때 그 결과로 남는 것이다.

신기록 또는 기대치 스코어 달성을 열망하는 골퍼에게 노자(老子)의 도덕경(道德經)은 천금 같은 팁을 제공한다.

노자의 핵심사상인 '무위무불위(無爲無不爲)' '무위자연(無爲自然)'이 바로 금맥이다. '아무것도 하지 않지만 되어지지 않는 것이 없다' '아무것도 하지 않지만 자연스럽게 되어진다'는 뜻으로

같은 의미의 다른 표현이라 할 수 있다.

무위(無爲)를 문자 그대로 풀이하면 '하지 않는 것'이다. 그러나 행위를 하지 않는 것이 아니라 무엇을 '억지로 하지 않는 것'이다. 인위(人爲)의 반대개념으로 인위적 힘을 가하지 않은 자연스런 행위를 뜻한다. 억지로 무엇인가 해내려 하지 말고 자연스럽게 이뤄지도록 순리에 맡겨두라는 가르침이다.

노자의 눈으로 보면 골퍼들은 대부분 무엇인가 이루려는 '유위(有爲)의 골프'를 한다. 가능한 한 멀리 그러면서 정확히 날리겠다는 욕심에 차 있다. 모든 샷에 의도가 배어있다. 평소 안 되던 것을 굳이 해내려 덤비기도 한다. 오로지 많은 굿샷으로 흡족한 스코어를 만들겠다는 열망뿐이다.

그러나 골프란 결코 바라는 대로 되지 않는다. 열망이 너무 절박하고 간절해도 엉뚱한 미스샷이 속출한다. 골프의 미스샷은 바로 '유위의 골프'에서 비롯된다고 해도 과언이 아니다.

매번 집중하고 '처음이자 마지막'이라 여기며 샷을 날릴 수는 없다. 지나친 집중은 때로 정신을 혼미하게 한다. 머리에 뭔가 잔뜩 차 있을 때보다 비었을 때 오히려 명쾌한 샷이 만들어진다. 큰 기대 없이 무심하게 한 스윙에서 기막힌 샷이 만들어진다.

노자의 '상선약수(上善若水)'도 골퍼들이 평생 새겨두어야 할 화두다.

노자는 "천하에 물보다 더 부드럽고 약한 것은 없다. 그러나 굳고 센 것을 꺾는 데 물보다 더 뛰어난 것 또한 없다. 이는 물이 철저하게 약하기 때문이다"라고 설파했다.

부드러우면서 힘찬 샷을 꿈 꾸지만 힘을 빼지 못해 고생하는 골퍼들에게 '부드러운 것이 가장 강하다'는 것보다 더 강렬한 메시지가 어디 있을까.

'노자와 함께 하는 무위의 골프'를 실천해보자.

중도中道의 스포츠

중도(中道)는 불교에서 어느 한쪽으로 치우치지 않은 바른 도리를 뜻한다.

고타마 붓다는 29세에 왕자의 신분을 버리고 출가해 35세에 깨달음을 얻기까지 6년간 대부분을 가혹한 고행으로 보냈다. 그러나 그 고행도 고타마 붓다에게는 몸을 괴롭게 하는 것일 뿐 참된 인생 문제의 해결책이 되지 않았다.

고타마 붓다는 왕자로서 물질적으로 풍족한 생활을 보내고 있었으나 물질적 풍족함만으로 온전한 행복을 얻지 못한다는 것을 깨닫고 출가를 감행했다. 고타마 붓다는 출가 전의 쾌락도 출가 후의 고행도 모두 한편에 치우친 극단이며 고락 양면을 떠난 심신(心身)의 조화를 얻은 중도(中道)에 비로소 진실한 깨달음의 길이 있다는 것을 체험으로 자각했다.

위대한 깨달음을 얻은 붓다가 함께 고행하던 5인의 비구(比丘)들에게 가장 먼저 설파한 것이 바로 중도(中道)의 이치였다.

골프야말로 철저한 중도의 스포츠가 아닐까 생각해 본다.

이상적인 스윙은 몸통과 양어깨, 양팔, 양손의 힘을 조화롭고 균등하게 쓸 때 만들어진다.

그러나 불행히도 우리의 몸은 그렇게 발달되어 있지 않다. 많이 쓰는 쪽의 어깨, 손과 팔의 근육은 잘 발달해 있지만 그 반대쪽은 상대적으로 약하다.

자연스레 대부분의 골퍼들은 잘 발달된 오른팔, 오른손 위주로 스윙을 하게 된다. 물론 왼손잡이는 그 반대의 스윙을 한다.

레슨프로들이 왼손으로 클럽을 끌어내릴 것을 강조하고 왼손 등으로 볼을 가격하는 느낌의 스윙을 강조하는 것은 오른손이 지배하는 한쪽으로 치우친 스윙의 폐단을 막기 위함이다. 어느 한쪽 어깨와 손이 스윙을 지배하면 좌나 우로 편향되는 구질이 나올 수밖에 없다.

레슨프로들이 왼손으로 클럽을 리드하도록 하고 오른쪽 팔과 손으로 볼을 가격하려고 덤비지 말 것을 강조하는 것도 오른팔 오른손 위주의 스윙이 만들어내는 심한 훅과 슬라이스, 스윙의 부조화를 막기 위함이다.

아무리 뛰어난 프로선수라 해도 매번 굿샷만을 날릴 수는 없다. 날실과 씨실이 교차하며 짜여 직물이 완성되듯 골프에서의 라운드도 굿샷과 미스샷이 배합되어 만들어진다.

골프를 하면서 굿샷만을 바랄 수 없다. 아무리 뛰어난 프로선수라도 그런 일은 결코 일어나지 않는다.

멋진 샷은 드물고 평범한 샷과 미스샷이 대부분이다. 미스샷을 내고도 최선을 다해 중도로 돌아오는 데 골프의 마력이 있다. 굿샷만 만들어진다면 골프는 스포츠로서 가치를 잃을 것이다.

골프를 할 때 고도의 평정심을 유지하며 칼날이 어느 한쪽으로 치우쳐 자신을 다치지 않도록 하는 것 또한 중도의 길이다.

누구나 쉽게 스윙을 터득할 수 있고 코스는 아무 장애물도 없이 평평해 쉽게 싱글 스코어나 언더파 스코어를 낼 수 있다면 기를 쓰고 골프에 매달릴 까닭이 없다. 지금처럼 인기 있는 스포츠가 되지도 않았을 것이다.

골프란 다양한 고(苦)와 락(樂)이 교직으로 짜여 독특한 문양을 만들어내는 직물과 같다.

한 생각의 힘

당나라 유학길에 오른 신라의 원효(元曉)가 날이 저물어 어느 동굴에 몸을 뉘었다. 잠을 자다 목이 말라 어둠 속에서 손을 뻗어 그릇에 담긴 물을 마셨다. 다음 날 깨어보니 간밤에 마신 물은 해골에 담긴 썩은 물이었다. 전날 밤 시원하게 갈증을 풀어준 물이 해골에 담긴 물이었다는 것을 알고는 구역질이 났다.

순간 원효는 세상 모든 것은 그 대상에 있는 것이 아니라, 마음을 어떻게 먹느냐에 따라 달라진다는 것을 깨달았다. 원효는 그길로 당나라 유학을 포기하고 혼자서 수행에 들어갔다.

원효 깨달음의 요체는 '모든 것은 마음이 만들어 낸다'는 일체유심조(一切唯心造)다.

코로나19 여파로 중단되었다가 3개월 만에 KLPGA투어가 재개된 이후 세 번째 대회인 KLPGA투어 기아자동차 한국여자오픈에서 유소연은 누구보다 우승이 간절했다.

한때 세계랭킹 1위에까지 올랐던 유소연은 KLPGA투어에서 6승, LPGA투어에서 6승(메이저 2승 포함)을 올렸다.

특히 내셔널 타이틀 부문에선 지구촌에서 독보적인 1 인자다. 중국 여자오픈(2009년). US여자오픈(2011년), 캐나다 퍼시픽 여자오픈(2014년), 일본 여자오픈(2018년) 등 4개의 내셔널 타이틀을 차지했다. 유소연만큼 많은 내셔널 타이틀을 꿰찬 선수는 없다.

그러나 정작 한국의 내셔널 타이틀인 한국여자오픈은 우승하지 못했다. 2008년 KLPGA투어 신인으로 한국여자오픈 우승기회를 맞았으나 악천후 속에 치러진 연장전에서 신지애에게 아쉽게 패했다.

LPGA투어에서도 2018년 6월 LPGA투어 마이어 클래식 이후 2년 동안 무승으로 지내 한국여자오픈에서 우승 갈증을 풀고 싶었다. 무엇보다 한국의 내셔널 타이틀을 품고 싶었다.

인천 베어즈베스트 청라 골프클럽에서 열린 이 대회에서 유소연은 1, 2라운드는 순조로웠다.

1라운드에서 6언더파로 고진영에 1타 뒤져 2위에 오른 그는 2라운드에서 5언더파를 보태 11언더파로 단독 선두에 올랐다.

3라운드 들어 상승세가 주춤했다. 우승에 대한 압박감으로 몸도 마음도 유연하지 못했다. 겨우 1타를 줄이는 데 그쳤다.

마지막 라운드를 앞두고 그는 잠을 잘 수 없었다. 우승에 대한 간절함과 함께 강력한 추격자들을 어떻게 물리칠 것인가 걱정이 밀려들었다. 이대로는 마지막 라운드를 치를 자신이 없었다.

그때 한 생각이 번쩍했다. 코로나19와 싸우는 사람들을 위한 기부가 떠올랐다. 우승을 하든 못하든 상금을 모두 기부하기로 마음먹었다. 이런 결정을 하는 순간 마음은 진정되고 호흡도 가라앉았다. 하루의 피로가 파도처럼 밀려들어 편한 잠을 청할 수 있었다.

그리고 마지막 라운드를 맞았다. 하나의 보기를 버디

하나로 막은 뒤 스코어를 줄이지 못했으나 다른 추격자들도 타수를 잃었다. 직전 대회인 롯데 칸타타 여자오픈에서 김세영과의 연장전 끝에 우승한 김효주만이 상승기류를 타 1타 차이로 추격했으나 마지막 18번 홀(파4)에서 벙커샷을 핀 가까이 붙여 파 세이브에 성공, 우승을 확정했다.

지난밤의 '한 생각'으로 무너지지 않고 자신의 경기를 할 수 있었던 유소연은 한국의 내셔널 타이틀을 품에 안고 상금 전액(2억 5000만 원)을 코로나19 성금으로 기부할 수 있었다.

전날 밤의 '한 생각'으로 소망을 이룬 유소연의 다음 꿈은 LPGA투어 메이저대회인 AIG 위민스 브리티시오픈이다. 영국 스코틀랜드의 로열 트룬 골프클럽에서 열리는 이 대회에서 우승하면 지구촌 주요 6개 내셔널 타이틀을 쟁취하는 전무후무한 기록을 세우게 된다.

골프,
운동인가
오락인가

골프가 운동이냐 오락이냐. 이에 대한 대답을 보면 골프를 즐기는 사람과 그렇지 않은 사람과의 구별이 확연하다.

골프의 운동 효과에 대한 일반적 인식은 부정적인 편에 가깝다. 운동을 위해 골프를 택한 사람들 중에서도 별로 운동이 안 된다며 중도에 종목을 바꾸는 경우가 적지 않다. 지금 골프를 즐기면서도 골프가 그다지 운동이 되지 않는다고 생각하는 사람도 더러 있다.

"골프는 시간은 많이 걸리는데 운동은 제대로 안 된다. 슬슬 걷는 것이 오락일 뿐"이라고 여러 자리에서 말한 이명박 전 대통령의 발언은 골프세계를 제대로 모르는 사람들의 부족한 상식을 단적으로 보여주는 예다. 베트남의

한 골프장에서 살다시피 했던 고 김우중 전 대우그룹 회장도 운동도 되지 않으면서 시간은 엄청 걸린다는 이유로 골프를 외면했다.

18홀을 한번 라운드하는 것을 기준으로 삼는다면 골프는 약간 강도 높은 걷기 수준의 운동 효과밖에 거두지 못할 것이다.

미국 피츠버그대 의학연구센터 근신경연구소의 스콧 르파르트 박사는 "18홀을 돌면 45분간 웨이트 트레이닝을 한 것과 비슷한 운동 효과가 있다"고 밝혔다. 스콧 박사의 연구결과에 따르면 골퍼들은 평균 8.64km를 걷고 1954kcal의 열량을 소비하는 것으로 나타났다. 또 캐디의 도움을 받으면서 걸어서 라운드하면 소비 열량이 1527kcal로 줄어들고 카트를 이용해 라운드하면 걷는 거리가 3.84km로 줄고 소비 열량도 1303kcal로 감소하는 것으로 나타났다.

미국의 스포츠전문 채널인 ESPN이 60개 종목의 스포츠를 대상으로 지구력, 근력, 스피드, 유연성 등 10개 항목을 조사해 종목별 순위를 매긴 결과 운동 효과 1위는 복싱, 2위는 아이스하키, 3위는 축구가 차지했고 골프는 51위에 머물렀다. 순위만으로 보면 바닥권이지만 그래도 롤러 스케이팅(52위),

승마(54위), 사격(58위), 당구(59위), 낚시(60위)보다는 운동 효과가 높은 것으로 나타났다.

위의 골프 운동 효과는 단지 18홀을 라운드하는 것을 기준으로 한 것이다. 여기에 평소 골프를 잘 하기 위해 하는 다양한 준비운동을 보태면 골프의 운동 효과는 그 어떤 스포츠에도 뒤지지 않을 것이다.

골프애호가들에게 운동이란 결코 라운드할 때의 걷기와 스윙이 전부가 아니다. 매일, 혹은 일주일에 몇 차례 골프연습장을 찾아 한두 시간씩 스윙 연습을 하는 것에서부터 신체의 각 부분의 근력을 키우기 위한 운동, 지치지 않기 위한 체력훈련 등 골프를 잘 하기 위해서는 다양하고도 부단한 체력단련이 필수다.

PGA투어나 LPGA투어의 선수들은 골프 연습 외에 하루 3~5시간의 다양한 근력운동을 하지 않고선 버텨내지 못한다. 스타급 선수들의 견고한 플레이, 3~4일간의 강행군에도 지치지 않는 체력은 체력단련의 결과다. 샤워장에서 만난 프로선수들의 맨몸을 보면 이들이 격투기선수가 아닐까 싶을 정도로 근육이 골고루 발달된 데 놀라지 않을 수 없다.

무엇보다 골프는 연습하지 않고는 못 배기게 하는 마력이 있다. 스코어가 나빠지거나 도전하고 싶은 상대가 나타났을 때도, 스코어를 유지하거나 개선하고자 할 때 연습을 하지 않고는 못 배긴다. 여기에 연습 자체가 즐겁기까지 한 장점도 하다.

골퍼들이 골프를 하지 않는 사람들보다 평균 5년 정도 더 장수를 누린다는 스웨덴 카롤린스카 연구소의 연구결과는 골프의 탁월한 운동효과를 증명해준다.

영국 데일리메일이 보도한 바에 따르면 이 연구소의 연구진이 30만 명의 골퍼들을 대상으로 실시한 연구결과 골프를 하는 사람이 그렇지 않은 사람보다 일정 시점에 사망할 가능성이 40% 더 낮은 것으로 나타났다. 이는 평균 5년 더 오래 사는 셈이라고 연구진은 말했다. 또 핸디캡이 낮을수록 더 건강한 것으로 조사됐다.

연구진은 골프가 육체적으로 격렬한 운동은 아니지만, 18홀 한 라운드가 보통 4마일(약 6.4km) 이상 걷기를 수반하는 건강에 좋은 운동이며 다른 사람들과 어울리는 골프의 사교적 성격도 수명을 늘리는 데 긍정적인 요인으로 작용할 수 있다고 밝혔다.

이만큼 좋은 운동을 또 어디서 찾을 수 있겠는가.

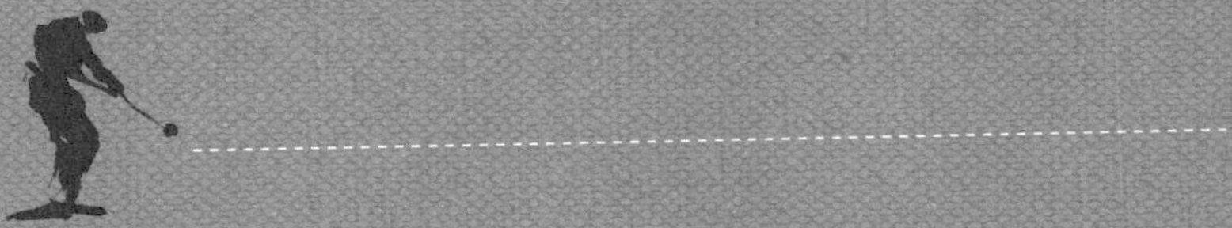

비움의 스포츠

자극과 반응 속의 알아차림

●

모든 생명체는 자극(stimulus)에 반응(response)한다. 특히 동물 세계에서 자극과 반응(S-R)은 학습의 원천이다. 간단없이 주어지는 외부의 자극에 다양한 반응을 보임으로써 생존능력을 키우며 진화의 길을 간다.

우리의 편안한 걸음걸이는 유아시절의 걸음마에서 터득한 지혜의 결과다. 수없이 넘어지면서도 다시 일어서기를 반복하며 몸의 균형을 잡으면서 걸음을 떼어놓는 법을 동물적으로 익혔기 때문이다.

현생 인류(Homo sapiens), 즉 인간이 동물 세계의 정점을 차지할 수 있었던 것 역시 이 같은 자극-반응에 따른 학습들이 쌓인 결과다.

모든 반응이 긍정적 학습효과를 발휘하는 것은 아니다. 같은 자극이라도 어떻게 반응하느냐에 따라 그 결과는 엄청난 차이가 있다.

우리는 외부의 어떤 자극에 대해 자동적으로 반응을 보일 때가 많다. 의식보다는 무의식에 맡겨져 거의 즉각적인 반응을 보인다. 자동적이고 즉각적인 반응처럼 보이지만 실은 인지-감정-생각-행동의 단계가 미묘하게 얽혀 있다.

자극과 반응 사이에 '의식의 불'이 꺼져 있는가, 켜져 있는가에 따라 반응의 질이 달라진다.

의식의 불이 꺼진 상태에서 생각 없이 무의식적으로 반응하는 것이 쌓이면 습(習)이 된다. 물론 좋은 습도 있고 나쁜 습도 있을 수 있다. 무의식적으로 쌓인 습은 대개 부정적인 것일 가능성이 높다.

'의식의 불'이 켜져 있다면 어떤 자극에 대한 반응을 스스로 선택할 수 있다. 자신에게 가해진 자극의 본질을 파악하고 내가 필요로 하는 반응을 선택할 수 있다는 말이다.

자극-반응의 극히 짧은 순간에 자각이라는 알아차림(awakening, awareness)이 보다 긍정적 발전적 반응을 만들어 내는 것이다.

어느 날 한 사람이 붓다를 찾아와 얼굴에 침을 뱉었다. 붓다는 얼굴을 닦고 그에게 물었다.

"그밖에 또 말할 것이 있소?"

그 사람은 놀라서 당황했다. 그는 그런 반응을 예상하지 않았다. 그는 붓다가 화를 낼 것으로 생각했었다. 그는 자신의 귀와 눈을 믿을 수 없었다. 그는 말을 잃고 멍하니 서 있었다.

옆에 있던 제자 아난다가 몹시 분노했다.

"어떻게 이런 일이 있을 수 있습니까? 스승님, 이 사람을 이런 식으로 내버려 두면 안 됩니다. 저에게 말씀해주십시오. 제가 그를 혼내겠습니다."

아난다는 격한 사람이었다. 그는 무사였으며 붓다의 사촌형이었고 왕자이기도 했다. 아난다는 몹시 화를 내며 말했다.

"이 무슨 터무니없는 짓입니까? 저에게 언질만 주십시오. 제가 그의 버릇을 고쳐놓겠습니다."

붓다는 웃으며 말했다.

"나를 놀라게 한 것은 그가 아니라 바로 너다. 왜 너는 분노 속에 빠지는가. 그는 네게 아무 짓도 하지 않았다. 그가 나에게 침을 뱉은 것에 관한 한, 과거의 어느 생에선가 내가 그에게 욕을 한 적이 있다는 것을 나는 안다. 오늘로 그

계산이 끝났으니 나는 기쁘다. 고맙소, 선생!"

붓다가 그에게 말했다.

"나는 빚을 갚기 위해 당신을 기다리고 있었소. 내가 어디선가 당신을 욕한 적이 있소. 당신은 기억하지 못할지 모르지만 나는 그것을 알고 있소. 오늘 당신이 와서 모든 것을 끝내게 됐으니 나는 기쁘오. 이제 우리는 서로에게 자유롭게 되었소."

붓다는 아난다에게 말했다.

"이것은 내 행위가 내게 돌아온 것이다."

붓다의 예는 매우 특별한 것이겠지만 우리에게 이런 일이 닥칠 때 조금이라도 의식이 깨어있다면 바로 침을 되뱉고 멱살잡이를 하는 등의 즉각적인 반응을 보이기 전에 상대가 무엇 때문에 이렇게까지 나왔을까 생각할 수 있을 것이다. 그럼 필경 자존지종을 털어놓고 오해를 풀거나 사과를 하거나 매듭을 푸는 길을 찾을 수 있을 것이다.

골퍼들에게 미스샷, 패배, 추락은 다반사다. 대부분의 골퍼들은 이 때문에 자학하고 절망에 빠지고 의욕을 잃는다.

그러나 이런 다반사는 골퍼가 피할 수 없는 숙명적

자극이다. 이 자극을 깨어있는 자세로 받아들여 긍정의 반응을 보일 수 있다면 더 높은 곳으로 나아갈 수 있고 체념적, 숙명적으로 받아들인다면 골프채를 놓을 수밖에 없다.

골프가 안겨주는 실망감, 패배감, 좌절감, 상실감 같은 수많은 자극 속에 함몰될 것인가, 자극들을 모아 뗏목을 만들어 험한 강을 슬기롭게 헤쳐나갈 것인가.

친밀도가
왕도王道다

한 대기업 최고경영자(CEO)에게 걱정거리가 있었다. 핵심 임원이 일은 열심히 하는데 협력사와 불화가 잦았다. 기획력이나 업무 추진력은 뛰어난데 회사 내부나 외부의 업무 관계에선 마찰과 갈등이 많았다.

CEO는 이 임원의 도전적이고 공격적인 면을 살리면서 업무 파트너와의 관계도 부드럽고 원만하게 조화시킬 방법이 없을까 고심하다가 골프에 일가견이 있는 친구와 함께 라운드할 기회를 마련했다.

그날 라운드에서 임원은 평소 기질을 그대로 드러냈다. 티오프 시간 직전 도착한 그는 전반을 꽤 고전했다. 도전적이고 모험적인 공격루트를 찾아 볼을 날렸지만 성공 확률이 낮아

OB가 몇 개 나왔고, 러프에도 자주 볼을 보냈다. 그리고 자신의 들쭉날쭉한 플레이에 휘둘리느라 동반자에 대해선 신경 쓸 겨를이 없었다.

어느 홀에선가 그 임원은 볼을 홀 가까이 붙여 버디 찬스를 맞았는데 그린을 잘못 읽는 바람에 버디를 놓쳤다.

CEO가 아쉬워하며 그 임원에게 말했다.

"캐디에게 조언을 구했으면 충분히 넣을 수 있었는데…."

그러자 그 임원은 "어차피 골프는 자신이 결정하고 자신이 하는 것인데요 뭘."이라며 놓친 버디를 당연하게 받아들였다.

CEO는 기회다 싶었다.

"아니지. 골프장에서는 캐디가 유일한 우군이네. 캐디가 갖고 있는 정보량은 간혹 골프장을 찾는 우리와 비할 바가 아니지. 아무리 뛰어난 골퍼라도 캐디의 도움 없이는 좋은 플레이를 할 수 없네. 캐디와 얼마나 친밀한가에 따라 그날 라운드의 성공 여부가 결정 나네."

이 말에 임원은 뭔가 깨달은 듯 고개를 끄덕였다.

함께 동반한 CEO의 친구는 거의 말을 않고 플레이를 하다가 18홀을 끝내고 클럽하우스로 걸어오면서 조용히 입을 열었다. 친구 사이인 CEO에게 하는 말투였지만 임원에게 안 들릴 리 없었다.

"골프란 철저한 친밀도의 게임이더라고. 골프와 관련된 모든 것에 얼마나 친밀한가, 즉 얼마나 낯설지 않은가에 따라 라운드의 성공 여부가 판가름 나더군. 골프코스, 그날의 날씨, 캐디 등이 모두 친밀해야 할 대상인데 그중에서도 캐디가 최우선이지. 캐디와 다투거나 불편한 관계를 맺는 사람은 라운드를 망치기 쉽다니까."

CEO가 거들었다.

"베스트 스코어를 낸 때를 떠올려보면 골프장도 친숙하고 캐디와도 호흡이 척척 맞았던 것 같아. 동반자도 훌륭했고."

친구가 덧붙였다. "뿐만 아니지. 골프채나 파트너와도 가능한 한 친밀감을 유지해야만 적대감에서 벗어나 원만한 플레이를 할 수 있지. 그게 쉽지는 않지만 말이야."

이튿날 아침 CEO는 그 임원으로부터 한 통의 이메일을 받았다.

"어제 라운드에서 정말 많이 배웠습니다. 제가 얼마나 부족했고 독선적이었나 깨달았습니다. 저를 돌아볼 기회를 주신 사장님께 다시 한번 감사드립니다. 달라진 저의 모습을 필드에서 보여줄 기회를 기다리겠습니다."

스핑크스의 수수께끼

'오이디푸스 콤플렉스(Oedipus Complex)'란 정신분석학 용어를 낳은 오이디푸스는 고대 그리스 테베의 왕 랍다코스의 아들 라이오스와 이오카스테와의 사이에서 태어났다.

라이오스는 아들이 자신을 죽일 것이라는 델포이의 예언을 듣고는 갓 태어난 오이디푸스의 발에 못을 박아 키타이론 산에 갖다 버린다. 산에 버려진 오이디푸스는 근처를 지나던 양치기에게 발견되어 '부은 발'이란 뜻의 오이디푸스라는 이름을 얻어 코린트의 왕 폴리보스의 양자로 살아가는데 그 또한 자신의 아버지를 죽이고 어머니를 범할 것이라는 예언을 듣고 방랑의 길에 오른다.

후에 테베의 왕이 된 라이오스는 길을 막고 수수께끼를 내어 이를 풀지 못한 사람을 잡아먹는 괴물 스핑크스 문제를 해결하기 위해 델포이 신전으로 가던 길에 한 청년과 길을 비키는 문제로 시비가 붙어 다툼 끝에 살해된다. 이 청년이 바로 갖다버린 아들 오이디푸스다.

테베의 높은 바위산 길목을 지키고 있던 스핑크스는 여인의 머리에 사자의 몸 그리고 새의 날개와 뱀의 꼬리를 가진 괴물로, 제우스의 아내이자 여신의 우두머리인 헤라가 라이오스에 대한 징벌로 보낸 것이다.

오이디푸스의 친부 라이오스는 왕자 시절 선왕 랍다코스의 뒤를 이어 이복형인 제토스와 암피온이 차례로 테베의 왕위에 오르자 피사로 피신한 적이 있는데 이때 자신을 도와주지 않았다는 이유로 피사의 왕 펠롭스의 아들을 살해해 헤라의 미움을 샀다. 스핑크스는 바로 헤라가 라이오스에 대한 징벌로 보낸 에티오피아의 괴물이다.

여행 중 오이디푸스는 스핑크스의 만행을 듣고는 그를 찾아간다.

여태 수수께끼를 푼 사람이 한 명도 없었기에 스핑크스는 자신만만하게 찾아온 오이디푸스에게 문제를 낸다.

"처음 생겨날 때 가장 크고, 한창일 때 가장 작고, 늙어서 다시 커지는 것은?"

"그림자."

"한쪽이 다른 한쪽을 낳고, 태어난 자가 다시 자기를 낳은 자를 낳는 것은?"

"낮과 밤."

당황한 스핑크스가 마지막 세 번째 수수께끼를 냈다.

"목소리는 하나인데 아침에는 다리가 네 개, 점심에는 두 개, 저녁에는 세 개인 것은?"

오이디푸스가 "사람!"이라고 대답하자 스핑크스는 굴욕감을 이기지 못해 머리를 바위에 부딪쳐 자살하고 만다.

오이디푸스는 스핑크스를 없앤 공로로 테베의 왕이 되고 미망인이 된 왕비 이오카스테, 즉 그의 어머니를 부인으로 맞는다. 오이디푸스는 이오카스테와의 사이에서 4명의 자녀를 둔다.

나중에 이오카스테는 오이디푸스가 자신이 낳은 아들임을 알고는 자살하고, 오이디푸스는 자신의 눈을 찔러 장님이 되어 테베를 떠나 헤매다 죽는다.

그리스 신화와 골프가 무슨 관련이 있을까. 스핑크스가 낸

수수께끼에서 귀중한 골프 팁을 찾을 수 있다.

골프에서 최고의 미덕은 일관성이다. 이는 곧 아무리 노력해도 일관성을 완벽히 체득하기란 불가능하다는 말이기도 하다. 좋은 신체조건에, 천재적 소질과 많은 연습을 통해 당대 최고의 골퍼로 추앙받던 사람이라고 해도 예외가 없다. 시간의 흐름, 신체 리듬의 변화로 개개인의 골프 문법은 결코 시종여일할 수 없다는 뜻이다.

예를 들어 40~50대의 골퍼가 7번 아이언으로 평균 130m를 보낸다고 하자. 내리막이냐 오르막이냐에 따라, 그린의 생김새에 따라 한 클럽 길게 혹은 짧게 잡아 거리를 조절한다.

60~70대라면 같은 거리를 보내려면 6번이나 5번 아이언, 혹은 하이브리드 클럽을 써야 한다.

하루 중에도 아침과 낮, 오후가 달라야 하고 몸이 굳었을 때와 풀렸을 때가 달라야 한다.

새벽이나 이른 아침은 몸이 굳어 평소의 거리를 낼 수 없다. 스윙의 크기도 줄어든다. 스트레칭도 제대로 안 된 상태에서 평상시의 거리를 기대할 수 없다. 자신이 생각하고 있는 클럽보다 한두 클럽 더 잡거나 긴 클럽으로 4분의 3 스윙을 하는 게 현명하다.

그러다 대여섯 홀을 지나 몸이 풀리고 근육이 부드러워지면 원래 클럽으로 돌아가면 된다.

후반전 중반에 들어서면 다시 기력이 떨어지면서 자연스런 스윙이 어려워 비거리가 줄어든다. 이때 무리하게 풀 스윙을 하거나 거리를 내기 위해 힘을 쓰면 미스샷을 유발하기 십상이다. 다시 한 클럽 더 잡거나 여유 있는 클럽으로 4분의3 스윙을 하는 게 현명하다.

시간의 흐름에 따라 그림자의 길이가 달라지고 다리의 수가 변하듯 한 라운드라 해도 초반, 중반, 종반의 클럽 선택이 같을 수 없다는 얘기다.

스핑크스의 수수께끼가 골퍼들에게 귀중한 지혜가 될 줄이야!

골프의 샹그릴라

샹그릴라(Shangri-La)는 영국의 소설가 제임스 힐튼이 쓴 『잃어버린 지평선(Lost Horizon)』이라는 작품에 등장하는 가공의 장소다. 쿤룬(Kunlun)산맥 서쪽 끝자락에 숨겨진 신비롭고 평화로운 계곡으로 영원한 행복을 누릴 수 있는 지상낙원으로 묘사돼있다.

이 소설이 인기를 얻자 중국 정부는 1997년 소설 속 위치와 비슷한 윈난성(雲南省)의 중텐(中甸)을 샹그릴라로 공식 발표하고 2001년 지역 이름도 '샹그릴라(香格里拉)'로 개명했다.

샹그릴라에 사는 사람들은 보통사람들의 평균 수명을 훨씬 뛰어넘어 거의 불사(不死)의 삶을 살 수 있다고 전해진다. 그러나 원난성의 샹그릴라는 좋은 풍광 속에 그냥 소박하고 밝은 사람들이 살고 있는 곳으로, 세계의 관광객이 붐비는 곳이 되었다.

골프에 빠진 사람들은 가끔 골프의 샹그릴라는 어디일까 상상해보는 버릇이 있다. 눈만 뜨면 창밖에 녹색의 잔디가 깔려 있어 쉽게 일상에서 벗어나 원하는 대로 라운드를 하는 꿈을 꾼다.

그러나 정작 그런 환경에 사는 사람들은 결코 그곳이 샹그릴라가 아니라고 털어놓는다. 다른 조건은 다 갖춰졌지만 자신이 만족하지 못한다는 것이다. 골프를 지독히 사랑해서 연습도 많이 하고 라운드도 많이 하지만 결코 만족한 라운드, 행복한 라운드를 경험하는 경우는 드물다고 했다.

진정한 골프의 샹그릴라는 어디에 있을까. 골프의 샹그릴라는 장소가 아니라 각자 골퍼의 마음속에 자리 잡고 있지 않을까.

굳이 구체적으로 설명하라면 에이지 슛(Age Shoot)을 꿈꾸고 그 꿈을 달성하고 다시 새로운 에이지 슛을 기약하는 것이 아닐까 생각해본다.

에이지 슛이란 한 라운드를 자신의 나이와 같거나 적은 스코어로 마치는 것을 의미한다. 실제로 에이지 슛을 기록한 사람들을 만나보면 달관의 자세로 골프를 즐기고 당장은 스코어가 좋지 않아도 언젠가 다시 새로운 에이지 슛을 기록할 수 있다는 믿음을 잃지 않고 골프 자체를 즐겼다.

나 스스로 에이지 슛을 기록한 적이 있지만 기록 이상의 의미를 부여하지 않았는데 앞서 에이지 슛을 한 사람들을 보니 '아 이분들이야말로 골프의 샹그릴라에 사는 분들'이라는 생각이 들었다.

미국 PGA투어에서 에이지 슛을 처음 기록한 사람은 샘 스니드다. 타이거 우즈와 함께 PGA투어 최다승(82승) 기록 보유자인 스니드는 1979년 쿼드시티 오픈 마지막 라운드를 66타로 마무리했는데 당시 나이는 67세였다.

2014년에는 미국의 95세 노인이 생애 1000번째 에이지 슛을 달성, 화제가 되었다. 남들은 생애 한 번 달성하기도 어려운 것을 1000번이나 했다니 놀랍다.

미국 사우스캐롤라이나 힐튼헤드 아일랜드에 사는 당시 95세의 레오 루켄은 집 근처 팔메토 듄스 오션프런트 리조트골프장에서 92타를 쳤다. 보도에 따르면 그는

95세라고 믿기지 않을 만큼 건강한 데다 핸디캡 21을 유지할 만큼 출중한 골프 기량을 갖추었다. 놀라운 것은 그가 이 리조트의 골프코스를 일주일에 3번씩 라운드를 하며, 3번 중 2번 정도는 에이지 슛을 기록했다는 것이다.

그는 45세 때까지 골프를 모르고 지내다 뒤늦게 골프에 재미를 붙였는데 71세 때 68타를 친 것을 시작으로 에이지 슛 행진을 이어왔다고 한다.

텍사스에 사는 프랭크 베일리와 미네소타 주에 사는 에디슨 스미스가 71세부터 98세까지 무려 2,623차례나 에이지 슛을 날리며 경쟁을 벌였는데 프랭크 베일리가 먼저 세상을 떠나면서 2006년부터는 에디슨 혼자 이 기록을 갈아치웠다고 한다.

최연소 에이지 슈터는 미국의 클럽프로인 밥 해밀턴으로 1975년 59세에 59타를 쳤는데 이 기록은 아직 깨지지 않고 있다.

최고령 에이지 슛은 1972년 캐나다 빅토리아 업랜즈GC에서 아서 톰프슨이 103세에 103타를 기록한 것이다.

석유재벌 존 D. 록펠러는 60세 이후 38년 여생을 골프를 하며 살았는데 그는 날씨에 상관없이 코스에 나가고 영화촬영기사까지 동원해 스윙을 교정하는 열정을 보인 것으로 유명하다.

록펠러가 만년에 골프에 매달린 것은 100세에 100타를 치는 에이지 슈터가 되겠다는 꿈을 갖고 있었기 때문인데 불행히도 98세에 세상을 떠나 이 꿈은 이루지 못했다.

고 구자경 LG그룹 명예회장도 2008년 11월 84세의 나이에 곤지암CC에서 84타를 쳐서 생애 처음이자 마지막 에이지 슛 기록을 남겼다.

볼이 결정된 대로 하라

골프의 본향 세인트앤드루스 부근의 시골 마을에 있는 비숍셔 골프클럽은 1903년 설립된 전장 4,360야드로, 9홀인데도 파는 63이다. 마을의 유지들이 처음 만들었을 때의 모습을 고스란히 유지하고 있는 곳으로 유명하다.

1917년 이 마을에서 일어난 일이다. 아이슬란드에서 이주해온 한 사나이가 라운드 중 짧은 퍼팅을 실패하고 잔디를 발로 걷어차 그린에 상처가 생겼다. 사나이는 상처 난 잔디를 원상회복 시키지 않고 그린을 떠났다. 우연히 근처를 지나던 사제가 이를 목격하고 한 골프클럽 회원에게 알렸다.

이 사실을 전해 들은 골프클럽 회원들은 긴급회의를 열고 그를 처벌키로 결정했다. 당시 회의록에 기록된 한 회원의 발언 내용은 골퍼의 기본 매너를 명쾌하게 정의하고 있다.

'골퍼는 규칙을 엄격히 따라야 한다. 그 규칙은 자신이 플레이한 흔적을 조금도 남기지 말아야 하며 타인에게 폐를 끼쳐서는 안 된다는 것이다. 매너가 없는 자는 골프를 칠 자격이 없다. 골프에 심판이 없는 것도 플레이어가 신사 숙녀라고 단정하고 있기 때문이다. 신사 숙녀가 아니면 골퍼가 아니다.'

골프클럽 총회에서 만장일치로 제명이 결정되자 사나이는 그날 밤 소리 없이 마을을 떠났다고 한다.

미국 로스앤젤레스 교외에 대규모 골프장을 개발하던 한 부동산회사 사장이 시 주최 자선 골프대회에서 두 번의 보기를 파로 기록한 스코어카드를 제출했다. 경기가 끝난 뒤 동반자가 이의를 제기하자 "무심결에 그렇게 했다."고 변명했지만 그는 룰에 따라 실격 처리되었다.

이 소문이 퍼지면서 몇 주일이 지나 골프장 개발을 지원하던 은행이 융자 중단을 통보, 부동산회사는 도산하고 그도 행방불명되었다.

『완전한 골퍼(Perfect Golfer)』라는 명저를 남긴 영국의 헨리 뉴턴 웨더렛은 "자기에게 유리하게 행동하지 않고 어떤 상황에서도 볼이 있는 그대로의 상태에서 플레이하는 것이 골프의 기본 룰"이라며 부정 유혹을 받는 골퍼들에게 "볼이 결정된 대로 하라. 그러면 심판이 필요 없다. 심판 없이 양심에 따라 플레이하기 때문에 골프는 위대한 게임이다."라고 설파했다.

16세기 중엽 에든버러 대성당 앞 광장에 다음과 같은 내용의 벽보가 게시되었다.

'마부 T.E. 엘리엇은 골프를 치면서 친구의 볼을 발로 차 벙커에 빠뜨렸다. 이 행위가 옆 홀에서 플레이하던 한 사제의 눈에 띄었다. 엘리엇은 사과했지만 성직자회의는 그에게 1년간 광장을 청소하는 벌칙을 내렸다.'

주말골퍼들의 친선모임 또는 월례회 모임에서 첫 홀의 스코어를 '일파만파'(한 사람이라도 파를 하면 모두 파로 기록하는 것)나 '무파만파'(파를 한 사람이 없어도 모두 파로 기록하는 것)라는 세계에 유례없는 원칙을 적용하길 좋아하고 페어웨이나 벙커에서 디봇 자국이나 발자국에 볼이 놓여 있으면 적당히 옮겨놓는 것을 대수롭지 않게 여기는 이 땅의 골퍼들을 스코틀랜드의 사제가 보았다면 어떤 반응을 보일까 궁금하다.

골프를 잘하든 못하든 골프장에서의 부정행위나 비신사적 행동은 사망 선고임을 명심하자.

엔돌핀 솟는 라운드

골프장으로 향하는 골퍼들은 각양각색의 흥분을 맛본다. 골프를 시작한 지 얼마 안 되는 사람은 기량 향상을 확인하고 싶어 가슴이 뛴다. 구력 수십 년 된 사람도 라운드 당일 소풍을 맞는 어린아이처럼 새벽잠을 설친다. 아마추어로서 이룰 것 다 이룬 고수 골퍼도 또 다른 골프의 신천지에 대한 환상을 꿈꾼다. 만족한 라운드의 기억이 별로 없는 사람은 라운드 걱정에 어깨가 무겁다.

모두가 기대와 희망을 품고 골프장으로 달려가지만 누구는 행복을 맛보고 누구는 불행의 늪에 빠진다. 아마추어 골퍼들이 갖고 있는 오해 중 가장 대표적인 것이 골프의 즐거움이 기량에 좌우된다는 생각이다.

골프의 즐거움은 결코 기량과 비례하지 않는다. 뛰어난 기량이 상대적 우월감을 안겨줄 수는 있지만 스스로 자족할 수 있는 즐거움을 보장해주지 않는다.

골프란 나이에 따라, 성별에 따라, 신체조건에 따라, 구력에 따라, 골프에 대한 호불호의 정도에 따라, 골프의 특성을 받아들이는 자세에 따라 즐거움의 기준과 척도가 다르기 때문이다.

고수와 라운드할 때 동반자가 보기엔 좋은 스코어를 냈음에도 오히려 불만에 휩싸여 얼굴이 굳어지는 경우를 자주 경험한다. 자신이 원하는 스코어, 자신이 바라는 샷이 나오지 않을 때는 물론 자신의 눈에 거슬리는 동반자들의 행태에 쉬 마음이 상하곤 한다.

반대로 기량도 시원치 않고 스코어도 형편없는데도 몇 번의 굿샷과 행운만으로 즐거움을 맛보며 행복해하는 골퍼들도 있다.

라운드가 안기는 즐거움이나 행복감은 전적으로 라운드에 임하는 자신의 마음가짐에 의해 좌우된다.

가령 동반자 중의 누가 멋진 티샷을 날리거나 기막힌 버디 퍼팅을 성공했다고 하자. 이때 자신이 어떤 반응을 보이는가가 라운드의 기쁨을 결정한다.

진심에서 우러난 축하를 하고 박수를 치면 상대방은 물론 자신도 행복해진다. 반대로 입으로는 "굿샷!"이라고 외치면서도 속으로는 '두고 보자, 세컨 샷 미스하겠지' '소가 뒷걸음질 치다 쥐를 잡은 꼴이군'하며 심기가 불편해지면 자신의 기분도 저하되고 뭔가 보여줘야겠다는 욕심에 미스샷을 내기 쉽다. 입과 마음의 불일치가 라운드 전체를 흩으려 놓는다.

골프메이트 중에 싱글 패 만들어주겠다는 자세로 라운드하는 친구가 있다. 그는 입버릇처럼 "오늘 누군가에게 싱글 패 만들어드릴 기회 생기면 좋겠다"고 말한다.

라운드 중반쯤 스코어카드를 훑어보곤 가능성이 있는 동반자가 보이면 그 동반자를 위해 치밀한 배려작전을 펼친다. 생애 처음 경험하는 좋은 성적에 그 동반자는 흥분에 싸여 있고 겉으로 드러내진 않지만 싱글 스코어 기록의 열망에 들떠있기 마련이다.

이럴 때 그 친구는 동반자가 지나치게 기록에 매달리는 것을 막기 위해 농담을 하며 분위기를 식힌다. 그리고 동반자가 스코어카드를 보지 못하도록 캐디에게 슬며시

카드를 접어두라고 부탁한다.

그러면서도 동반자가 플레이하는 상황을 주시하며 위험을 알려주고 조언을 해주기도 한다. 자신의 경기는 뒷전으로 접어두고 동반자가 과욕을 부리거나 포기하지 않도록 분위기를 만들어간다.

그 친구의 '싱글 패 만들어주기 작전' 성공률은 매우 높은 편이다. 당사자는 모르지만 친구의 세심한 배려가 만든 결과다. 동반자 모두 라운드 만족감이 높아질 수밖에 없다.

미국 플로리다 템파베이에서 있었던 일이다. 티베트의 한 비구가 여행 중 사고로 장(腸)이 파열되어 수술을 받아야 하는 상황에 처했다. 그런데 응급실에 실려간 이 비구는 수술 전에 필요한 마취를 거부했다. 술이나 마약, 약물 등 심신을 취하게 하는 물질을 취해서는 안 된다는 붓다의 계율에 어긋난다는 이유에서였다.

담당의사는 비구의 고집을 꺾을 수 없어 결국 마취 없이 수술에 들어갔다. 놀랍게도 비구는 여섯 시간 동안 생살을 찢는 수술 중 한 번도 아프다는 소리를 지르지 않았다. 수술 후 집도의가 궁금해서 물었더니 비구는 수술 중 전혀 통증을 느끼지 않았다고 말했다.

수술을 집도한 의사들은 놀라지 않을 수 없었다. 수많은 수술을 했던 의사들로서는 처음 경험한 일이었다.

의사들은 이 비구의 혈액을 뽑아 정밀검사를 했는데 피 속에서 처음 보는 이상한 물질이 검출되었다.

훗날의 연구 결과 이 물질은 마음이 고도로 안정돼 있거나 명상하는 사람들에게서 생성되는 물질임이 밝혀졌다. 이 사건을 계기로 마취나 마약 분야 등 의학계에서 연구가 진행되었고 이 물질은 엔돌핀(endorphine)이라고 명명되었다.

엔도(endo)는 내부(內部)라는 뜻의 라틴어이고 올핀(orphine)은 몰핀(morphine)에서 따온 말이다. 엔돌핀은 체내에서 생성되는 몰핀이라는 뜻이다.

사람의 몸은 마음 작용에 따라 특이한 물질을 만들어 내는 능력을 지니고 있음이 입증된 것이다. 엔돌핀은 마약물질인 몰핀보다 진정효과가 200배나 높은, 중독성 없는 천연 진통제다.

엔돌핀은 마음이 환희에 차고 즐거우면 많이 생성되지만 우울하거나 불쾌하면 엔돌핀과 정반대 효과를 내는 아드레날린이 생성된다.

놀라운 것은 엔돌핀보다 더 효과가 뛰어난

다이놀핀(dynorphin)이란 물질이다. 2003년 발견된 이 호르몬은 암 치료나 통증 해소 효과가 엔돌핀의 4000배나 되는 것으로 알려졌다.

엔돌핀은 고도의 정신집중상태나 즐거운 상태에서 생성되는 것이라면 다이놀핀은 마음이 감동을 받을 때 생성된다.

좋은 음악을 들을 때, 아름다운 풍경을 접할 때, 새로운 깨달음을 얻었을 때, 깊은 사랑에 빠졌을 때, 간절히 원하는 목표를 성취했을 때, 곤경에서 구원의 손길을 받았을 때, 마음속 깊이 환희심이 용솟음칠 때 다이놀핀이 왕성하게 생성되는 것으로 밝혀졌다.

앞서 예로 든 골프메이트의 '싱글 패 만들어주기'는 스스로는 물론 동반자 모두에게 엔돌핀과 다이놀핀을 솟구치게 하는 효과를 발휘한 것이다.

자신의 경기에 집중하면서도 동반자들을 배려하며 감동을 주고받는 라운드야말로 엔돌핀과 다이놀핀이 솟는 라운드가 아니겠는가.

나는 어떤 유형의 골퍼일까?

스윙은 지문과 같아서 사람마다 다 다르다고 한다. 골프의 초심자나 선수 수준의 기량을 꿈꾸는 사람들이 이상적인 스윙을 가진 선수를 모델로 삼아 연습에 몰두하지만 비슷할지는 몰라도 결코 같은 스윙을 터득할 수는 없다. 사람마다 타고난 성정과 신체조건, 운동습관, 성장배경 등이 같지 않기 때문이다. 한마디로 카르마(Karma·業)가 다르기 때문이다.

스윙만이 아니라 골프를 하는 유형도 천차만별이다. 비슷한 연령대에 같은 레슨프로의 지도를 받으며 연습을 했어도 실제 라운드에서는 차이가 난다. 초기엔 비슷하게 보여도 라운드 횟수가 늘어나면서 제각기 갈 길을 간다. 마치

타고난 운명을 뿌리치지 못하듯.

초보 시절엔 토끼형 아니면 사슴형 골퍼가 대부분이다. 자신이 약자임을 너무 잘 알고 있기에 남의 눈치를 본다. 자연히 겁이 많고 지나칠 정도로 조심한다. 자신 뜻대로 플레이한다는 것은 감히 생각도 못 한다. 그러다 보니 과감한 시도나 모험을 피하고 가장 안전한 루트를 택한다. 소심한 골프를 하는 단계다.

대부분은 구력이 늘어나면서 토끼형, 사슴형 골퍼에서 벗어나지만 초보시절 심하게 주눅 들다 보면 그것이 카르마가 되어 평생 조심하며 안전 위주로 골프를 하는 경우도 있다.

골프를 좀 알겠다는 생각이 들 무렵 하룻강아지 골퍼가 되기 쉽다. 비슷한 시기 함께 골프를 배운 동료들에 비해 자신의 기량이 뛰어남을 실감하면 무서운 게 보이지 않는다. 골프가 만만하게 보이고 누구든 혼낼 수 있을 것 같은 착각에 빠진다. 조금만 더 연습하면 무림의 검객이 고수들을 꺾어나가듯 선배 고수들을 굴복시킬 것 같은 기분이 든다. 하룻강아지 범 무서운 줄 모르듯 눈에 뵈는 게 없는 시기다.

그러다 진짜 강자를 만나 된통 혼이 나면 깨갱깨갱하며 꽁무니를 내리고 비굴한 모습으로 돌아가기 마련이다.

승부욕이 강하면서 다혈질의 성격을 가진 경우 멧돼지형 골퍼가 될 가능성이 높다. 일단 내지르고 보는 스타일이다. 타협이나 자제와는 거리가 멀다. '맞짱 뜨자'는 기분으로 식식거리며 달려든다. 저돌적(猪突的)이란 말이 딱 어울리는 골퍼다. 이 경우 라운드 후 맛보는 감정은 극과 극이다. 저돌적으로 밀어붙여 성공하면 내 세상인 것처럼 환호작약하지만 고수의 예리한 공격과 방어에 무릎을 꿇고 나면 하늘이 무너지는 치욕을 맛본다.

그러나 이 경우 와신상담(臥薪嘗膽)하며 복수의 날을 기약하기에 발전 가능성은 안고 있다는 장점이 있다.

치타형 골퍼는 눈앞의 승리에 급급해 서두르는 경향이 있다. 전반에 잘 나가면 이참에 끝장을 낼 것인 양 가쁜 호흡으로 질주한다. 18홀을 돌아야 하는데 9홀로 끝낼 기세다. 이 바람에 전반에 에너지를 소모하곤 후반엔 체력도 정신력도 고갈되어 스스로 주저앉고 만다. 아프리카 초원의 치타가 시속 100km 가까운 속도로 달릴 수 있지만 10분

이상 추격이 어렵듯 단칼에 승부를 결정지으려는 골퍼는 18홀을 돌아야 하는 긴 레이스에서는 불리할 수밖에 없다.

골퍼의 이상형은 먹이사슬의 최상위를 점령하고 있는 맹수를 닮은 골퍼다. 사자나 호랑이는 최상위 포식자지만 결코 자만에 빠지지 않는다. 아무리 약한 먹이라 해도 함부로 덤비지 않는다. 장시간 달릴 수 없는 약점을 알고 먹이가 눈치채지 못하게 최대한 가까이 접근한 뒤 적절한 기회를 노려 먹이를 공격한다. 악어 역시 최상위 포식동물이지만 먹이를 구하기 위해 물 속에서 때를 기다리는 무서운 인내심을 발휘한다.

그린 위의 홀을 노리는 골퍼들에게 필요한 자세는 바로 최상위 포식동물이 먹이를 사냥할 때의 그것과 같다.

맹수형 골퍼는 자만에 빠지지 않고 아무리 쉬운 코스나 상대라도 겸손한 자세로 임한다. 조심하면서 결정적일 때 결단을 내리고 집중할 줄 안다. 상황의 변화에 혼란을 겪지 않고 냉정하다.

양보의 미덕도 있다. 굶주린 하이에나나 들개가 애써 사냥해놓은 먹이에 덤벼들면 먹이를 내주기도 하듯 어느 홀의 패배를 달게 받아들인다. 골퍼라면 누구나 경외심을 갖지 않을 수 없는 골퍼의 전형이다.

가장 두려운 상대는 늑대형, 하이에나형 골퍼다. 늑대나 하이에나는 최상위 맹수와의 대결에서 이길 확률은 거의 없지만 맹수의 약점을 파고들 줄 알고 무엇보다 무리를 지어 전략적으로 공략할 줄 아는 장점을 갖고 있다. 아프리카 초원의 사자나 표범, 치타 등의 맹수도 굶주린 하이에나나 들개가 떼를 지어 몰려들면 대결을 피하고 못 이긴 척 먹이를 내어준다.

맹수형 골퍼도 늑대형 골퍼를 함부로 대하지 못한다. 실패에서 교훈을 얻어 언젠가 반격의 기회를 찾을 것이므로 가끔 승부를 양보도 하는 것이다.

나는 과연 어떤 형의 골퍼일까.

처음이자 마지막

대부분의 골퍼들이 18홀을 돌고 나서 9홀 혹은 18홀을 더 돌았으면 하는 아쉬움이 남는다. 초반에 몸이 덜 풀려 스코어가 시원치 않았다가 후반에 접어들어 리듬을 찾고 몸도 풀려 볼이 제대로 맞았다는 뜻인데 그만큼 집중도가 떨어진 골프를 했다는 증거이기도 하다.

정말로 모든 샷마다 혼신을 다해 라운드했다면 18홀을 마친 뒤 그렇게 민숭민숭할 까닭이 없다. 게임에 몰입해 18홀을 마칠 때까지 최선을 다했다면 날씨와 관계없이 등에 진한 땀이 배고 마지막 홀에서 장갑을 벗으면 절로 '이제야 끝났구나!'하는 안도의 숨을 내뱉게 된다. 이래야 정상이다.

18홀을 돌고도 미련이 남는다면 그것은 힘이 남아서가

아니라 골프에 몰입하지 못하고 건성으로 라운드했다는 증거다.

무엇엔가 집중하기란 쉽지 않다. 미국의 한 심리학 교수는 항공 관제사나 비행기 조종사를 대상으로 집중에 대한 실험을 한 결과 고도의 정신집중을 요하는 사람들도 업무와 무관한 예상치 못한 물체가 시야에 나타나면 순간적으로 시선이 물체를 따라가 집중이 무너진다는 사실을 밝혀낸 바 있다.

이 실험에서 항공관제사와 조종사에게 컴퓨터 스크린의 도형과 문자 등을 유심히 관찰하도록 한 뒤 예정에 없는 도형 등을 순간적으로 제시한 결과 대상자의 절반 이상이 임무와 관계없는 도형이 갑자기 나타났을 때 시선을 그 물체에 빼앗겼다. 그리고 이들 대부분은 자신이 그 물체에 한눈을 팔았다는 사실조차 인식하지 못하는 것으로 나타났다.

정신을 집중해 일하고 있는 동안에도 업무와 관계없는 것에 시선을 돌린다는 실험 결과는 몰입이나 집중이 얼마나 어려운가를 보여준다.

매는 한 마리의 토끼나 들쥐를 잡기 위해 3~5시간을 들판 위 상공을 비행하는 끈기를 갖고 있다. 변변찮은 먹잇감이지만 매는 상공에서 한순간도 한눈팔지 않고 들판에서 일어나는 모든 움직임을 살피고 있다가 먹잇감이 모습을 드러내는 순간 내리꽂듯 수직 강하, 순식간에 먹이를 발톱으로 움켜쥐고 날아오른다.

굶주린 늑대 역시 장시간 먹이를 추격하지만 한순간도 먹이에서 눈을 떼지 않고 집중하다 결정적인 순간을 맞으면 혼신을 다해 먹이에 달려든다. 매나 늑대의 집중력은 바로 골퍼에게 절실히 필요한 것이다.

두 번 다시 같은 샷을 날릴 수 없다. 우승을 목전에 둔 결정적인 순간에 어처구니없는 미스샷으로 기회를 놓친 프로들이 "다시 한번 그 샷을 할 수 있다면?"하고 아쉬워하지만 그런 기회는 결코 오지 않는다. 흘러간 물에 두 번 다시 손을 씻을 수 없듯 온갖 상황에서 맞는 모든 샷은 처음이자 마지막이다.

특정 골프코스에서 자주 라운드하는 골퍼들조차 평생 같은 샷을 날릴 수는 없다. 단지 비슷할 뿐이다.

우선 오늘의 내가 1년 전, 한 달 전의 내가 아니다. 우리 육체는 끊임없이 생물학적 변화를 하고 있고 내 마음도 종잡을 수 없이 변한다. 코스의 조건도 계절, 기후, 시간의 변화에 따라 변한다. 동반자도 바뀐다. 같은 동반자라도 그 역시 변화 중이다. 골프의 감각 또한 그때그때 다른 것은 물론이다. 근육의 기억도 쇠를 갉아 먹는 녹처럼 시간의 흐름에 따라 마모된다.

지금 내 발 앞에 놓인 볼은 계속 쳐온 볼이 아니라 지금 이 순간에 내가 날릴 수 있는 유일한 볼이다. 내 앞의 볼은 두 번 다시 되풀이할 수 없는 유일무이한 샷을 기다리고 있다.

이렇게 생각하면 볼을 앞에 둔 이 순간이 얼마나 귀하고 엄숙한 순간인가 절감할 수 있을 것이다. 어떻게 처음이자 마지막이 될 샷을 대강 허투루 칠 수 있겠는가. 두 번 다시 되풀이할 수 없는 샷을, 후회하지 않을 샷을 날리기 위해서는 치밀하면서도 전체를 꿰뚫어 보는 통찰력, 과감한 결단력 그리고 소금이 물에 녹아 하나가 되듯 자신을 상황과 일치시키는 고도의 집중이 필수적이다.

이런 과정은 샷을 날려야 하는 모든 순간 되풀이되어야 한다. 80대 타수를 치는 골퍼라면 한 라운드에서 80여 차례 이런 과정을 겪어야 한다는 얘기다. 이런 식으로 라운드를 마치고 나면 정신과 육체는 녹초가 될 수밖에 없다. 정신과 육체를 소진한 뒤 장갑을 벗으며 동반자들과 악수를 나누는 순간이 감격스럽지 않을 수 없다.

내 앞에 놓인 볼이 어떤 악조건에 처해 있다 해도 최선을 다해 플레이할 가치가 있지 않은가. 아무리 고달픈 삶이라도 살아갈 가치가 있듯.

뗏목에 매달린 골퍼

●

반복되는 긍정과 부정의 논리로 철저한 무집착과 무소유의 공(空)사상을 설파하고 있는 금강경은 '강을 건넌 다음에는 뗏목을 버려야 한다. 강을 건넌 뒤에도 뗏목을 메고 다니는 것은 어리석은 일이다.'라고 가르치고 있다.

선 수행자들은 특별한 문자관(文字觀)을 갖고 있다. 경전이나 스승을 통해 가르침을 받을 때는 언어와 문자가 필요하지만 완전한 깨달음의 세계에 이르면 언어와 문자를 초월한다고 믿고 있다. 깨달음의 세계에 이르기까지 언어와 문자의 도움을 얻지만 깨달음의 세계 자체는 언어나 문자로써 표현할 수 없다는 것이다. 이것은 마치 사람이 고기를 잡고 나서 통발을 잊고, 토끼를 잡고 올가미를 잊는 것과 같다.

골프와 관련된 수많은 지침과 교훈들, 교과서적인 가르침들도 일정 수준에 도달하면 버려야 한다. 곧이곧대로 배운 대로만 하다간 진정한 깨우침을 얻을 수 없고 더 높은 경지로 나아갈 수 없다. 골프책에 쓰인 가르침이란 게 필드에서 생길 수 있는 모든 상황을 담고 있는 것은 아니기 때문이다.

고수에게 철칙은 없다. 이럴 땐 이게 맞고, 저럴 땐 저게 맞다. 이것만이 절대적이라는 인식은 절대 금물이다. 일정 수준에 이를 때까지 골프 레슨서가 필요하고 개인지도도 필요하다. 그러나 일정 수준을 넘어섰으면 거기에 이르기까지 사용된 것들을 버리고 내게 맞는 '나만의 골프문법(文法)'을 스스로 만들어내야 한다.

바둑처럼 매번 다른 상황이 펼쳐지는 골프야말로 상황변화에 따른 임기응변에 능해야 하는데 임기응변이란 철칙에 매달려서는 나오지 않는다. 철칙이란 기본이긴 하지만 전부는 아니다.

위기를 극복한 기막힌 샷은 그때의 위기상황에서만 필요한 것이다. 다른 홀에서 또다시 기막힌 샷을 생각하고 시도하다간 영락없이 실패하고 만다.

진흙탕 길을 건너는 데 장화가 필요하지만 마른 땅에서는 오히려 불편하다. 언젠가 다시 진흙탕 길이 나타날 것을 겁내 계속 장화를 신고 다니는 것은 어리석다.

『장자(莊子)』에도 고기 잡는 틀과 토끼 잡는 틀에 대한 이야기가 있다. '고기 잡는 틀은 고기를 잡기 위한 것, 고기를 잡았으면 틀은 잊어버려야 한다. 토끼 잡는 틀은 토끼를 잡기 위한 것, 토끼를 잡았으면 틀은 잊어버려야 한다. 말은 의미를 위해 존재하는 것, 일단 의미를 파악했으면 잊어버려야 한다.'고 가르친다.

골프에서 모든 샷은 바로 그때 그 상황에서 필요했던 것, 상황이 달라지면 지난 샷을 잊어버려야 한다. 지금 가장 중요한 것은 지금 이 순간에 맞는 샷을 창조하는 것이다.

어느 한 홀에서의 미스샷은 뒤이은 샷은 물론 다음 홀의 플레이에도 영향을 미친다. 한두 홀에 영향을 주는 것으로 그친다면 다행이지만 불행히도 어느 한 홀에서의 결정적인 미스샷은 그날의 라운드 전체를 망치게 하는 경우가 많다.

왜일까. 지난 실수에 대한 자책과 실수를 만회하려는 과욕 때문이다. 실수를 인정하고 털어버리면 그만일 것을 머릿속에 실수의 순간을 고스란히 담은 채 다음 샷에 임하니 바로 직전의 미스샷의 기억에서 벗어날 수가 없다.

그 홀에서는 물론 이어지는 모든 홀에서 샷 할 때마다 나쁜 기억이 망령처럼 되살아난다. 두 번 다시 그런 실수는 않겠다는 다짐과 어떻게 해서라도 기막힌 샷을 날려 실수를 만회하겠다는 과욕으로 몸이 경직되고 마음도 여유를 잃어버린다. 자연히 평소의 리듬대로 자연스런 플레이를 할 수 없게 된다.

그런데 지난 홀의 실수가 다음 홀의 플레이에 영향을 미치는 경우는 많아도 지난 라운드가 다음 라운드에 영향을 미치는 경우는 드물다.

몇 홀의 실수로 그날의 라운드를 망쳤다 해서 그 다음 라운드까지 망치지는 않는다. 지난 라운드에서의 미스샷을 보완하고 부족한 것을 보충해 새로운 각오로 새 라운드를 맞기 때문이다.

인간은 망각의 동물이다. 1~2주 정도의 갭은 미스샷의 기억을 잊기에 충분한 기간이다. 특히 나쁜 일보다는 좋은 일을 오래 기억하는 인간의 습성으로 볼 때 상당히 설득력이 있다.

그렇다면 매 홀을 라운드로 생각하면 어떨까.

무슨 뜻인가 하면 미스샷이 생겼으면 죽이 되든 밥이 되든 그 홀에서 끝내고 다음 홀로는 지고 가지 말자는 것이다. 한 홀을 한 라운드로 받아들이면 어느 홀에서 일어난 모든 것을 잊어버리고 전혀 새로운 마음가짐으로 다음 홀을 맞이할 수 있지 않을까.

도마뱀이 위기에 처했을 때 꼬리를 잘라버리고 달아나듯 미스샷의 나쁜 기억을 잘라버리고 새로운 홀을 맞자는 뜻이다.

불경도 뗏목을 타고 강을 건넜으면 뗏목을 버리라고 가르친다. 강이 아닌 땅을 걷는데 뗏목을 끌고 간다면 얼마나 어리석은가.

지난 홀의 미스샷의 기억을 안고 다음 홀로 가는 것은 강을 건넜는데도 뗏목을 짊어지고 가는 것이나 다름없다.

뗏목을 타고 강을 건넜으면 뗏목을 강가에 놓아두고 홀가분하게 걸으면 된다. 마찬가지로 악몽 같은 홀을 지나왔으면 지난 악몽은 지난 샷 지난 홀에 묻어버리고 새로운 샷 새로운 홀에 임하면 미스샷의 망령으로부터 자유로울 수 있지 않겠는가.

이 경우 망각하고 버려야 할 것은 미스샷만은 아니다. 멋진 샷에 이은 멋진 결과 또한 같은 행운을 되풀이하겠다는 과욕을 불러일으켜 마음과 근육을 경직시킨다.

미스샷이든 굿샷이든 지난 것은 무조건 잊는 버릇을 가져보자.

깃털 같은 무게

무게가 똑같은 물질을 저울에 올려놓으면 막대는 정확히 수평을 유지한다. 그러나 어느 한쪽에 가벼운 깃털을 얹어 놓으면 막대는 깃털 있는 쪽으로 기운다. 깃털처럼 가벼운 것이라도 균형은 깨진다.

골프에서도 깃털처럼 사소해 뵈는 동작이나 욕심이 골프의 질을 결정한다.

누구나 빈 스윙은 멋지게 해낼 수 있다. 웬만한 초보가 아니라면 볼이 놓여 있지 않은 상태에서는 프로선수를 닮은 빈 스윙은 만들어낼 수 있다. 그러나 실제로 볼을 쳐내야 할 상황에서의 스윙은 완전히 달라진다. 그래서 골퍼라면 누구나 두 종류의 스윙을 갖고 있다고 한다. 연습 스윙과 실제 스윙.

연습 스윙과 실제 스윙이 다른 것은 욕심 탓이다.

볼이 없는 상태나 볼 뒤로 물러나 휘두르는 연습 스윙은 욕심이 끼어들지 않는다. 지금 휘두르는 스윙이 실제로 볼을 쳐내는 동작이 아닌 말 그대로 연습 스윙이기 때문이다. 이때는 배운 대로, 익힌 대로 부드러운 스윙이 가능하다.

그러나 볼을 쳐내야 하는 실제 스윙 단계로 접어들면 사정은 180도 달라진다. 생각으로는 겸손하게, 힘을 빼고, 부드럽게, 연습 스윙하듯, 볼이 없다고 생각하고 스윙하자고 다짐하지만 어드레스 자세에서 테이크백이 이뤄지는 순간 이런 생각은 흔적없이 사라진다. 머리와 근육은 오직 한 곳에 꽂힌다. 힘껏 멀리 볼을 쳐내자는 욕심이다.

이른바 싱글 스코어를 내는 고수들은 연습 스윙과 실제 스윙의 괴리를 너무나 잘 알고 있기에 실제 스윙을 연습 스윙처럼 하기 위해 상상을 뛰어넘는 노력을 기울인다. 프로선수들도 연습 스윙과 실제 스윙이 완전히 일치하지는 않는다. 상황에 따라 욕심이나 자만심이 끼어들면서 실제 스윙이 연습 스윙과 달라지는 바람에 본의 아니게 미스샷이 만들어진다.

볼을 '힘껏 멀리' 쳐내겠다는 생각이 털끝만큼이라도 끼어들면 필경 스윙에 억지가 끼어들게 돼 있다. '힘껏 멀리' 쳐내기 위한 동작은 자연스럽게 '임팩트는 강하게, 헤드 스피드는 빠르게'를 떠올리게 만든다. 클럽 헤드가 볼을 지나칠 때 어떻게 강한 임팩트를 줄 것인가, 헤드 스피드를 어떻게 극대화할 것인가가 머리를 지배한다.

가벼운 깃털이 저울을 기울게 하듯, 임팩트를 강하게 하고 헤드 스피드를 높이겠다는 이 한 생각이 스윙 축을 무너뜨리고 스윙에 옹이를 만들어낸다.

이런 생각이 일어날 때 생길 수 있는 현상을 구체적으로 짚어보자. 우선 백스윙이 제대로 이뤄지지 않는다. 볼을 힘껏 쳐내야겠다는 생각이 앞서 백스윙이 완성되기도 전에 가격 동작으로 전환된다. 스윙 아크는 작아진다. 몸통의 회전도 완전히 이뤄지지 않는다. 어깨나 팔, 손목, 하체는 미세한 경직이 일어나고 부자연스런 뒤틀림이 생긴다. 자연히 스윙의 궤도가 뒤틀린다. 방향도 거리도 내 뜻과 멀어질 수밖에 없다. 욕심이 끼어드는 순간 옹이 없는 스윙, 걸림 없는 스윙은 사라진다.

유럽 프로축구 리그의 유명 선수들 슛 동작을 보면 보통 선수들과의 차이를 알 수 있다. 그들은 슛 기회가 오면 예비 동작 없이 순간적인 판단으로 거의 즉흥적인 움직임을 보이는 데 반해 한 수 아래 선수들은 강하게 차겠다는 욕심에 발을 뒤로 빼거나 몸이 예비 반응을 보이는 버릇이 있다. 이 때문에 슛 타임을 빼앗기거나 실축하고 만다.

깃털처럼 가벼운 욕심조차 끼어들 수 없는, 연습 스윙 같은 실제 스윙을 터득한다는 것은 쉽지 않다. 구력 30년이 지난 나도 이제 겨우 그 의미를 깨닫고 익숙해지도록 노력하고 있다. 욕심을 제거했을 때 더욱 힘찬 스윙이 가능하다는 사실을 깨닫기는 더욱 어렵다.

골프는
동양화다!

골프는 그림에 비유하면 동양화다. 그중에서도 수묵화 또는 서예다.

서양화는 여백 없이 화폭 전체가 색으로 채워진다.

반면 동양화는 여백이 많다. 산수화는 그런대로 여백이 적은 편이지만 사군자 그림은 여백이 절반을 넘는다. 동양화의 묘미와 깊이는 바로 이 여백에 있다.

동양화, 특히 수묵화와 서예는 덧칠이 허용되지 않는다. 서양화는 구도나 색이 마음에 들지 않으면 덧칠을 통해 같은 화폭 위에 다시 그릴 수 있지만 수묵화와 서예에선 한 획이라도 잘못 그어지면 파지를 내고 새 화선지를 펼쳐야 한다.

여백이 많으면서 덧칠이 허용되지 않는 동양화는 골프의 속성과 너무나 닮았다.

골프에는 틈이 너무 많다. 한 번 라운드하는 데 걸리는 시간을 대략 4시간 정도로 잡으면 실제로 샷하는 데 소요되는 시간은 얼마나 될까.

개인의 스윙 템포나 성격에 따라 차이가 있겠지만 보통 샷을 한 번 날리는 데 3초 정도 걸린다고 보면 된다. 80타를 치는 골퍼라면 240초, 즉 4시간 걸리는 라운드에서 스윙에 소모하는 시간은 기껏 4분 정도가 고작이다.

나머지 3시간 56분이 틈인 셈이다. 어드레스를 하기 위한 예비 동작, 샷을 한 뒤 담소하며 이동하고 다음 샷을 준비하는 데 걸리는 이 시간이 바로 골프의 틈이다.

빈틈이 너무 많다는 점은 골프가 다른 스포츠와 구별되는 특징 중의 하나이기도 하다.

상대를 두고 벌이는 스포츠는 거의 틈이 없다. 복싱이나 레슬링, 태권도, 유도 같은 상대와 가깝게 밀착해 대결하는 스포츠는 경기 중 딴생각을 할 겨를 없이 거의 본능적으로 방어와 공격을 되풀이해야 한다.

농구나 배구 축구 등 구기 종목 역시 상대방과의 거리가 멀어졌다 가까워졌다 하지만 역시 딴생각을 할 틈이 없다. 쉴 새 없이 상대의 공격을 방어하며 상대의 허점을 찾아 공격하는 일이 이어진다.

구기 종목 중에 공수 교대를 하며 벤치에서 기다리거나 투수가 공을 던지는 준비를 하는 사이 등 비교적 많은 틈이 있는 야구는 골프와 속성이 비슷한 면이 있다.

직접 상대와 대치하지 않으면서도 기록으로 경쟁을 벌이는 양궁이나 사격은 골프와 거의 비슷하다. 실제로 활시위를 당기고 방아쇠를 당기는 데 걸리는 시간은 순간적이라 할 만큼 짧다. 경기에 소요되는 시간의 90% 이상을 호흡을 조절하며 마음을 가라앉히는 데 쓴다.

골프는 공간적 시간적으로 너무 틈이 많다. 골프는 바로 이 틈과 싸우는 스포츠다.

함께 플레이하는 동반자와의 거리도 티샷이나 퍼팅을 하는 것 외에는 항상 멀리 떨어져 있게 마련이며 플레이를 펼쳐나가야 할 공간 역시 길고도 넓다. 여기에 골프의 핵심이라고 할 샷과 샷 사이에 시간적 공간이 너무 많다.

바로 이 공간적 시간적 틈에 온갖 생각이 끼어들어 골퍼를 괴롭힌다. 매 순간 변하는 동반자와의 틈과 샷과 샷 사이의 틈이 골프를 지배한다고 해도 과언이 아니다.

지난 홀의 아쉬움과 실망감, 멋진 샷을 날린 뒤 똑같은 샷을 날리고 싶은 욕심, 라운드 중인 동반자 개개인에 대한 호·불호의 감정, 동반자의 플레이에 따른 마음의 흔들림, 언제 튀어나올지 모르는 나쁜 징크스 등 여름 하늘에 뭉게구름 피어오르듯 온갖 상념이 바로 이 틈에서 피어난다.

아무리 골프기술이 뛰어나다 하더라도 이 빈틈을 다스릴 줄 모르면 골프를 제대로 즐길 수 없다. 빈틈에 비바람 눈보라가 몰아치고 천둥 번개가 치면 샷도 망가진다. 반대로 바람 한 점 없는 수면처럼 평온하면 평소 익힌 기량을 충분히 발휘할 수 있다.

프로의 세계에서도 완벽한 기량으로 게임을 이끌어가던 골퍼가 어느 한순간 마음의 격랑에 휘말려 추락하는 일이 비일비재한데 주말골퍼들이 얼마나 이 틈 때문에 고통을 겪겠는가.

골프가 영원히 정복할 수 없는 스포츠로 인식되는 것도 바로 이 빈틈을 다스리는 일이 그만큼 지난함을 말해주는 것이 아닐까.

수묵화에서 덧칠을 할 수 없듯 골프에서도 '지금 이곳'에서

할 수 있는 샷은 단 한 번뿐이다. 엄격하게 골프 룰이 적용되는 라운드라면 이미 날린 샷은 지울 수도 다시 할 수도 없다.

골퍼가 날리는 모든 샷은 두 번 다시 날릴 수 없는 '처음이자 마지막'이다. 골프의 매혹에 빠진 많은 사람들이 골프장을 찾아 땀을 흘리는 것도 처음이자 마지막인 샷을 성공적으로 만들어내기 위한 열정 때문이다.

마치 마음에 흡족한 수묵화나 서예작품을 탄생시키기 위해 열심히 벼루를 갈며 필력을 기르는 화가나 서예가들처럼.

"아직 홀이 남았다 전해라"

혹한이 기승을 부리던 어느 날 썰렁한 동네 골프연습장에 한 낯선 어르신이 나타났다.

독일제 고급승용차를 타고 운전기사의 안내로 연습장에 들어선 어르신은 혼잣말로 "라운드 약속이 잡혔으니 추워도 연습은 해둬야지."하며 골프 백에서 주섬주섬 장갑을 꺼냈다.

얼핏 80은 훌쩍 넘어 보였으나 지팡이의 도움 없이 균형 있게 걸음을 걸었고 허리도 굽지 않았다. 얼굴에 주름도 별로 없어 부유한 노년을 보내고 있음을 느낄 수 있었다.

그때의 외부온도가 영하 10도 전후였던 것으로 기억되는데 어르신은 전기 히터 근처의 타석에 자리 잡았다. 가볍게 몸통을 좌우로 돌리고 허리를 앞으로 굽혔다 뒤로 제치는 운동을 한참 하더니 아이언클럽을 꺼내 아주 천천히 그리고 부드럽게 볼을 쳐냈다.

몸통 회전도 제대로 되고 백스윙의 높이도 어깨 위까지 올라갔다. 다만 스윙의 속도가 느려 볼은 그리 멀리 날아가는 편은 아니었다.

당시 주변에 대여섯 명이 연습하고 있었는데 어르신의 연습 모습을 지켜보곤 휴게실로 들어와 이구동성으로 "대단하신 어른이시네!"하며 눈을 크게 뜨고 지켜보았다.

"지금까진 우리 골프장에선 84세 어른이 최고 연장자였는데 이제 그 기록이 깨졌네요."

"정확히 연세가 얼마나 되는지 모르지만 아직 골프채를 휘두를 수 있다니 우리도 반성해야겠어요."

누군가 이 말을 내뱉자 어르신을 모시고 온 운전기사가 입을 열었다.

"제가 저 어르신의 비서 겸 운전기사인데요, 지금 96세 됩니다."

모두가 비명을 질렀다. 그리고 어르신에 대한 질문 공세가 이어졌다.

비서의 대답을 종합해보면 대충 이랬다.

어르신은 이북 출신으로 한국전쟁 때 피난 내려와

이런저런 사업으로 큰돈을 벌어 금융회사를 차려 성공적으로 경영해왔고 지금도 일주일에 한 번 정도 출근한다고 했다. 골프는 50세 넘어 시작했는데 마나님과 함께 광적으로 좋아해 일주일에 두세 번은 라운드했단다. 3년 전 마나님을 먼저 보내기 전까지만 해도 함께 라운드했단다. 라운드 파트너는 지금은 아들, 딸이나 손자, 손녀들이지만 3년 전만 해도 가족이 아닌 친구나 후배들과 라운드를 했는데 모두 죽거나 요양원으로 들어가는 바람에 별수 없이 가족들과 라운드한다고 했다.

어르신을 모신 지 20년이 다 되어간다는 비서는 최근 2~3년 사이 감기 한번 걸린 적이 없고 냉장고에 고기를 쌓아놓고 드실 정도로 육식을 엄청 좋아하신단다. 그런데도 혈압은 정상이고 콜레스테롤 수치 이상이나 당뇨병 같은 것도 없다고 하신다.

어르신이 연습을 멈추고 휴게실로 들어서자 한 지인이 입을 열었다.

"어르신 대단하십니다. 저희가 부끄러워지는군요."

그러나 어르신은 주변을 씨익 훑어보더니 "며칠 연습 안 했더니 감이 안 와요. 감 잡으려면 일주일에 며칠은 나와야겠어요."하고 카랑카랑한 목소리로 말했다.

그날 이후에도 꽤 오래 연습장에 나타나 한 박스나 한 박스 반을 치곤 했다.

골프 백을 챙겨 연습장을 나서는 그분을 볼 때마다 내 귀에는 이런 소리가 들리는 듯했다.

"저승사자가 날 데리러 오거든 라운드 끝내려면 아직 홀이 남았다 전해라."

무상無常의 스포츠

흔히 인생의 덧없음을 얘기할 때 무상(無常)이란 말을 쓰지만 불교에서 무상은 진리 그 자체다. 붓다도 "오직 변하지 않는 진리는 모든 것은 변한다는 것."이라고 설했다. 연기법과 함께 불교의 핵심 테마다.

사람들은 논리적으로는 이 무상성이 아무도 깰 수 없는 불변의 진리임을 납득하면서도 실제 삶에서는 무상을 실감하기가 쉽지 않다. 가까운 사람이 세상을 떠나거나 자신의 신상에 중대한 변화가 일어났을 때 잠시 인생의 무상을 느끼지만 잠시다. 이내 무상은 남의 일이라는 착각의 삶 속으로 빠져든다.

구도자들도 무상의 진리를 몸으로 체득해 실제 삶으로

실천하는 것이 어려운데 보통 사람들이 이런 착각 속에 살아가는 것은 이해할 만은 하다.

그러나 모르는 것과 아는 것은 큰 차이다. 모른다는 것은 하찮은 실수나 게으름이 아니라 무명(無明)이다. 반대로 안다는 것은 무명과 광명을 구분할 줄 알고 현명한 삶을 살아갈 수 있는 지혜다.

세속의 도락이라 할 골프에서 무상을 배우고 삶의 지혜를 얻고 있다면 쉽게 수긍하지 않을 것이다. 골프에 접해 보지 않은 사람은 물론 오랜 기간 골프를 쳐 오면서도 골프가 안고 있는 철학적 깊이를 제대로 깨닫고 있는 사람은 많지 않다.

나는 골프에서 구도의 길을 발견한 행운아다. 골프의 밀림이 펼쳐 보이는 그 길에서 무궁무진한 삶의 지혜를 얻는 기쁨을 누리고 있다.

이상하게 생긴 열서너 개의 도구로, 잔디가 깔린 들판에서, 직경 4.3cm의 볼을 쳐서, 제각각의 거리에 있는 직경 108mm의 작은 구멍에, 얼마나 적은 타수로 집어넣는가를 경쟁하는 골프는 엄격한 의미에서 정통 스포츠와는 거리가 멀다.

전쟁 수행을 위한 기술 연마와 체력 단련의 필요성으로

태동한 격투기나 육상, 수렵시대의 사냥에서 그 기원을 엿볼 수 있는 구기 종목들에 비하면 운동의 효과나 양, 역동성, 자극적 재미 등에서 골프는 순위가 한참 뒤로 밀린다.

초원에서 골프를 하는 사람들의 운동이란 산책하듯 걸으며 골프채를 대략 100여 차례 안팎 휘두르는 동작을 하는 것이 거의 전부다.

나머지 시간은 동반자와 담소하거나 주변 자연을 감상하는 일, 그리고 볼이 놓인 위치에서 어떻게 효과적으로 홀 가까이 접근할 수 있는가 방법과 경로를 모색하는 데 소비한다.

언뜻 단조롭고 무미해 보이는 골프가 현대인에게 가장 인기 있는 스포츠의 하나로 자리 잡은 것은 쉽게 정복될 것 같으면서도 결코 정복되지 않는 골프의 속성에 그 이유가 있지 않을까 싶다.

정복되지 않는 골프 속성의 대표적인 것이 무상성(無常性)이다. 땀과 열정을 쏟아 연습을 하지만 자신이 원하는 샷은 되풀이할 수 없다. 아무리 완벽한 기량을 쌓았다 해도 그때그때의 상황이 다르고 자신의 상태가 다르고 동반자가 다르다. 지금 이 순간 날리는 샷은 처음이자 마지막이다.

처음이자 마지막인 샷들이 모여 다음 샷을 잉태하고 전체 라운드가 결정된다. 지금 여기에서 한 샷 한 샷에 정성을 쏟지 않을 수 없는 이유다. 연기법을 연상케 하는 부분이다.

또 다른 골프의 속성은 '눈에 보이지 않는 대결 구도'다. 스포츠란 본질적으로 대결의 게임, 적대의 게임이다. 여기서 갈등과 마찰이 태어난다.

그런데 3~4명이 한 조가 되어 펼치는 골프에서는 각자가 자신의 게임을 펼치기 때문에 엄밀한 의미에서 게임 상대는 동반자가 아니라 자기 자신이다. 라운드가 끝난 뒤 스코어로 승패를 가리기는 하지만 그것은 자신과 펼친 기록을 비교한 것에 지나지 않는다.

많은 골퍼들이 골프를 다른 스포츠처럼 대결 구도의 스포츠로 이해하고 접근하는 우를 범하고 있다. 바로 이 점이 한번 골프채를 잡으면 눈을 감을 때까지 놓을 수 없게 하는 마력이기도 하다. 동시에 골프의 진수에 이르는 것을 방해하는 장애물이기도 하다.

골프를 동반자들과의 쟁투(爭鬪)로 인식하는 한 골프의 진수에 접근할 수 없다. 상대를 이겨야겠다는 마음을 갖는 순간 머릿속은 상대의 일거수일투족에 지배당한다. 게임이 뜻대로 되든 되지 않든 상관없이 투지와 낙담, 자만과 좌절, 더 큰 욕심, 그리고 분노와 치욕 등의 온갖 감정들이 활활 타오른다. 동시에 즐거워야 할 초원의 라운드가 실망과 고통, 분노로 얼룩진다.

그런 의미에서 골프는 철저하게 분쟁을 해소하는 석쟁(釋爭)의 스포츠로 받아들이지 않으면 안 된다. 동반자는 물론 자연조건들, 골프 도구들, 많은 장애물들과의 대립·대결 관계를 풀고 소금이 물에 녹아 하나가 되듯 물아일체(物我一體)의 조화를 추구할 때 비로소 골프의 진면목을 체험할 수 있다.

문제는 어떻게 분쟁의 불씨를 제거하는가이다. 골프를 함께하면서 틈만 나면 동반자들과 자신 사이에 형성되는 대결 구도를 해소하는 일은 쉽지 않다. 말로는 "스코어를 초월해 즐거운 라운드를 하자."고 해놓고도 마음속으로 투지를 불태우고 있다면 더 큰 갈등과 혼란에 빠질 뿐이다.

동서양의 많은 경전과 구도서에서 그 길을 찾을 수 있다. 좋은 플레이를 위해선 갈등과 마찰에서 벗어나 가능한 한 순도 높은 마음 비움을 유지해야 하는데 수많은 경전과 선 수행서를 접하면서 마음을 다스리고 비우는 방법을 체득할 수 있다.

골프가 안고 있는 무상성(無常性), 동시에 무상성을 거부하는 초월성(超越性)을 실감하며 골프를 통한 마음 수행의 기쁨을 얻을 수 있다.

'홀딱 벗고'

계절의 여왕, 찬란한 신록(新綠)의 계절 5월은 어김없이 속칭 '홀딱 벗고 새'의 울음이 골프코스에 울려 퍼진다. 도시 주변의 야산이나 산책로 주변에서도 이 새의 울음소리를 들을 수 있지만 골프코스에서는 유난히 또렷하게 귀에 담긴다.

4음절이 반복되는 이 새의 울음소리가 '홀딱 벗고 홀딱 벗고'와 비슷하게 들려 이런 별칭이 붙었지만 자세히 들어보면 꼭 그렇게만 들리는 건 아니다.

'카 카 카 코'로 들리기도 하고 '호 호 호 히'로 들리기도 하는데 앞의 3음절은 높이가 같고 마지막은 낮다. 음계 상으로 옮기면 '미 미 미 도'로 들린다.

두견이과의 여름 철새인 이 새의 정식 이름은 검은등뻐꾸기다. 몸길이가 30cm를 조금 넘는 자그마한 새로 배에 검은색의 굵은 가로줄이 있고 머리와 가슴은 회색이며, 등과 꼬리는 어두운 회갈색이다. 뻐꾸기와 비슷하게 생겼으나 눈 테두리가 뚜렷하지 않다.

'홀딱 벗고 새'란 별명이 붙은 사연은 여러 버전이 있다.

공부를 게을리 한 스님이 환생한 새라는 설과 여름에 스님이 개울에서 목욕하는 것을 보고 놀리느라 '홀딱 벗고 홀딱 벗고'라고 울었다는 데서 유래되었다는 설 등이 있다.

전자의 경우 수도하던 스님이 남편을 저 세상에 보내고 명복을 빌기 위해 탑돌이를 하는 여인의 모습에 마음을 빼앗겨 공부에 소홀했는데 그 스님이 죽은 뒤 새로 환생해서 전생의 게으름을 후회하며 우는 울음이라는 것이다.

승려화가로 유명한 원성스님이 '홀딱 벗고새의 전설'이란 시를 짓기도 했다.

-홀딱 벗고
마음을 가다듬어라.
홀딱 벗고

아상도 던져 버리고.

홀딱 벗고

망상도 지워 버리고

홀딱 벗고

욕심도, 성냄도, 어리석음도…

홀딱 벗고

정신 차려라.

홀딱 벗고

열심히 공부하거라.

홀딱 벗고

반드시 성불해야 해

홀딱 벗고

나처럼 되지 말고

홀딱 벗고

홀딱 벗고

(중략)

'홀딱 벗고'란 흔히 상상되는 다소 외설적인 것과는 거리가 있다. 즉 아상(我相), 망상, 욕심, 어리석음, 유혹 등 공부를 방해하는 모든 것을 벗어던지고 공부에 몰두해 불성(佛性)을 깨닫겠다는 회한 가득한 다짐의 울음이다.

'홀딱 벗고 새'의 이런 유래를 알고 나면 이 새의 울음이 골퍼들에게 절실하게 다가온다.

골퍼야말로 철저하게 마음을 비워야 한다. 물론 골프장을 찾을 때는 좋은 스코어를 내겠다는 욕심도 생기고 동료들 간의 경쟁에서 이기겠다는 욕망도 솟아오르고 내기에서도 지지 않아야겠다는 다짐을 한다.

그러나 실제로 라운드에 들어가면 결코 이런 마음가짐이나 자세로는 만족한 플레이를 펼칠 수 없다. 마음속에서 일어나는 온갖 희로애락의 감정, 욕심과 기대, 승리에 대한 강한 집착 등이 오히려 본래의 기량마저 발휘하지 못하게 방해한다.

대신 빈 하늘과 같은 빈 마음으로 어깨를 짓누르던 그 모든 것들은 내려놓고 나 자신을 골프코스에 내던져버리면 18홀을 끝내고 장갑을 벗을 때 뜻밖의 미소를 지을 수 있다.

신록의 골프코스 어딘가에서 들리는 검은등뻐꾸기의 '홀딱 벗고 홀딱 벗고' 하는 울음소리는 욕심과 기대에 사로잡힌 골퍼들을 위한 충고의 소리이기도 하다.

지적 흥분

골프의 불가사의한 점을 꼽자면 밤새 얘기해도 끝이 없을 것이다. 남녀노소를 불문하고 골프채를 한번 잡으면 골프 기량과 관계없이 대부분 골프광이 되어버리고 만다.

별로 운동이 되는 것 같지도 않고, 그다지 어려워 보이지도 않고, 화끈한 쾌감을 안겨주지도 않지만 한번 골프와 인연을 맺고 나면 골프를 중단할 수밖에 없는 특별한 사유가 생기지 않는 한 골프와 결별하기 어렵다.

이 치명적 중독성의 원인을 찾는 일 또한 불가사의하다.

운동량으로 따지면 골프는 구기 종목이나 육상 종목과 비교되지 않는다. 쾌감 또한 사격 야구 승마 등에서 얻는 것보다 진하다고 할 수 없다.

다른 스포츠가 갖는 역동성 열광성에 비하면 골프는 어떤 종목과 비교해도 밀린다. 마치 안 해도 그다지 아쉬울 것 없는 느슨한 취미활동처럼 보인다.

그러나 골프의 치명적 중독성은 바로 조금씩 모자란 듯한 것들의 절묘한 조합에서 잉태되었다고 해도 과언이 아니다.

제각각의 스윙, 그다지 빠르지 않은 걷기, 그다지 복잡하지 않은 경기규칙 등 얼핏 보면 골프는 이렇다 할 특색이나 역동성이 없는 스포츠처럼 보인다.

그럼에도 골프가 치명적 중독성으로 사람들을 유인하는 것은 대결구도의 모호성, 땀과 노력에 비례하지 않는 결과의 의외성, 두 번 다시 같은 샷을 날릴 수 없는 일회성, 그리고 끝없는 노력에도 불구하고 목표에 도달했다고 장담할 수 없는 점, 어느 스포츠보다 자연과의 교감 기회가 풍부하다는 점 등이 아닐까.

골프의 불가사의성은 육체의 움직임을 필요로 하는 운동이면서 정신의 지배력이 압도적이라는 데서 기인하는 바가 적지 않다.

흔히 골프를 멘탈 게임이라고 한다. 골프황제 잭 니클러스가 "골프에서 승리를 좌우하는 것은 기술

20%, 정신력 80%이다."라고 설파했지만 골프 발상지 스코틀랜드에선 상식으로 통한다. 그만큼 지능, 정신력, 상상력 등을 총체적으로 요구하는 지적 스포츠가 골프라는 뜻이다.

1886년과 87년 영국 아마추어 골프선수권대회를 제패한 호레이스 허친슨(Horace Hutchinson)은 탁월한 골프선수이면서 스스로 'GOLF'라는 잡지를 만들어 기자, 편집자로 명성을 날린 골프광이다.

자신의 결혼식 날 신부를 집에서 기다리게 한 채 친구와 함께 골프코스에서 밤늦도록 라운드하기도 한 그는 1909년 죽을 때까지 모든 것을 골프에 바친 지적(知的) 골프광으로 골프사에 기록돼 있다.

"나의 인생은 매일 글을 쓰거나 골프를 하거나 하는 등 어느 쪽이든 골프를 벗어난 적이 없었다. 취침 전 그날의 골프를 회상하면서 술을 마시는 일 말고 더 이상의 행복이 어디에 있는가."라며 골프 인생을 예찬했다.

그는 골프가 지적인 이유를 이렇게 설명한다.

"어느 클럽을 어떻게 쳐서 목적한 곳에 도달할 것인가. 내가 미치도록 좋아하는 것은 코스를 살펴보고 클럽을 선택하는 데 소비하는 바로 그 짧은 시간이다. 경험과 능력,

상상력을 총동원하는 바로 그 짧은 시간이다. 마침내 선택한 클럽을 손에 쥐고 머릿속에 그려진 스윙을 준비한다. 그 순간이야말로 동적인 흥분을 느끼는 시간이다. 그린에 올라가서 퍼트의 거리와 라인의 기복 등을 읽어내는 시간이야말로 흥분을 맛보는 순간이다. 골프는 육체만이 아니라 두뇌까지도 쾌적하게 해주고 적당히 피로하게 해준다."

그는 골프의 특질이 지적인 흥분에 있다고 강조했다. 두뇌는 울렁거리고 심장은 두근거리고 관절은 쑤시고 호흡은 거칠어지는 흥분이라고 했다.

"세상에 이런 지적 흥분을 일으키는 게임이 또 어디에 있단 말인가!"

허친슨의 이 말에 동의한다면 골프광을 자부해도 된다.

레테의 강

아름다운 샷은 빈 마음에서 나온다. 힘찬 샷이 힘이 빠진 상태에서의 부드러운 동작에서 나오듯 아름다운 샷은 투명에 가까울 만큼 마음이 비었을 때 저절로 만들어진다.

"오늘은 잘 해봐야지!" "저 친구한테는 지지 말아야지!" "지난번 참패를 설욕해야지!" "오늘은 기어코 90대를 깨야지!" 등의 각오로 잔뜩 욕심에 차서 티잉 그라운드에 올라서면 어김없이 쓴맛을 보게 되는 게 골프다.

골프에서 욕심만이 만병의 근원은 아니다. 욕심 대신 다른 잡념이 뭉게구름처럼 피어올라도 좋은 결과를 기대하기 어렵다.

스스로 감탄이 나올 정도의 멋지고 아름다운 샷은 우연히 나오기 마련이다. 아무 생각 없이 툭 쳤는데 볼은 경쾌한 타구음을 내며 멋진 포물선을 그린다. 작심하고 쳐서 흡족한 샷이 나오는 경우는 드물다.

아무 생각이 없다는 것은 욕심이나 전의(戰意)는 물론 좋고 나쁜 기억까지도 없는 상태다. 적어도 샷을 하는 순간만은 무념무상(無念無想)에 가까워야 아름다운 샷을 만들어낼 수 있다.

전 홀의 버디 퍼팅이나 기막힌 벙커샷은 물론 악몽의 3퍼트나 연속 OB도 마음에 남아있어서는 안 된다. 적어도 샷 하는 순간에는 지난 홀의 좋았던 일은 비슷한 결과를 바라는 욕심이나 요행심을 깃들게 하고 나빴던 기억은 강박관념과 전의로 불탄다.

낙천가에다 심한 건망증이 있다면 아마 천부적인 골퍼의 자질은 갖춘 셈이다. 부단한 육체의 훈련을 감내할 수 있는 인내심도 이보다 더 골프에 영향을 미치지는 않을 것이다.

골프장에서 일상사를 잊고 골프에 몰두하듯이, 골프를 하면서 골프를 잊어버린다면 아마 최고의 경지가 아닐까.

좋은 결과든 나쁜 결과든, 가능한 한 지난 것은 잊어버리고 마음을 비워야 한다는 점에서 골프는 확실히 망각의 게임이다.

그리스 신화에 이승에서 저승(하데스)으로 갈 때 건너야 하는 5개의 강이 있다. 아케론(Acheron), 코퀴토스(Cocytus), 플레게톤(Phlegethon), 레테(Lethe), 스틱스(Styx)다. 이승을 하직하는 인간의 슬픔과 비통함, 탄식과 비탄, 이를 태워 정화하는 불, 모든 것을 잊는 망각, 이승과 저승의 경계를 각각 상징한다.

망자(亡者)는 명계(冥界)로 가면서 레테의 강물을 한 모금씩 마시며 과거의 모든 기억과 전생의 번뇌도 잊는다고 한다.

골프에서도 누가 얼마나 지난 홀의 결과를 빨리 잊고 백지상태에서 새로운 그림을 그리느냐에 따라 라운드의 품질이 좌우된다,

호주의 백상어 그렉 노먼은 당대 최고의 골퍼 중 한 사람이다. 그가 공저로 지은 'INSTANT LESSONS-ONE HUNDRED WAYS TO SHAVE STROKES OFF YOUR GOLF GAME'이라는 골프 교습서가 있다.

이 교습서에서 노먼은 골프를 잘 칠 수 있는 비결, 즉 스코어를 줄일 수 있는 비결을 소개하는데 특히 마지막 100번째 레슨이 백미다.

100번째 레슨의 제목은 '모든 것을 털어 버려라'다. 요지는 그동안 가르친 비결들은 물론 골프와 관련된 악몽들을 모두 잊으라고 강조한다. 골프의 진수를 터득한 사람만이 할 수 있는 가르침이다.

노먼은 실토한다. "우리는 모두 골프를 사랑하지만 골프는 항상 우리가 사랑하는 만큼의 사랑을 되돌려주지 않는다. 당신에게 일어날 수 있는 얄궂은 운명에 대해 나보다 더 많이 아는 사람은 없을 것이다. 나는 결코 나의 승리를 가로막았던 래리 마이즈나 밥 트웨이, 로버트 가메즈, 데이비드 프로스트의 망령이나 그들의 기적 같은 샷에 대한 악몽을 완전히 털어 버리지 못하고 있다. 지난 몇 년 동안 내가 배운 것은 골프에는 우리가 제어할 수 없는 그 무엇이 존재한다는 것이다."

노먼은 이어 이렇게 당부한다. "여러분은 이기는 것보다는 패배하는 경우가 더 많다. 당신이 주말골퍼라면 좋은 샷보다는 나쁜 샷이 훨씬 더 많을 것이다. 그 모든 것을 털어 버려라. 잠시 옆으로 물러나 심호흡을 하고 눈을 감아라. 그리곤 그동안 일어난 모든 저주스러운 것들을 잊어라. 골프코스에서 분노나 자기연민을 위한 피난처는 없다. 당신이 가능한 한 빨리 평정과 결단을 되찾을수록 좋은 샷이 빨리 되살아난다.”

추락은 언제나 있다. 아무리 탁월한 기량을 갖춘 골퍼라도 믿기지 않을 정도로 무참하게 무너지는 게 골프다. 도저히 흔들릴 것 같지 않은 사람도 사소한 미풍에 마음의 평정을 잃고 혼미에 빠질 수 있다. 그러나 진정한 골퍼는 추락하면서도 살아남는다.

노먼은 그 이유를 이렇게 설명한다. “다시 살아날 수 있는 것은 추락의 순간, 모든 것을 털어 버리는 능력을 갖추었기 때문이다. 마치 악몽을 꾸다가 꿈에서 깨어나 안도의 숨을 몰아쉬듯.”

라운드를 하면서 ‘레테의 강물’을 한 모금씩 마실 수 있다면 얼마나 좋으랴!

깊은 강물

'깊은 강물은 조용히 흐른다'

영어식 표현으로는 'Still waters run deep(조용한 강물은 깊이 흐른다)'이다.

무엇을 강조할 것이냐에 따라 표현은 이렇게 달라지지만 그 뜻은 같다.

"인간이 이 세상에 태어날 때
그의 입속에는 도끼도 함께 태어난다.
어리석은 자는 악한 말을 함부로 지껄여서
그 도끼로 자신을 찍는다." (숫타니파타 중에서)

숫타니파타는 가장 오랜 불교 경전으로 부처의 가르침이

경전으로 체계화되기 이전의 거의 원형에 가까운 부처의 육성이 담겨있다. 숫타는 말의 묶음, 니파타는 모음이란 뜻으로 숫타니파타는 담마파다(법구경)와 쌍벽을 이루는 부처의 시 모음집이다.

> 골프는 지구상의 어느 스포츠와도 비교할 수 없는 묘미 만점의 운동이지만 말과는 상극이다. 재미가 있으면 유쾌하게 떠들어야 마땅한데 골프에서만은 유쾌함을 마음속에 고즈넉이 묻어두어야 한다. 동반자를 위해서는 물론 자신을 위해서.

P씨는 천성이 유쾌한 사람이다. 낯선 사람을 잘 사귀고 주변과도 잘 어울린다. 입은 잠시도 쉬지 않는다. 유머와 농담으로 분위기를 밝게 이끌어가는 재능도 타고났다. 어떤 모임이든 그가 빠지면 서먹서먹하거나 싱거워지고 재미가 반감됐다. 그를 싫어하는 사람은 거의 없었다.

어디서든 환영받던 P씨가 골프를 배우고 나서 골프장에서만은 한동안 기피 인물로 낙인찍혔다. 그의 유쾌한 천성 때문이었다. 골프를 배워 처음 머리를 얹은 날부터 그는 동반자들을 위해 타고난 재능을 발휘했다.

최신 유머로 좌중을 웃음바다로 만들고 무언가 분위기가 가라앉거나 긴장감이 감돈다 싶으면 참지 못하고 입을 열었다. 물론 분위기를 부드럽고 유쾌하게 만들기 위해서라는 선의에서 나온 행동이었다.

이런 선의에도 불구하고 P씨는 골프장에서 인기 없는 골퍼로 취급받기 시작했다. 그를 기피하는 이유는 간단했다. 그와 함께 라운드 하면 너무 유쾌하게 웃다가 골프 리듬을 잃고 스코어도 좋지 않다는 것이었다. 그가 하도 쉬지 않고 떠드는 바람에 집중력이 떨어져 미스샷이 많이 생긴다는 것이었다. 이 때문에 그에 대한 인상도 '사람 좋다'는 것에서 '너무 경박스럽다' '너무 시끄럽다'는 것으로 슬그머니 변질되어 있었다.

골프채를 잡은 지 1년여가 지나서야 P씨는 자신의 타고난 천성이 동반자들에게 피해를 줌은 물론 자신의 골프를 망치고 있다는 사실을 깨달았다. 자신이 쏟아내는 유머와 농담과 다변이 동반자들로 하여금 리듬과 페이스를 잃게 하고 스스로도 집중력을 잃은 채 입심으로 라운드하는 가벼운 골퍼로 전락해 있었던 것이다.

"바닥이 얕은 개울물은 소리를 내지만
깊은 강물은 조용히 흐른다.
부족한 것은 소리를 내지만
가득 차면 조용해진다.
어리석은 자는 물이 반쯤 담긴 물병과 같고
지혜로운 이는 물이 가득 담긴 연못과 같다."(숫타니파타 중에서)

C씨는 남의 결점을 지적하기를 좋아했다. 바른 소리도 잘했다. 물론 그의 의도는 남의 허물을 무조건 들춰내 비난하려는 것이 아니라 자신이 모르고 있을지도 모를 결점을 지적해주어 좋은 방향으로 개선되도록 도와주려는 것이었다.

골프 이론이나 실기 모두 수준급인 C씨는 골프장에서 자상한 골프교사를 자임했다. 잘못된 자세나 습관을 보면 그냥 보아 넘기지 못하고 꼭 지적해야 직성이 풀렸다. 이미 교정할 수 없을 정도의 자신만의 스윙 자세를 굳힌 사람에게도 비거리와 정확성을 높이기 위해서는 스윙을 고쳐야 한다고 서슴없이 직언했다.

라운드를 끝낸 뒤 그날 게임에서 맛본 성취감과 좌절감,

만족감과 아쉬움, 환희와 분노 등의 온갖 감정을 훌훌 털어버리고 맥주잔을 기울이는 클럽하우스에서조차 C씨는 지난 18홀을 반추하며 열심히 동반자들을 복습시키는 수고를 아끼지 않았다.

아무리 선의에서 나온 옳은 소리라도 자주 들으면 기분이 상하는 법이다. 그와 라운드한 사람들은 그의 지적을 고마워하기보다는 귀찮게 여기거나 불쾌하게 받아들였다. C씨의 이런 습성을 모르는 사람들은 그를 '잔소리꾼'이나 '난척하는 사람'으로 오해하기도 했다.

C씨는 불행하게도 자신의 이런 습관이 사람들에게 환영받지 못하고 의도하지 않은 불쾌감과 피해를 주고 있다는 사실을 지적해주는 친구를 찾지 못했다. C씨의 친구들은 그를 통해서 남의 결점을 직설적으로 지적해주는 것이 얼마나 불쾌하고 거북한 것인가를 깨달았지만 차마 C씨에게는 말할 수 없었다.

> 자유(子游)가 말했다. "임금을 섬기는 데 있어 자주 간하면 도리어 욕이 되고, 벗을 사귀는 데 자주 충고하면 도리어 사이가 벌어진다고."(논어 중에서)

US오픈 4승, 브리티시 오픈 1승, 마스터즈 2승, PGA 2승 등 생애 통산 62승을 기록, 1950년대 미국 골프계의 거성(巨星)으로 존경받는 벤 호건은 입이 무겁기로 유명했다.

당대의 명 프로들은 그를 두고 최상급의 찬사를 아끼지 않았는데 샘 스니드는 벤 호건의 성격을 적절히 말해주고 있다.

"호건은 입이 무겁다 못해 침묵형이다. 18홀 플레이 중 호건이 입을 여는 경우는 그린에서 한 번뿐이다. '자네 공이 더 멀어.' 이 한마디였다."

벤 호건만이 입이 무거운 것은 아니다. 우리가 자주 TV에서 얼굴을 대하는 유명 프로골퍼들 대부분이 플레이 중에는 입을 함부로 열지 않는다. 골퍼가 말이 많다는 것은 바로 그만큼 자신의 플레이에 몰입하지 못한다는 것을 의미한다.

인도의 영적 스승으로 추앙받고 있는 오쇼 라즈니쉬의 「지혜로운 자의 농담」에 말이 얼마나 제정신을 빼앗아 가는지를 보여주는 일화가 있다.

12살 난 수학의 천재가 있었다. 이 어린 천재는 아인슈타인이 40세에도 계산하지 못한 것들을 척척 계산해냈다. 불행하게도 이 천재는 너무나 많은 질문 공세 때문에 아무것도 할 수 없게 되었고 점점 정신분열증을 일으키기 시작했다. 이를 안 식구들은 그의 관심을 다른 곳으로 돌리기로 하고 그를 쇼 공연장으로 데리고 갔다. 쇼가 시작되자마자 그는 배우들에게 정신을 빼앗기고 있었다. 휴식시간에 그의 아버지가 물었다.

"어떠냐? 쇼가 아주 재미있지?"

어린 천재가 대답했다.

"아버지. 저 배우들이 공연 도중에 지껄인 대사는 모두 7만1,832개의 단어였습니다."

오쇼 라즈니쉬는 이 일화를 소개하면서 "언어에 신경을 쓰지 말라. 차라리 언어를 에워싸고 있는 그 침묵에 귀를 기울여라. 언어 대신 그 언어를 에워싸고 있는 시에 귀를 기울여라. 그 리듬에 노래에 귀를 기울여라"고 가르친다.

숫타니파타는 말의 절제를 이렇게 강조하고 있다.

"수행자가 진리에 맞는 말을 열심히 하는 것은
스스로 알고 있는 많은 것을 남에게 가르치기 위해서이다.
그러나 알면서도 자기 자신을 절제한다면,
진리를 이미 알고 있으면서 많은 말을 하지 않는다면,

그는 아주 지혜로운 현자다.

이러한 현자는 지혜의 절정을 체험한 사람이다."

그러나 골프를 하면서 아끼지 말아야 할 말이 있다.

'굿샷!' '나이스 온!' 'OK!' '멀리건!' '탱큐!'같은 말은 많이 자주 할수록 골프를 윤택하게 만든다.

사막에 묻힌 신전을 찾듯

●

골퍼(golfer)와 고고학자(archeologist)는 닮았다.

우선 불가사의한 대상과 끝이 보이지 않는 씨름을 하는 점이 닮았다.

골프란 운동 자체가 불가사의한 것이기도 하지만 골프의 목표 또한 도달했다 싶으면 신기루처럼 멀리 달아나고 골퍼는 그 신기루를 좇아 고행의 길을 마다하지 않는다.

고고학자들이 찾아 헤매는 고대 유적 역시 전설이나 고대 문헌으로나 전해지는 것으로 신기루나 다름없다. 사막에서 바늘을 찾듯 유적의 실마리를 찾아 아무 기약이나 보장 없는 탐험을 계속한다.

목표에 도달하는 것이 도로(徒勞)로 끝날 확률이 높지만 결코 스스로 세운 목표를 포기하지 못하는 것 또한 닮았다.

골퍼에게 목표는 눈앞의 과제일 뿐 그 과제를 완성하는 순간 새로운 목표가 나타난다. 그리고 그 목표에 도달할 가능성이 있든 없든 매달린다.

고고학자들은 세계가 깜짝 놀랄 유적을 발견하는 일이 불가능한 줄 알면서도 희망과 가능성의 끈을 놓지 않는다. 유적을 찾아 헤매는 고달픈 여정 자체에 의미를 부여하기도 한다.

그렇기에 고고학자나 골퍼들은 좌절은 하지만 결코 포기할 줄은 모른다.

인류의 위대한 문화유적들은 이처럼 신기루에 홀려 사막과 밀림을 헤맨 고고학자들에 의해 발견되었다.

이집트의 수많은 피라미드와 스핑크스, 미라들은 열정적인 고고학자들에 의해 모래더미 속에서 발견되고 발굴되었다.

요르단의 고대 도시 페트라, 시리아의 오아시스 도시 팔미라는 사막에 묻혀 사라질 위기에 있다가 고고학자들에 의해 발굴돼 빛을 보았다.

중남미 지역의 잉카, 아즈텍 문명의 유적 역시

고고학자들의 집념으로 인류문명의 지평을 넓혔다.

골프의 여정 역시 고대유적을 찾아 헤매는 고고학자들의 기약 없는 탐험과 흡사하다.

다른 점이 있다면 고고학자들은 세상이 놀랄 유적이나, 기존 학설을 보강하거나 뒤집을 증거를 찾아 탐사하는 반면, 골퍼들은 개인적인 목표를 세워놓고 이의 달성을 위해 골프와 씨름한다는 점이다.

특히 매우 짧은 골프 근육의 기억력은 골퍼들에게 고고학자들의 인내와 집념을 필요로 한다.

골프의 스윙 메커니즘은 매우 과학적이기는 하지만 세부적으로 들어가면 반도체 회로처럼 미로에 가깝다.

아무 탈 없이 잘 맞아나가다가도 어느 날 갑자기 컴퓨터에 장애가 일어나듯 터무니없는 샷이 나오고 스윙도 뒤엉킨다. 실마리를 찾으려고 머리를 쥐어짜지만 엉켜버린 실타래는 더욱 꼬이기만 할 뿐이다. 사막의 모래바람이 모든 것을 묻어버리듯 골프와 관련된 기억도 순식간에 모래 속에 묻힐 수 있다.

이때 필요한 것이 사막이나 밀림을 헤매는 고고학자들의 자세다.

인내심을 갖고 모래와 밀림을 헤치고 잃어버린 바늘과 놓친 실마리를 찾아내겠다는 집념 어린 노력이 없인 결코 만족하는 골퍼가 될 수 없다.

'돈오돈수'인가 '돈오점수'인가?

골프를 하다 보면 깨달음의 환희를 경험한다.

수년, 아니 수십 년 스스로 이상적이라고 생각하는 스윙을 익히려 고군분투하다 어느 날 갑자기 갈구하던 스윙이 만들어질 때 깜짝 놀란다. 교습서를 열심히 읽으며 TV 레슨프로를 시청하고 연습도 열심히 하는데도 도무지 습득되지 않던 것이 어느 순간 구현되다니 믿기지 않는다.

저절로 입가에 미소가 번지고 가슴이 뛴다.

'아, 되는구나! 그동안 땀 흘리며 고생한 보람이 있구나!' 하며 스스로가 대견스럽게 느껴진다.

그렇게 꿈꾸어온 호쾌하고도 군더더기 없는 스윙, 정갈하다는 표현이 어울리는 옹이 없는 스윙이 만들어지다니, 중심축은 제대로 지켜지고 백스윙과 팔로우스윙이 갈 데까지 가는 스윙아크가 만들어지고 스위트 스팟에 맞아 나간 볼은 경쾌한 타구음을 내며 날아가는 모습을 보는 기쁨은 그 무엇과도 비교할 수 없다.

그렇게 많은 시간 땀 흘리며 찾아 헤맨 것이 어느 순간 갑자기 구현되는 것을 보며 선문(禪門)의 돈오돈수(頓悟頓修)와 돈오점수(頓悟漸修)를 떠올리게 된다.

돈오돈수와 돈오점수는 불교 수행의 양대 방법론으로 끊임없는 논쟁을 일으키는 주제다.

돈오돈수는 깨침과 닦음이 점차적으로 이뤄지는 것이 아니라 일시에 완성되는 것으로 보는 시각이다. 한번 깨달음을 얻고 나면 더 이상 수행하지 않아도 각자(覺者)의 위치에 있다고 본다.

반면 돈오점수는 깨달음에 이르는 과정에도 점진적인 수행이 필요하지만 깨달음을 얻은 이후에도 점진적인 수행 즉 점수(漸修)는 계속되어야 한다는 시각이다.

돈오돈수를 주장한 대표적인 고승이 성철(性徹)스님이다. 성철스님은 고려 중기의 고승인 보조국사(普照國師) 지눌(知訥) 이후 선문의 전통수행법으로 전수되어온 돈오점수를 부정하고 한번 깨달음을 얻은 이후에도 수행을 계속해야 한다면 진정한 깨달음이 아니라고 비판했다.

여기서 돈오돈수와 돈오점수를 논할 계제는 아니다. 다만 무소유(無所有)의 구도자 법정(法頂)스님이 쓴 한 책의 권두언을 참고로 소개한다.

법정스님은 이 권두언에서 "중생계가 끝이 없는데 자기 혼자 돈오돈수로 그친다면 그것은 올바른 수행도 아니고, 지혜와 자비를 생명으로 여기는 대승보살이 아니다. 석가모니의 경우, 보리수 아래서의 깨달음은 돈오이고 이후 45년간 교화 활동과 중생 제도는 점수에 해당된다."며 "돈오점수를 자신의 형성과 중생의 구제로 풀이한다면 바로 깨닫고 바로 행할 수 있고, 그런 행의 완성이야말로 온전한 해탈이요 열반이다."라고 강조했다.

골프는 철저한 돈오점수의 대상이다.

'이제 알 것 같다.' '이제 됐어.' 하는 순간이 찾아오는데 이 순간을 돈오라 할 수 있다. 그러나 이 돈오의 기회 역시 골프에 대한 참구(參究)를 게을리하지 않을 때에만 찾아온다.

더욱이 골프의 돈오는 휘발성(揮發性)이 강하다. 깨달음에 기뻐하며 자신감이 넘치지만 며칠 지나면 그런 깨달음은 흔적 없이 사라지는 경우가 다반사다. 근육이 깨달은 순간의 동작을 오래 기억하지 못하고 잘못 길들여진 나쁜 습관으로 회귀하기 때문이다. 오죽했으면 '아침에 깨달았다가도 저녁이면 잊는 게 골프다'라는 금언이 있을까.

깨달음의 지속성은 돈오 후의 정신자세에 달려 있다. 깨닫는 순간 느끼는 환희는 비슷하지만 심리적 반응은 대개 두 종류로 나타난다.

'어렵게 실마리가 풀렸으니 다시 잊지 않도록 열심히 익혀 완전히 내 것으로 만들자'며 부단한 절차탁마를 다짐하는 사람이 있는가 하면, 그동안 고수들에게 주머니를 털려온 아픈 기억을 떠올리며 '너희들 이제 다 죽었어! 그동안 따먹은 데다 이자를 듬뿍 얹어 거둬들일 거야!' 하며 복수심에 불타는 사람도 있다.

후자의 경우라면 골프 깨달음의 휘발성은 더 심할 것은 자명하다. 절차탁마를 수반하는 점수의 과정이 뒤따라야 하는 이유다.

골프채를 잡은 이상, 그리고 일정 수준에 도달하려는 목표를 세운 이상 돈오점수와 같은 구도자의 자세가 필요하다.

찰나주의자

●

찰나(刹那)란 아주 짧은 시간이다. 고대 산스크리트어인 'ksana'의 음역(音譯)으로 불교에서 시간의 최소 단위로 여긴다.

손가락 한 번 튕기는 순간이 64 찰나라고 하니 1 찰나는 0.013초쯤 된다. 한 생각 일으키는 순간이라 해서 '일념(一念)'이라고도 한다.

120 찰나는 되어야 사람이 시간으로 느낄 수 있다고 하니 1 찰나는 감지하기 힘든 극히 짧은 순간이다. 눈 깜빡할 사이보다 더 짧은 시간이다.

미래나 장래를 생각하지 않고 눈앞의 순간적인 즐거움이나 행복을 추구하는 것을 찰나주의(Momentalism

혹은 Impulsiveness)라고 한다. 인생살이에서 물들지 말아야 할 나쁜 생활 태도나 사고방식으로 인식되고 있다.

그러나 보다 엄밀히 따져 들어가면 찰나주의야말로 현명한 생활 태도가 아닐까 하는 생각이 든다.

현재 이 순간 보람을 느끼고 행복하다는 것은 무엇을 의미하는가. 바로 이 순간 최선을 다하기 때문에 행복과 보람을 느끼고 후회도 없는 상태가 아닌가.

내일을 포기하고 오늘을 제대로 즐길 수 없다. 미래에 대한 불안과 공포가 완전히 제거되지 않는 상태에서 현재 이 순간을 행복하게 살 수는 없다.

미래까지 생각하며 현재 이 순간에 최선을 다하는 것이 진정한 찰나주의의 정신이 아닐까.

이런 시각에서 보면 골프야말로 철저한 찰나주의 정신이 요구된다.

매 순간 날리는 샷이 처음이자 마지막인 골프에선 '바로 지금, 여기'에 집중해 최선을 다해야 한다.

골프의 즐거움은 그 순간 주어진 상황에 적절히 적응해 최선의 결과를 도출해낼 때 비로소 맛볼 수 있다. 이 즐거움은 고도의 찰나주의를 실현할 때에야 얻을 수 있는 귀한 결과다.

지난 홀의 미스샷이나 유쾌하지 못한 경험에서 교훈을 얻기는 하지만 지나치게 지난 일을 머릿속에 담고 있다간 현재에 제대로 대응할 수 없다.

지난 홀의 기막힌 샷이나 유쾌한 경험 역시 긍정적 기를 얻는 데 도움이 되겠지만 지나치게 거기에 매달리면 욕심을 부리게 되어 엉뚱한 화를 자초할 수 있다. 지난 홀의 경험과 기억은 가능한 한 깨끗이 지우는 게 상책이다.

마찬가지로 다가오지 않은 홀을 걱정하거나 기대하는 것 또한 금물이다.

온전한 진주 구슬이 모여 아름다운 진주 목걸이가 되듯 골프에서도 '바로 지금, 여기'에 집중한 샷들이 모여 의미 있는 라운드가 완성되는 것이다.

자유의 스포츠

호모
루덴스

코로나19 사태 이후 놀이가 배제된 인간의 삶이 얼마나 무미건조한지 실감한다. 밥벌이를 위한 일과 휴식이 삶의 전부가 아님을 깨닫는다.

코로나19 바이러스가 발호하기 시작한 이후 지구촌의 모든 스포츠 행사와 공연이 중단되면서 사람들은 놀이가 없는 삶을 견뎌내느라 힘들어하는 모습이 역력했다. 집에 머무르거나 등산이나 산책으로 답답함을 풀며 인내심을 시험했다.

그러나 놀이를 대체할 수 있는 소일거리 찾는 일은 벽에 부딪혔다. 스포츠전문 채널들은 수년 전의 경기를 재탕

삼탕으로 내보내며 시간 메우기에 급급했다. 엄격한 '사회적 거리 두기' 시행에도 불구하고 단속의 손길이 미치지 않는 곳에는 유희에 목마른 사람들이 꼬였다. 스포츠에 대한 허기(虛氣)는 집단 스트레스를 유발할 지경에 이르렀다.

궁여지책으로 프로야구, 프로축구, 프로골프가 무관중 경기로 개막됐다. 직접 경기장에 나가 함성을 지르며 즐기지는 못하지만 TV 화면을 통해 갈증을 달랬다. 외국의 방송사들이 한국의 스포츠 경기를 중계하며 스포츠 갈증을 해소할 정도였다.

놀이 없는 인간이 얼마나 무력해지는가를 실감하면서 '호모 루덴스'(Homo Ludense; 놀이하는 인간)를 설파한 네델란드 철학자 하위징아(Huizinga, 1872~1945)의 혜안에 감탄한다.

호모 루덴스는 호모 사피엔스(Homo Sapiens; 합리적인 생각을 하는 인간, 지혜로운 인간), 호모 파버(Homo Faber; 물건 만드는 인간)처럼 인류를 지칭하는 라틴어 용어다.

호모 에렉투스(Homo Erectus; 직립인간), 호모 하빌리스(Homo Habilis; 도구를 쓰는 인간), 호모 코큐엔스(Homo Coquens; 요리하는 인간), 호모 아만스(Homo

Amans; 사랑하는 인간), 호모 소시우스(Homo Socius; 사회적 인간) 등도 인간의 특성을 담아낸 용어들이다.

하위징아는 호모 루덴스라는 용어를 만들면서 놀이는 단순한 생물학적 현상이 아니라 문화적 현상이라고 주장했다. 놀이의 본질과 의미를 캐기 시작해 인류문명의 태동이라고 할 수 있는 언어에서부터 놀이개념을 추적해온 그는 인류의 삶이 놀이로부터 시작해 문명과 문화를 만들고 놀이를 통해 계속 발전해간다고 강조했다.

모든 형태의 문화는 그 기원에서 놀이의 요소가 발견되며 인간의 공동생활 자체가 놀이 형식이라는 시각이다. 놀이는 즐거움과 흥겨움을 동반하는 가장 자유롭고 해방된 활동이며 삶의 재미를 적극적으로 추구하는 활동이라는 것이다.

그는 고대의 신성하고 삶이 충만한 '놀이 정신'을 회복해야 하며 놀이에 따르고, 놀이에 승복하며, 놀이를 제대로 이해하는 것이야말로 인간 문명을 빛나게 한다고 강조했다.

하위징아의 호모 루덴스에서 스포츠 철학의 원형을 보게 된다.

사회적 거리를 유지하기 어려운 모임이 금기시되는 시기에도 골프장들이 유래 없는 호황을 누리고 있는 것을 보면 '호모 루덴스'의 위력을 실감한다.

경직으로부터의 자유

골프에서 '힘을 빼라' '부드럽게 쳐라' '스윙으로 쳐라' 같은 지침의 출발점은 경직(硬直)이다.

경직의 사전적 의미는 신체의 근육이나 조직 따위가 굳어서 뻣뻣해지는 현상이다. 자연스럽게 모든 골프 지침의 귀결점은 경직에서 벗어나는 일이다.

우리 신체조직은 근육이 부드러워야 동작이 유연해지고 부상도 예방할 수 있다. 자동차 내연기관이나 접속 부위에 윤활유가 없거나 녹이 슬면 제대로 움직일 수 없는 것과 같은 이치다.

골프에서 부드러움을 깨닫는 일은 간단치 않다. 대부분의 골퍼들이 골프채를 잡으면 공을 멀리 날려 보내겠다는 욕심에 손, 팔, 어깨, 허리, 다리 등에 힘을 준다.

어느 신체 부위든 힘을 준다는 것은 경직을 초래하게 돼 있다. 골프채를 꽉 움켜쥐는 동작에서부터 팔과 어깨 허리를 힘차게 휘두르고 회전시키려는 동작은 경직을 피할 수 없다.

이는 마치 윤활유 없이 엔진을 가동하는 것이나 브레이크를 걸어놓은 채 엑셀 페달을 밟는 것이나 다름없다.

우리 신체의 골격은 관절 없인 제 역할을 할 수 없다. 자동차의 유니버설 조인트처럼 관절이 서로 다른 골격을 연결시켜 힘을 발휘하도록 해준다. 근육은 그 자체 힘을 발휘하기도 하지만 뼈와 관절을 에워싸 보호해주는 역할도 한다.

골프에서 필요로 하는 힘은 어느 한 신체 부위의 힘이 아니라 여러 부위가 유기적으로 연결되어 조화를 이뤄 생기는 총체적 힘이다. 작은 근육들이 연결되어 큰 근육을 쓰도록 하는 것이 골프 스윙의 핵심이다.

골프에서 힘은 회전운동을 직선운동으로 전환하는 역할을 한다. 손이나 팔다리, 어깨, 허리 등이 경직되면 관절에 브레이크가 걸린다. 관절이 경직되면 회전운동이나 직선운동이 제대로 이뤄지지 않는다.

'힘 빼는 데 3년'이란 말이 있지만 3년 만에 힘을 뺄 수 있다면 큰 성공이다. 구력 30년이 지나서도 힘 빼는 데 매달려 씨름하는 사람이 수두룩하다.

골프는 원심력의 극대화를 요구한다. 원심력을 슬기롭게 활용하면 비거리와 방향성이 보장된다. 경직 없는 스윙을 할 수 있어야 원심력의 극대화가 가능하다.

골프채를 휘두르면 헤드는 스윙으로 이뤄지는 원 밖으로 튀어나가려 한다. 골프채를 살포시 잡은 손과 팔이 골프채가 허공으로 날아가는 것을 막아준다. 골프채가 손에서 빠져 허공으로 날아가지 않을 정도의 힘만 유지한 채 원심력에 맡긴 스윙을 하면 그게 바로 이상적인 스윙이다. 비거리와 방향성이 보장되는 것은 물론이다.

내 칼럼에 열심히 댓글을 달아주는 분이 있는데 그는 아무런 준비운동 없이 골프채를 휘두르는 행태를 경계하며 스윙에 앞서 충분한 준비운동을 하라고 강조한다. 그의 주장은 다름 아닌 근육의 경직과 경직에 따른 부상을 예방해 부드러운 스윙을 구현하기 위한 귀중한 팁이다.

정신적 요소가 압도적인 골프에서 정신적 경직은 더 큰 과제다.

평정심이 골프 최고의 미덕으로 여겨지는 것은 신체적

경직 못지않게 정신적 경직이 골프에 막대한 영향을 미치기 때문이다.

라운드 중에 경험하는 긴장이나 흥분, 적대감, 쟁투심은 바로 정신적 경직에서 비롯된 것이다.

순간적으로 낯빛이 변한다거나, 얼굴을 찡그리고 이를 악문다거나, 한숨을 쉬고 눈을 부라리고 평소와 다른 과장된 제스처를 보이는 것 등이 정신적으로 경직 현상이 일어나고 있다는 신호다.

놀라운 것은 이런 징후를 보인 뒤 나타나는 플레이는 십중팔구 정상을 벗어난다는 사실이다.

신체적, 정신적 경직으로부터 자유로울 때 비로소 한 경지에 오른 골퍼라 할 수 있을 것이다.

마지막 라운드

골퍼들의 스윙은 지문과 같아서 하나도 같은 것이 없다. 이상적인 모델을 정해 놓고 닮기 위해 노력하지만 조금 비슷해질 수는 있지만 완전한 재현은 불가능하다는 뜻이다.

스윙만 그런 것이 아니라 한 사람이 날리는 모든 샷 역시 같은 것은 없다. 연습장에서 같은 클럽으로 수십 개의 볼을 쳐봐도 같은 샷은 나오지 않는다.

그러나 모든 골퍼들은 일관된 샷을 만들어내는 것을 목표로 삼아 연습에 몰두하고 라운드에 임한다. 똑같은 샷을 날릴 수 없는데도 같은 샷이 재현되기를 바라는 희망과 기대에 골프의 묘미가 숨어 있다.

라운드마다 최선을 다하기 위해 항상 모든 샷은 '처음이자 마지막'이라는 마음가짐으로 임한다. 지금 내가 날릴 샷은 두 번 다시 되풀이할 수 없는, 생애 처음이자 마지막 샷으로 생각하면서 플레이한다. 처음에는 이런 마음가짐을 쉬 잃어버리기도 했지만 지금은 습관처럼 굳어 어떤 상황에서도 처음이자 마지막인 샷에 집중하는 즐거움을 맛보고 있다. 이런 라운드 습관이 굳어지면서 스코어의 퇴행도 멈춰짐은 물론 오히려 개선되는 효과까지 보고 있다.

어느 날 문득 머리에 번개가 쳤다. 지금 내가 날릴 샷이 처음이자 마지막이라면 지금 이 순간 내가 대하고 있는 이 코스, 그리고 마쳐야 할 라운드 역시 두 번 다시 되풀이할 수 없는, 처음이자 마지막 코스이고 라운드라는 뜻이 아닌가. 뻔한 이치인데도 지금 도는 이 라운드가 처음이자 마지막 라운드일 수도 있다는 생각에는 미치지 못했었다.

지금 이 라운드가 생애 마지막 라운드라면?

불의의 사고를 당하거나 급성 질병에 걸리지만 않는 한 오늘의 라운드가 생애 마지막 라운드가 될 확률은 희박하지만 만약 생애 마지막 라운드라면 어떻게 받아들일지 생각해봤다.

마지막 라운드를 도는데 헐레벌떡 골프장에 도착해 몸도

제대로 풀지 않고 티박스에 올라가는 무성의는 없을 것이다. 두 번 다시 돌 수 없는 라운드를 시작하는 마당에 후회 없는 최선의 라운드를 돌아보자는 경건한 마음이 들지 않을 수 없다.

허투루 대충대충 샷을 날리지도 않을 것이다. 룰을 어기고 남의 시선을 피해 볼을 건드리고 라이를 개선하는 일 등 오점을 남길 일을 하기 어려울 것이다. 오케이와 멀리건을 남발하는 일도 사라질 것이다. 함께 하는 동반자에 대해서도 고마움이 더해져 자연스레 배려심이 우러나 적대감이나 경쟁심이 생겨날 일도 없을 것이다.

그래, 앞으로 내가 맞이할 모든 라운드를 생애 마지막 라운드로 생각하고 돌아보자. 어쩌면 강박관념이 더 심하지 않을까 걱정도 되지만 잘 적응만 된다면 엄청난 상승효과가 나타나리라는 기대감이 높다. 모든 상황의 샷에 신중하고 차분해지고, 욕심도 없어지고 마음도 평온해지리라 기대해본다.

무용無用의
유용성有用性

유능한 CEO는 골프에서 운동 그 이상의 무언가를 찾으려고 한다. 사려 깊은 CEO는 골프에서 비즈니스와 친목을 뛰어넘는 그 무언가를 발견하려고 한다.

연습장에서, 라운드에서, 클럽하우스에서 CEO들이 얻을 수 있는 교훈과 진리는 무엇일까.

'최고경영자가 되기 위해 꼭 골프를 해야 하는가.' 이 물음에 답하는 것은 어리석다. 골프를 못한다고 CEO 자격이 없는 것이 아니며, 골프와 담을 쌓은 훌륭한 CEO도 얼마든지 있다.

그럼에도 대부분의 CEO들이 골프를 즐기는 이유는 무엇일까.

골프 특유의 별난 '무용(無用)의 유용성(有用性)' 때문이다.

건강 증진과 여가 활동을 목적으로 한다면 골프보다 효과도 좋고 재미있는 스포츠는 얼마든지 있다.

운동 측면에서 골프는 매우 비효율적이다. 한 라운드에 10㎞정도 걷는다고 하나 등산이나 조깅에 비할 바 못 된다. 카트를 타는 경우 운동효과는 더 줄어든다. 4시간 남짓 소요되는 라운드 중 스윙에 소요되는 시간은 고작 4~5분에 불과하다. 그러니 골프채를 휘두르는 동작 자체를 운동으로 보기도 뭣하다. 연습장에서는 장시간 집중·반복적으로 스윙연습을 하면 운동효과는 있다,

그럼에도 골프 인구가 늘어나고, 특히 사업하는 사람들에게 골프가 필수처럼 받아들여지는 것은 그다지 쓸모 있는 것 같지 않으면서도 잘만 활용하면 그 쓰임새가 넓고 깊은 골프의 속성 때문이다.

공직에서 은퇴한 뒤 필리핀 오지에서 농촌 봉사활동을 하며 보람찬 인생 후반기를 보내다 타계한 지인은 공직에 있을 때 골프의 고비용과 비효율을 탓하며 골프를 철저히 외면했다. 공직에서 물러나 공기업의 사장을 맡고 나서 외국

나들이를 하면서 많은 사람들로부터 골프를 권유받은 그가 골프채를 잡게 된 결정적 계기는 '경영의 귀재'로 알려진 GE회장 잭 웰치의 권유였다.

잭 웰치 회장은 골프의 문외한인 그를 이상히 여기며 "골프를 안 해보고 사업파트너를 어떻게 판단할 수 있느냐?"고 진지하게 물어왔다. 그가 아무 대답을 못하자 웰치 회장은 "나는 중요 사업 파트너는 반드시 골프를 한 뒤 결정한다."며 골프의 특성과 장점을 친절히 설명해주었다.

GE는 새 임원을 선발하기 위해 매년 마스터스 토너먼트가 열리는 오거스타 내셔널 골프코스에서 전 임원과 임원 후보를 뒤섞어 라운드하며 자격요건을 점검하는 것으로 유명하다. 골프를 얼마나 잘 치는가는 기준이 못 되고 얼마나 성실하게 플레이에 임하는가, 정직하게 라운드를 하는가, 동반자를 얼마나 배려하는가, 코스를 공략하는 데 얼마나 지혜로운 전략을 세우고 실천하는가, 성공했을 때 오만에 빠지거나 실패했을 때 쉽게 절망하지는 않는가 등 전반적인 것을 평가한다.

60세가 다 되어 잭 웰치 회장의 충고를 받아들여 골프채를 잡은 지인은 금방 골프의 세계에 심취, 스스로 골프 문외한들에게 골프를 권유하는 '골프 전도사'가 되었다. 지금은 골프보다 더 보람 있는 봉사활동을 위해 골프채를 놓았지만 그를 변화시킨 것은 바로 골프가 안고 있는 무한한 '무용의 유용성'이라고 실토했다.

골프는 모든 것을 가감 없이 비춰주는 거울이며, 모든 것을 담아내는 스펀지다. 많은 CEO들이 골프장을 찾는 것은 이를 확인하기 위함이다.

웬만큼 골프의 구력이 쌓인 경우라면 한번 라운드를 돌아보면 특정 동반자의 거의 모든 것을 파악할 수 있다. 스코어야 골프 구력과 골프에 대한 열정이 말해 주지만 골프를 잘 하지 못해도 한 사람의 인격이나 성향은 남김없이 드러난다.

골프는 잘 못 쳐도 얼마나 라운드에 집중하는지, 정직하게 플레이하는지, 동반자를 어떻게 대하는지, 실수에 따른 분노와 실망을 어떻게 소화해내는지 등을 한눈에 파악할 수 있다.

라운드를 돌며 이 정도를 파악할 수 있다면 이 사람과 계속 관계를 유지해야 할지 말아야 할지 동물적인 감각으로 알 수 있다.

동시에 다양한 동반자와 라운드 하면서 이들의 개성을

존중해주고 있는 그대로 이해할 수 있는 도량도 얻게 된다.

세속적으로 알려진 골프의 무용성 속에 무한한 유용성이 숨어 있다는 사실을 깨닫는다면 골프채를 잡은 것을 결코 후회하지 않을 것이다.

골프 파워의 실체

골프에서 힘은 영원한 화두다.

힘을 활용할 수밖에 없는데 힘을 빼라고 하니 웬만한 수준에 이르지 못한 골퍼들에겐 모순으로 보일 수밖에 없다.

힘 즉 근력은 근육의 수축으로 발생되는 장력이다. 근육의 횡단 면적, 근신경계의 작용 및 심리적 요인에 영향을 받는다. 횡단 면적이 클수록 근섬유가 굵어지게 되어 더 큰 힘을 발휘한다. 또한 신경계와 근 섬유가 이루는 운동 단위가 많이 동원될수록 근력은 커진다.

인터넷 검색을 통해 접할 수 있는 이와 같은 근력에 대한 설명은 힘을 못 빼고 힘쓰는 데 매달려 있는 골퍼들에겐 암호 같기만 하다.

골프에서 필요로 하는 힘을 제대로 이해하려면 자동차 엔진의 출력을 생각하면 효과적이다.

엔진의 출력 즉 마력이 낮은 경차는 액셀 페달을 아무리 세게 밟아도 속도를 올리는 데 한계가 있다. 엔진이 갖고 있는 마력의 범위를 벗어날 수 없다.

반대로 마력이 높은 고성능 자동차는 액셀 페달을 살짝 밟아도 튕기는 듯 달려 나간다.

자동차의 가속력은 액셀 페달을 얼마나 세게 밟느냐에 있는 것이 아니라 엔진의 성능, 즉 마력이 결정하기 때문이다.

자동차의 속도나 가속력을 높이려면 엔진의 마력을 키워야 한다. 마력을 높이려면 배기량이 많은 엔진으로 교체하거나 터보 등 보조 장치로 튜닝해야 한다.

골프에서 필요로 하는 힘도 자동차 엔진의 원리를 벗어나지 않는다.

마력 높은 고성능 자동차가 가볍게 액셀 페달을 밟아도 튕겨나가듯 기본적으로 근력이 잘 발달해있으면 부드럽게 휘둘러도 헤드 스피드가 빠르고 비거리도 길 수밖에 없다.

마력이 낮은 자동차가 아무리 액셀 페달을 세게 밟아도 속도를 올리는 데 한계가 있듯 근력이 떨어지는 골퍼가 아무리 힘을 주어 스윙을 하더라도 클럽 헤드의 스피드를 높이는 데는 한계가 있다.

자동차의 스피드를 높이려면 엔진 성능을 높여야 하듯 골프의 파워를 높이는 데는 근력을 키우는 길 외에 묘방은 없다.

타고난 체력, 평소의 운동습관에 따라 사람마다 근력의 차이는 피할 수 없다. 마력이 시원찮은데 욕심으로 액셀 페달만 세게 밟으면 차에 무리가 가 고장이 나듯 근력을 키우지 못한 골퍼가 세게 치겠다고 팔과 손에 잔뜩 힘을 주어 스윙하는 것은 스윙 축도 무너뜨리고 몸을 망치기 십상이다.

좋은 체격을 타고났다고 해서, 근력이 잘 발달되어 있다고 해서 좋은 스윙과 비거리가 보장되는 것도 아니다. 이상적 스윙이 요구하는 방향으로 근력을 적절히 사용하는 법을 터득해야 가능하다.

프로선수들 중에 호리호리한 체격에도 높은 헤드 스피드로 놀라운 비거리를 내는 선수가 많다. 많은 아마추어 골퍼들이 이에 용기를 얻어 근력은 부족해도 순간적으로 가속력을 높여 헤드 스피드를 빠르게 할 수 있다고 착각한다.

타이거 우즈나 조던 스피스, 저스틴 로즈, 로리 매킬로이 등 잘 나가는 PGA투어 선수들은 물론 박성현, 김인경, 리디아 고, 이민지 등은 결코 근육질의 선수는 아니다. 그러나 이들은 겉으로 날씬해 보일 뿐 속 근육을 엄청나게 발달시켜 경쟁력을 확보하고 있다. 틈날 때마다 기초 근력을 기르기 위해 쏟는 이들의 노력과 정성은 우리의 상상을 뛰어넘는다.

프로선수들이 샷 연습보다 더 많은 시간을 근력운동에 할애하는 것은 개개인의 엔진 배기량을 높이기 위해서다.

물론 임팩트 순간 효과적으로 힘을 발산하는 것은 필요하다. 그러나 이것은 초일류 선수에게나 가능한 일이지 아마추어들에겐 미스샷을 자초하는 지름길이다.

훌륭한 근력을 지닌 골퍼라도 가능한 한 순간적으로 힘의 강도를 높이는 동작을 피한다. 실수의 요인이 되기 때문이다.

우리 육체가 기계가 아닌 이상, 순간적인 가속을 염두에 두는 순간 마음이 요동친다. 마음은 세게 치겠다고 다짐하면 필경 근육은 경직되고 동작은 축을 지키지 못하고 흔들린다. 결과는 대부분 미스샷으로 연결된다. 이런 과정은 순간적으로 이뤄지기 때문에 제어가 불가능하다.

프로선수들이 근력 운동에 정성을 기울이는 것도 이런 실수를 최소화하기 위한 자구책인 셈이다.

골프 카르마

오랜만에 수도권의 골프장을 찾았다. 라운드 약속을 하고 결례는 하지 말아야겠다는 생각에 골프 감을 되살리기 위해 이틀 연습장을 찾았지만 매일 연습하던 때와는 여러모로 느낌이 달랐다.

스윙에 대한 자신감이 떨어졌고 클럽 하나하나에 대한 신뢰감도 엷어져 있었다. 그러니 자신 있는 스윙이 만들어질 리가 없었다. 조심조심 엉킨 골프의 실타래를 풀어가겠다고 다짐했지만 뜻대로 되지 않았다. 결과적으로 방향성이 나빠 겨냥한 곳으로 볼을 보내는 것도 뜻대로 되지 않았고 거리 또한 줄어들었다. 어프로치 샷 역시 정확도가 떨어져 좋은 기회를 만들어내지 못했다. 특히 퍼팅은 최악이었다. 흔들림

없는 퍼팅이 장점이었는데 짧은 퍼트를 놓치기가 다반사고 3퍼트도 속출했다.

라운드 결과는 평소 핸디캡보다 15개 정도 더 나왔다. 동반자들은 매번 주머니를 털어가던 사람에게 돈을 땄으니 즐거워하면서도 고수도 그렇게 무너질 수 있다는 사실을 믿으려 하지 않았다. 더군다나 형편없는 스코어를 당연하다는 듯이 받아들이는 태도를 무척 신기해하는 눈빛이 역력했다.

내가 태연할 수 있었던 것은 200년 전 스코틀랜드의 교습서에 쓰여 있는 연습에 대한 선학들의 가르침을 새겨놓고 있었기 때문이다.

끊임없는 연습을 강조하는 그 교습서에는 이렇게 쓰여 있다.

“현상 유지를 바란다면 이틀에 한 번씩 연습하라. 기량 향상을 바란다면 매일 연습하라. 그러나 현상 유지나 기량 향상이 보장되는 것은 결코 아니다.”

습관처럼 유지해온 매일 연습의 습관을 수개월째 실천하지 않고 있으니 스코어에 대한 기대를 갖는다는 자체가 어불성설임을 잘 알고 있었다. 1 주일에 한 번 연습장에 갈까 말까 하면서 현상유지를 할 수 있다면 누가 골프에 매달리겠는가.

골프는 카르마(karma, 業)다. 연습의 질과 양, 골프에 대한 인식과 집중도, 그리고 라운드할 때의 모든 상황들이 어우러져 나타난다. 그러니 오늘 내가 얻는 스코어는 그 누구도 아닌 바로 자신이 만들어낸 필연의 것이다. 그런데 왜 화를 내고 불쾌해하는가.

나이가 들면서 많은 사람들이 비슷한 경험을 했을 것이고 할 것이다. 피할 수 없는 길이다. 골프가 카르마임을 인정한다면 골프장에서 골프를 즐기는 자세가 달라진다. 결코 지나친 기대는 하지 않는다. 제대로 연습도 못했으면서 전성기의 스코어를 머릿속에 그린다면 도둑심보다.

"아! 옛날이여."를 외치고만 있을 수 없다. 골프에 대한 열정이 식었다면 골프의 퇴화 역시 겸허하게 받아들이든지, 열정이 살아 있다면 도도한 물결을 한번 거슬러 오르겠다는 각오로 덤비든지 선택해야 한다. 역류를 시도해도 결국은 물결에 휩쓸릴 수밖에 없음을 깨닫겠지만 골프의 열정은 그런 무모한 도전도 가능케 한다.

골프애호가들에게 조용히 귀띔해 주고 싶다.

"골프요? 그렇게 심각하게 생각할 필요 없어요. 스코어가 좋으면 그것도 좋겠지만 푸른 잔디밭에서 친구들끼리 담소를 나누며 라운드한 뒤 생맥주 한잔 나누는 게 바로 즐거움이고 행복 아니겠습니까.”

설원의 호랑이에게는 먹잇감을 쫓는 일이 중요하지 자신의 발자국에는 관심이 없다.

치타에서 발견하는 골프의 원리

●

골프를 배운 지 2~3년만 되면 골프의 원리를 알 수 있다. 몸에 익히지 못했거나 몸이 말을 듣지 않아서, 욕심이 앞서서 그렇지 대부분의 골퍼들은 다양한 루트를 통해 골프의 원리는 이해하고 터득하게 된다.

골프가 축의 운동, 추의 운동, 회전운동을 직선운동으로 변환시키는 운동이란 말은 귀에 못이 박히도록 들어온 것이다.

문제는 논리적으로 골프의 원리를 이해하는 것과 이 원리를 골프가 요구하는 구체적인 동작으로 구현하는 것은 별개라는 점이다.

골프가 요구하는 다양한 스윙 동작은 그동안 해보지

않았던 낯선 것들이 대부분이다. 두 발을 지면에 대고 엉거주춤하게 다리와 허리를 구부리는 것에서부터 머리를 고정시키고 중심축을 지키면서 골프채를 휘두르는 일, 허리와 팔다리의 강도 높은 꼬임을 요구하는 백스윙과 팔로우스윙 등 학창시절에 경험하는 다른 스포츠에서는 해보지 않는 동작들이 태반이다.

운동신경의 발달 정도나 신체적 조건, 열성에 따라 어떤 사람은 1~2년 안에 골프가 필요로 하는 동작을 익히는 데 성공하는가 하면 어떤 사람은 구력 30년이 지나도록 익히지 못해 고통을 겪는다. 후자의 경우 골프의 지독한 중독성만 아니라면 진작 골프채를 내팽개쳤을 것이다.

주말골퍼들을 괴롭히는 헤드업, 뒷땅, 토핑, 심한 슬라이스나 훅도 이 같은 골프의 원리를 스윙 동작으로 효과적으로 구현하지 못하는 데서 생기는 고질병들이다.

회전력을 극대화하기 위해선 중심축이 흔들리지 않아야 하고, 볼을 정확히 맞히기 위해선 몸이 전후 좌우 상하로 요동치지 않아야 한다는 것은 상식이다. 당연히 축의 중심인 머리는 고정돼 있어야 한다.

헤드업을 방지하기 위해 다양한 비방(祕方)을 쓰기도 한다.

골프화 코에 '머리 박아'라고 써놓는 사람이 있는가 하면, 혼자만의 주문을 만들어 외우기도 한다. 나는 한창 골프를 배울 때 낚싯바늘을 코에 꿰어 실로 지면에 고정해두었다는 이미지를 떠올리며 헤드업을 방지하는 연습을 하기도 했다.

한순간에 잘못된 고정관념을 깨는 번개처럼 번쩍하는 각성(覺醒)을 경험할 수 있다면 더 할 수 없는 행운이다. 의식적으로 외우고 익히는 것보다는 망치로 뒤통수를 맞듯 충격으로 다가와야 쉬 잊히지 않고 머릿속에 남기 때문이다.

최근 우연히 디스커버리 채널에서 로봇 치타 관련 프로그램을 보다 머리에 번개를 맞은 듯한 깨달음을 얻었다.

매사추세츠공대(MIT) 기계공학과 김상배 교수가 개발 중인 로봇 치타3을 소개하는 프로그램이었다.

연세대 기계공학과를 나와 스탠퍼드대 석·박사 과정과 하버드대 박사후과정을 거쳐 MIT 교수가 된 그는 2006년 도마뱀처럼 벽을 기어오르는 로봇인 스티키봇(Stickybot)을 개발해 시사주간지 타임이 뽑는 '올해 최고의 발명품 44'에 선정되는가 하면 치타의 움직임을 로봇화한 치타 로봇을 개발, 2016년 국제전기전자공학회(IEEE)·미국기계협회(ASME)로부터 최우수논문상을 받는 등 우수과학자에게 수여하는 각종 상을 받은 동물 로봇 분야의 선구자다.

소개된 치타3 로봇은 액추에이터(구동계)와 알고리즘을 통해 발의 촉각만으로 20분의 1초 만에 판단하고 발을 내딛도록 개발됐는데 최고 시속 21㎞로 달릴 수 있고 1m 높이의 장애물도 뛰어넘을 수 있다.

김 교수가 로봇 치타의 알고리즘을 야생의 치타가 실제로 달리는 영상을 통해 설명하는 장면에 머리가 번쩍했다.

네 개의 다리와 허리가 역동적으로 움직이는데도 머리는 고정되어 있다는 것이 그가 설명하는 알고리즘의 핵심이었다. 머리가 고정돼 있어 균형이 유지되고 다른 신체 부위가 역동적으로 움직일 수 있다는 것이었다.

이보다 더 골프의 중심축 지키기, 특히 머리 고정의 필요성을 명쾌하게 설명해주는 예를 어디서 찾을 수 있을까.

지상에서 가장 빠르게 달리는 치타도 머리를 고정하는데 가만히 서서 스윙을 하는 골퍼가 머리를 전후 좌우 상하로 흔들어댄다면 제대로 된 스윙이 만들어지겠는가.

유명선수들의 스윙 동영상을 느린 화면으로 보면 크고 강렬한 스윙에도 불구하고 한결같이 머리의 위치가 고정돼 있다는 사실이 이를 뒷받침한다.

오 쾌재快哉라 골프여!

골프에서 얻는 즐거움은 사람마다 각양각색 천차만별이다.

논어(論語)의 학이편(學而篇) 1장의 '배우고 때때로 익히면 역시 기쁘지 아니한가(學而時習之 不亦說乎)'나 '먼 곳에서 벗이 찾아오니 역시 즐겁지 아니한가(有朋自遠方來 不亦樂乎)'를 떠올리며 골프의 무궁무진한 세계를 탐험하고 다양한 사람과 교유하는 데서 즐거움을 얻을 수 있다.

어떤 이는 중국 명말(明末) 청초(淸初)의 문학비평가 김성탄(金聖嘆)의 '불역쾌재 33측(不亦快哉 33則)'에서 맛볼 수 있는 '소확행(小確幸)'의 즐거움을 골프 속에서 음미하기도 한다.

김성탄의 '불역쾌재'는 결코 요란하거나 진한 즐거움이 아니다.

-식사 후 무료한 때 헌 가방을 열고 그 안을 이리저리 뒤적이니 우리 집에서 돈을 꾸어간 사람들이 남긴 수백 장의 차용증서가 나타난다. 꾸어간 사람 중에는 고인이 된 이도 있고 살아 있는 사람도 있다. 그러나 여하튼 빚을 갚을 가망은 없다. 나는 슬그머니 그것을 다발로 묶어 불을 지피고는 하늘을 쳐다보며 연기가 완전히 사라지는 것을 바라본다. 아, 이 또한 유쾌하지 않은가!

-한밤에 누군가 먼 곳에서 나를 생각하고 있는 것 같은 느낌이 든다. 다음 날 그 사람을 찾아 나선다. 그 집에 들어가 거실을 보니 본인은 남쪽을 향해 책상에 앉아 무슨 기록인가를 읽고 있다. 내 모습을 발견하자 대뜸 인사를 하고는 내 소맷자락을 당겨 그 자리에 앉게 하고, "때마침 잘 왔네, 자아 이것을 읽어 보게나,"하고 권한다. 그래서 우리는 웃음을 나누며 담벼락 끝으로 석양이 사라질 때까지 즐겁게 담화를 나눈다. 이윽고 친구는 시장기를 느꼈는지 내게 조용히 말한다. "자네도 시장할 테지." 아, 이 또한 유쾌하지 않은가!

-여름 날 오후, 새빨간 큰 소반에 새파란 수박을 올려놓고 잘 드는 칼로 자른다. 아, 이 또한 유쾌하지 않은가!

-빚진 돈을 모두 갚는다. 아, 이것 또한 유쾌하지 않은가!

스포츠 중에서 가장 불가사의한 것으로 알려진 골프는 다양한 깊이의 즐거움과 함께 그만큼의 고통을 안긴다. 그리고 한번 빠지면 쉬 헤어나기 힘든 마약 같은 중독성도 있다.

대부분의 골퍼들은 기량 향상, 건강 유지, 마음 수련, 벗들과의 교유, 자연 완상 등에서 즐거움을 얻는다.

인터넷을 검색해보면 '골프 3樂' '골프 5樂'이라고 해서 골프의 즐거움을 모아둔 것이 있는데 골프 자체의 즐거움과 함께 남의 불행에서 행복을 느끼는 것도 꽤 많다.

대충 이런 내용들이다.

-라운드를 끝내고 목욕탕 속에서 창밖으로 쏟아지는 비를 볼 때

-배판에 동반자 3명이 모두 OB를 내고 나만 페어웨이에 볼을 보냈을 때

-갑작스런 강우로 대부분 라운드를 포기하고 골프장을 떠날 때 버티고 기다리다 햇볕이 쨍 하고 나와 라운드를 했을 때

-라운드 후 생맥주 첫 잔을 마실 때

-라운드를 끝내고 돌아가는 길이 뻥 뚫렸는데 반대편 길은 꽉 막혔을 때

-친구가 운전하는 차 뒷자리에 알딸딸한 기분으로 깜빡 잠이 들었을 때

-3만원 딴 줄 알았는데 집에 와서 세어보니 5만원일 때

위에 든 예들도 '快哉'를 외칠 만하지만 각자의 '골프 쾌재'도 많을 것이다.

나는 다음을 더 보태고 싶다.

-모처럼 좋은 스코어로 주머니가 두둑해져 캐디피를 내고도 삼겹살집에서 뒤풀이를 했을 때

-새벽에 휴대폰 벨이 울린다. 가슴이 철렁하며 귀에 갖다 대었더니 "지금 라운드할 수 있지?" 하며 당장 골프백 메고 골프장으로 오라는 친구의 연락을 받았을 때

-한참 라운드 중 버디로 홀 아웃 하는데 주머니 속의 휴대폰이 울린다. 꺼내 보니 카톡에 문자가 와있다. 열어보니 '○월○일 골프할 수 있지? 무조건 나와!'라고 찍혀 있을 때

-드라이브 샷을 날렸는데 까마귀가 공을 물고 날아가다 그린 근처에 떨어뜨려 쉽게 버디를 했을 때

오, 쾌재라 골프여!

파도를 삼키는 모래처럼

●

단비가 내려도 대상에 따라 그 효과는 천차만별이다.

메마른 땅에 내리는 단비는 그대로 흡수되어 생명수가 되는가 하면 바위나 콘크리트 위에 내리는 단비는 스며들지 못하고 흘러내린다.

골프와 관련된 많은 지침들도 받아들이는 사람에 따라 천금 같은 팁이 되어 귀중한 깨우침을 주기도 하고 그냥 귓가를 스쳐 지나가는 잔소리에 머물기도 한다.

이 글을 쓸까 말까 망설였다. 자칫 사사로움에 이끌려 취지가 변질되지 않을까 하는 우려 때문이었다.

골프 전문가라기보다는 순수한 골프 탐험가로서 30여 년의 구력에서 얻은 깨달음을 나누고 싶은 순수한 마음에 정신적, 기능적 지침들을 소재로 칼럼을 써왔다.

당연히 일부 독자는 공감을 표시하기도 하지만 다른 의견을 제시하기도 한다. 메시지나 카톡을 통해 적극적으로 공감을 표시하고 실제로 많은 도움이 된다는 격려의 뜻을 보내주기도 한다.

그중에서도 격하게 칼럼에 공감을 표하고 이웃 지인들에게 칼럼을 열심히 퍼 나르는 형님이 이 글의 주인공이다.

골프의 정신세계를 다룬 많은 칼럼에 공감을 표하더니 최근엔 기능적인 지침을 다룬 칼럼을 읽고 확실한 효과를 보고 있다며 주변 지인들에게 일독을 권하는 정도가 되었다.

칼럼을 읽고 직접 실천해본 뒤 "골프의 새로운 경지를 경험하고 있다"며 쑥스러운 문자를 보내오기도 했다.

두 살 위의 형님 방 교수 얘기다. 형제는 전란 후 어지러운 시기를 무사히 헤쳐, 나는 언론인으로, 형님은 대학교수(철학 전공)로 홀로 섰고 은퇴 후에도 자주 만나 우애를 나누는 사이다.

내 권유로 뒤늦게 골프에 입문한 형님은 금방 골프에 재미를 붙였다. 운동을 그다지 좋아하는 편이 아닌데도 골프만은 거의 매일 연습, 지인들과 어울려 라운드를 즐길 수 있는 수준에 이르렀다. 형제가 건강을 지키며 술잔을 나눌 수 있는 것도 골프 덕분이라 해도 과언이 아니다.

이런 형이 내 칼럼을 읽고 "확실히 달라졌다"고 법석을 떨기에 동네 스크린골프장에서 조우했다. 형의 골프 수준을 아는 터라 큰 기대는 않았는데 동네 지인들과 어울려 라운드해보고 놀라지 않을 수 없었다.

어떻게 칼럼의 내용을 저렇게 100% 이상 소화할 수 있을까 믿어지지 않을 정도였다. 몰려온 파도를 순식간에 빨아들이는 해변의 모래처럼 형은 칼럼에 제시된 골프지침들을 거의 흡수하고 있었다.

형제의 신체조건이 비슷해 비거리를 늘리는 데 한계가 있지만 스윙 자세에서부터 방향성, 일관성이 확실히 예전과 달랐다. 내게 생긴 변화보다 형이 간접적으로 내 지침을 받아들여 소화해낸 것에 경탄을 금할 수 없었다.

그래서 '형만 한 아우가 없다'고 하는가 보다.

골프에 담긴 역설

한국에서 골프는 두 얼굴의 스포츠다. 많은 사람들이 즐기고 환호하는 스포츠이면서도 지탄의 대상이 되기도 한다.

골프라는 스포츠가 갖는 특별한 중독성 때문에 골프 인구의 저변이 빠르게 확대되고 우리 선수들이 좋은 성적을 거두고 있지만 한국적인 특수환경으로 골프는 여전히 '그들만의 스포츠'로 인식되고 있다.

이는 한때 만연한 왜곡된 접대문화 탓이 크다. 권력층, 부유층의 골프 애호가 때때로 지탄의 대상이 되는가 하면 심한 경우 죄악시되기까지 하는 것도 이 땅의 골프 환경과 비뚤어진 접대문화 때문이라고밖에 볼 수 없다.

한국에서만 골프가 적대시된 것만은 아니다. 골프는

초창기부터 탄압의 역사로 점철돼 있다.

골프는 발상지인 스코틀랜드에서부터 국가적인 논란거리가 되었고, 수차례에 걸친 골프 금지령이 왕명으로 내려지기까지 했다. 그러나 골프에 대한 대중의 열광적인 사랑을 차단하지는 못했다. 골프 금지령을 내린 왕마저 그 마력 앞에 무릎을 꿇게 한 골프는 '지상의 스포츠 중 가장 불가사의한 스포츠'라는 꼬리표를 달고 무서운 속도로 골프 애호가를 넓혀갔다. 골프는 대중 스포츠로 자리 잡는 데는 긴 시일이 걸렸지만 쇠퇴하기는커녕 번성일로에 있다.

이 땅에서도 골프는 가장 열광적인 애호가가 모이는 스포츠로 자리 잡고 있다. 골프가 스코틀랜드에서 발생해 오늘에 이르기까지 대중 스포츠로 각광받고 있는 이유는 '가장 인간적이고 싫증나지 않는 불가사의한 스포츠'라는 특성 때문이다.

그러나 이런 골프가 한국에 들어와서는 한동안 대중 스포츠가 아닌 소수 특권층이 즐기는, 돈 많이 들어가는 사치성 스포츠로 인식되었다. 골프의 특성이나 철학을 논하는 것 자체가 한가롭고 사치스러운 호사로 취급당했다. 한때는 공개적으로 골프를 언급하는 것조차 터부시되는 시기도 있었다.

지금도 신문에 고위 공무원이나 공기업의 장(長) 인사가 날 때 그 프로필의 취미란에 골프를 명시하는 사람은 찾아볼 수 없다. 이런 분위기는 이 땅에서 골프가 그다지 떳떳하지 못한 역사를 갖고 있음을 보여주는 대목이다.

그럼에도 골프 애호가들이 늘어나고 있는 까닭을 캐려면 골프의 기원으로 거슬러 올라가지 않을 수 없다.

골프의 기원과 발상이 딱히 언제였는지 정설은 없다. 다만 골프에 대한 최초의 기록이 골프를 탄압하는 '골프 금지령'이었다는 것만은 확실하다. 1457년 3월6일 스코틀랜드의 왕 제임스 2세는 골프를 금지하는 포고령을 내렸다.

골프사가들은 이 금지령이 내려지기 100여년 전부터 골프라는 스포츠가 있었을 것으로 추측하고 있다. 말하자면 14세기 전에 골프가 존재했을 것이라는 얘기인데 이를 입증할 만한 자료들은 풍부하다.

제임스 2세가 내린 포고령의 내용은 다음과 같다.

"축구와 골프는 절대 금지한다. 지금 우리나라(스코틀랜드)는 잉글랜드의 침공 위협에 처해 있으므로 모든 남자들은 무술에 전념해야 함에도 불구하고 이에 태만하고 축구나 골프에 열을 올린다는 것은 심히 유감스러운 일이 아닐 수 없다. 따라서 왕명으로 이를 일체 금지시키는 바이다."

이 포고령을 근거로 축구와 함께 골프라는 게임이 그전부터 스코틀랜드에서 대단히 성행했고, 따라서 왕명으로 금지시킬 수밖에 없었던 상황을 짐작할 수 있다. 제임스 2세는 골프 금지령을 내리는 한편 스코틀랜드의 숙적이던 잉글랜드의 침입에 대처하기 위해 전해인 1456년부터 16세 이상 60세 미만의 국민들에게 징병제도를 실시하고 있었다. 귀족들도 1년에 네 번은 반드시 궁술 마술 등 무술대회에 참가해야 한다는 의무규정을 만들어놓았다.

이런 상황에서 국민이 골프와 축구에 탐닉한다는 것은 용서할 수 없는 행위였을 것이다. 국가방위를 책임지고 생산 증대를 독려해야 할 국왕의 눈에는 골프는 백해무익한 스포츠였다.

골프 탄압의 역사는 이것으로 끝나지 않았다. 최초의 골프 금지령을 내렸던 제임스 2세의 아들 제임스 3세는 1471년 5월 6일, 전왕에 이어 두 번째로 골프 금지령을 내렸다. 이유는 역시 국가방위. 첫 번째 금지령이 내려진 후 14년

만의 일이다. 아무리 왕명이 엄해도 이미 대중적으로 번져 있던 골프의 열기는 세월이 가고 탄압이 심해도 식을 줄 몰랐던 모양이다.

재미있는 것은 그로부터 20년 후에 내려진 세 번째 골프 금지령이다. 제임스 3세의 아들인 제임스 4세는 1491년 5월 14일 지금까지 내려졌던 어느 포고령보다 더욱 가혹하고 엄한 골프 금지령을 내렸다.

내용인즉, "나의 왕국 어디에서든 축구나 골프, 기타 왕국의 공익과 방위에 해가 되고 반하는 쓸모없는 골프 같은 스포츠가 행해져서는 안 된다. 만약 이를 위반할 경우 당사자는 물론이고 그 토지를 제공한 자도 금고형이나 벌금형에 처한다."

이때 실제로 왕명을 어긴 일부 골퍼나 토지 제공자들이 거액의 벌금형을 선고받았거나 구금된 사례가 발생했다. 이런 기록들은 골프의 속성, 골프의 마력을 여실히 보여주는 사례가 아닐 수 없다.

가장 극적인 사례는 세 번째 골프 금지령을 내렸던 제임스 4세가 열렬한 골프애호가로 돌변하는 모습이다.

제임스 4세는 금지령을 내린 지 3년 후인 1502년 골프 금지령을 스스로 위반한 기록을 남겼다. 그해 9월 21일

궁정 회계부에 "왕이 궁사(弓師) 생 존스톤에게 골프클럽을 만들게 하고 그 대금으로 8실링을 지불케 했다"라는 기록이 남아 있다. 그리고 다음 해인 1503년 2월 3일자에는 "왕이 신하인 바즈웰 백작과 골프를 하고 내기에 져서 42실링을 지불하도록 한 후 또 공을 만드는 대금으로 8실링을 지불했다"고 기록돼 있다. 뿐만 아니라 제임스 4세는 바즈웰 백작에게 번번이 져 화가 난 나머지 그 후 3년간 열심히 골프연습을 했고 그 때문에 1505년 2월 22일에는 공 1다스의 대금으로 3실링, 1506년 7월 18일자에는 클럽 대금으로 2실링을 지불토록 한 기록도 남아 있다.

이런 기록도 남아 있다.

평소 "골프란 도대체 힘도 숙련도 필요치 않은 바보스러운 스포츠"라는 골프 무용론을 펴온 제임스 4세에게 당시 귀족과 시민들은 "국민건강에 유익한 스포츠를 금지시킴은 현명치 않다"며 상소도 하고 간곡히 재고토록 요청했다. 왕은 "그렇다면 직접 시험해보자"며 코스에 나가 스윙을 해보았으나 공이 뜻대로 맞지 않았다.

화가 난 왕은 "짐이 아무렴 이 정도도 못 치겠느냐"며 다음 날도, 그 다음 날도 코스에 나가 샷을 해보았으나 역시 뜻대로 되지 않았다. 그래서 왕은 점차 골프에 열을 올리게 됐고, 결국 골프라는 마술에 걸리고 말았다.

제임스 4세의 아들 제임스 5세 역시 열렬한 골프 애호가로 왕가로서는 처음으로 사설 골프장을 만들어 골프를 즐겼다. 그는 축구와 함께 골프를 국기로 정했을 뿐만 아니라 로열 스포츠로 격상시키는 데 앞장섰다.

제임스 5세의 딸 매리 공주는 사상 최초의 여성골퍼로, 그녀는 바로 골프 때문에 비명에 가고 만다.

매리 공주는 제임스 5세에 이어 스코틀랜드의 여왕이 되는데, 여왕이 되어서는 골프를 광적으로 즐겼다.

시녀와 골프를 쳐서 게임에 지자 자신의 목걸이를 선물했던 일화도 전해지는 그는 1567년 남편인 당리 경(卿)의 살인사건이 발생한 지 불과 며칠 되지 않아 장교와 함께 골프를 쳤다. 이 사건으로 교회와 충돌한 여왕은 끝내 교회의 분노를 누그러뜨리지 못하고 왕궁에서 쫓겨나 잉글랜드에서 오랜 유폐생활을 하다 형장의 이슬로 사라졌다.

최초의 여성골퍼가 바로 골프 때문에 비명에 갔다는 사실은 극적인 아이러니로 볼 수도 있지만 골프가 갖고 있는 중독성 높은 마력을 엿보게 하는 사례이기도 하다.

"일요일 오후 교회의 예배가 끝난 후에는 골프를 쳐도

좋다"는 골프 완화령을 내린 왕은 바로 골프 때문에 형장의 이슬로 사라진 매리 여왕의 아들인 제임스 6세다. 그는 잉글랜드의 제임스 1세로 2개의 왕위를 갖고 있었는데 그 역시 어머니의 기질을 물려받은 지독한 골프광이었다. 골프 금지령은 해제되었으나 일요일이나 안식일에는 골프를 금지시켰고 이를 위반했을 때에는 40실링의 벌금에 처하도록 돼 있었는데, 제임스 6세는 일요일 골프금지 조치에 국민들의 불평이 높아지자 1618년 일요 골프금지를 푸는 완화령을 내렸다.

이를 두고 역사가들은 "국민의 불평뿐만 아니라 왕 스스로가 일요일 골프 금지가 불편해서 해제했을 것"이라는 견해를 보이고 있다.

이후 골프 열풍은 요원의 불길처럼 스코틀랜드와 잉글랜드 전역으로 번지고, 다시 유럽의 주변 국가로 전파됐다.

미국이라는 신천지로 건너가면서 골프는 절정기를 맞았다. 특히 영국과 미국에서의 골프 열풍은 "영국인은 3명만 모이면 골프장 만들 궁리를 하고, 미국인은 넓은 땅만 보면 골프장을 설계한다"는 말이 나올 정도였다.

우리나라도 아시아 지역에서는 일본에 이은

'골프강국'으로 국내 골프용품 시장규모가 세계 세 번째에 이를 정도로 그 열풍이 뜨겁다.

골프는 당시의 국가 상황에 따라 엄격히 금지되기도 하고 부분적으로 허용되는 우여곡절을 겪었지만, 골프가 갖고 있는 중독성 강한 마력과 '인간보다도 더 인간적'이라는 속성 때문에 골프를 향한 대중의 사랑을 막을 수는 없었다. 그리고 골프가 대중화된 대부분의 선진국에서 골프는 국민의 정신적, 육체적 건강 증진에 크게 기여하는 스포츠, 남을 배려할 줄 아는 습관을 자연스럽게 체득케 하는 예절의 스포츠, 그 속에서 인생의 모든 것을 실감나게 체험할 수 있는 인간수양의 스포츠로 폭넓은 사랑을 받고 있다. 골프로 인한 폐해가 있다면 골프가 너무 재미있는 나머지 지나치게 골프에 몰두한다는 점일 것이다.

"스코어 100대를 치는 사람은 골프를, 90대를 치는 사람은 가정을, 80대를 치는 사람은 비즈니스를 소홀히 한다. 70대를 치는 사람은 모든 것을 소홀히 한다."

골프를 제대로 치지 못하는 사람과 지나치게 골프에 빠진 사람을 빈정대는 투의 이 격언 속엔 골프가 갖고 있는 강한 중독성과 함께 회사 일이나 가정, 심지어 자기 자신까지 희생할 정도로 엄청난 노력과 시간을 쏟지 않고는 골프를 제대로 즐길 수 없다는 역설이 함께 담겨 있다.

트라우마의 지뢰밭

골프만큼 핑계거리가 많은 스포츠도 없을 것이다. 풍성한 포획을 상상하고 사냥에 나서는 사냥꾼처럼 골퍼 역시 희망과 즐거움을 찾아 필드로 향하지만 골프코스는 결코 파라다이스가 아니다. 코스 자체는 파라다이스의 조건을 충분히 갖추었지만 코스를 걷는 골퍼의 마음은 코스의 아름다움과 평화로움을 그대로 받아들일 만큼 여유롭지 못하다. 그 많은 핑계거리만큼 다양한 종류의 스트레스와 징크스가 운명처럼 따라다니기 때문이다.

트라우마(trauma)는 의학 병리학에서만 통용되는 용어가 아니다. 간단히 정의해 '외상 후 정신적 스트레스 장애'로 알려진 트라우마는 사실 인간의 마음속에 똬리를 틀고

상주한다고 해도 과언이 아닐 것이다.

성인이 아닌 이상 스트레스 없는 삶이란 존재할 수 없다. 어떤 분야이든 최고의 경지에 오른 사람들은 겉으로 드러난 즐거움과 보람 뒤에 뼈를 깎는 인내의 그림자를 안고 있다. 한 시대 빙판의 요정으로 추앙받은 김연아도 결정적인 순간에 다리가 무감각해져 마음먹은 동작을 할 수 없는 입스(yips) 증후군에 시달렸다는 얘기를 들으면 고통스런 트라우마를 자신의 한 부분으로 받아들인 뒤의 각고의 노력이 그들을 최고의 경지로 이끈 추동력이 되지 않았을까 생각된다.

골프라고 예외일 수 없다. 싱그러운 초원에서 한가하게 노닐며 이따금 그다지 복잡하거나 힘들어 뵈지 않는 동작으로 볼을 날리는 골프야말로 실은 트라우마의 지뢰밭이다.

입스 증후군으로부터 자유로운 골퍼는 없다. 정신성 불안증세로 인해 나타나는 근육의 경련현상인 입스 증후군은 정도의 차이만 있을 뿐 설레는 가슴으로 필드를 찾은 모든 골퍼에게 필연적으로 나타나게 돼있다.

첫 홀 티잉 그라운드에 올라섰을 때의 울렁거림과

드라이버샷을 실패하면 어쩌나 하는 두려움, 벙커와 해저드에 대한 공포, 짧은 어프로치 샷을 남겨놓은 상황에서의 머리의 어지러움, 별로 어렵지 않은 퍼팅을 남겨놓고 겪는 두뇌의 잼 현상 등 지나친 흥분과 긴장에 따른 입스 증후군은 골프에서는 다반사로 나타난다.

이런 입스 증후군의 증세가 지속되면 터부 또는 징크스로 나타나고 결국에는 트라우마로 굳어진다.

입스 증후군 없는 골퍼가 없듯 트라우마 없는 골퍼 역시 존재할 수 없다.

트라우마 자체에 좋고 나쁨은 없다. 그것은 상처의 흔적일 뿐이다. 그 흔적을 보면서 지난날의 아팠던 기억을 되살려 헤어나지 못하고 고통을 받는다면 고질적 트라우마가 되고 만다.

있는 그대로 받아들이면 트라우마가 치유되고 징크스나 터부로 굳은살이 되지 않을 텐데 부정하려다 보니 트라우마의 존재는 더욱 강해지고 나를 옥죈다.

'골프란 원래 천국과 지옥을 오락가락하는 운동이다. 무슨 일이든 일어날 수 있는 게 골프다'라는 대전제를 깔고 라운드에 임하면 필드에서 발생하는 모든 끔찍한 일들을 견뎌낼 수 있지만 '왜 유독 나에게 이런 끔찍한 일이 일어나는가'라며 부정하면 정신적 상처는 치유되기는커녕 더욱 악화될 뿐이다.

촉망받던 신인이었다가 원인 모를 추락으로 극심한 우울증에 빠져 9년여 고통의 세월을 보내며 자살까지 생각했던 재미교포 골퍼 크리스티나 김(30)이 겪은 트라우마는 결국 자신의 우울증을 인정하고 스스로 탈출로를 모색함으로써 222 게임 만에 우승을 거두는 기적을 낳았다. 트라우마에 굴복하지 않고 트라우마를 천연두 자극처럼 받아들임으로써 트라우마를 극복한 대표적 케이스다.

내게도 한때 벙커샷에 대한 트라우마가 있었다. 벙커에 볼이 들어가면 한 번에 탈출하지 못하고 투닥거리는 일이 비일비재했다. 주변에서 벙커샷 연습할 곳도 없어 고질병처럼 굳어가던 차에 해변으로 짧은 휴가를 다녀오면서 벙커샷에 대한 공포를 치유할 수 있었다. 휴가철이 아니어서 백사장은 한가했다. 샌드웨지와 볼 20여개를 들고 백사장 한 끝에서 벙커샷 연습을 시작했다. 다양한 상황의 벙커샷을 하면서 백사장을 반나절 동안 왔다 갔다 했다. 이튿날에도 백사장에서 반나절을 보냈다.

그러고 나니 벙커샷에 대한 공포는 씻은 듯 사라져 평범한 어프로치를 하듯 할 수 있었다.

골퍼들이 누적된 스트레스와 징크스 등으로 생긴 트라우마로부터 벗어나는 길은 트라우마의 존재를 인정하고 트라우마가 생긴 근본원인을 찾아내 꼬인 실타래를 하나하나 풀어가는 길 외에 왕도가 없다.

정글의 법칙과 골프

●

현대화, 도시화의 늪에 빠진 현대인에게 야생(野生, Wild life)은 로망이다.

코미디언이자 탤런트인 김병만의 '정글의 법칙'이 인기리에 롱런하는 것도 야생을 동경하는 현대인의 심리와 무관하지 않을 것이다. 내셔널 지오그래픽이나 디스커버리 채널의 야생 생존 프로그램의 시청률이 높은 것도 같은 이유다.

일상의 굴레에 묶여 직접 야생으로 뛰어들지는 못하지만 야생에서의 생존 프로그램을 통해 간접 체험하며 대리만족을 얻는 것이다.

내셔널 지오그래픽이나 디스커버리 채널에서 소개되는

야생에서의 생존기술은 무궁무진하다. 특수훈련을 받은 특수부대 출신이나 어렸을 때부터 야생을 즐기면서 고도의 생존기술을 터득한 전문가들이 펼치는 야생은 우리의 상상력을 뛰어넘는다.

불을 피우는 것에서부터, 자연에서 얻는 소재로 잠자리와 입을 것을 마련하고 사냥하는 법, 낚시하는 법, 물 찾기, 위험한 동물들에 대응하는 법 등 이들의 생존기술은 한계가 없다.

영국의 베어 그릴스, 에드 스테포드, 레이 미어스, 미국의 데이빗 캔터베리, 코디 룬딘, 마이클 호크, 캐나다의 레스 스트라우드 등이 대표적인 생존전문가들이다.

김병만도 타고난 야생 생존전문가로 손색이 없다. 그에겐 불가능이란 없어 보인다. 어떤 극한의 상황에서도 두려움 없이, 치밀하게 살길을 찾아내 그를 따르는 부족원들을 안전하게 인도한다.

야생 생존게임과 골프는 너무도 닮았다. 모두 상당한 수준의 기술 습득이 필요하다는 공통점이 있다.

야생전문가들은 불을 피우는 기술에서부터, 식수를 만드는 법, 체온을 유지하는 법, 사냥과 낚시법, 독충과

익충을 구별하고 먹을 수 있는 식물과 독이 있는 식물을 구별하는 법, 해충을 퇴치하는 법 등을 기본으로 익히고 다양한 상황을 직접 체험하면서 고도의 노하우를 쌓아야 한다.

골프 역시 스윙의 기본자세와 원리를 배우고 각 클럽 별로 다루는 기술을 익혀야 한다. 그러면서 다양한 골프코스에서 다양한 상황을 겪으면서 기술을 심화시켜야 한다.

실패와 성공에 관계없이 도전 자체만으로 다른 것과 비교할 수 없는 쾌감을 준다는 것도 닮았다. 실패할 경우 다음의 성공을 위해 전의를 다지는 것이나 성공해도 더 높은 목표를 정해 도전의욕을 불태우는 것 역시 닮았다.

야생 생존게임은 처음부터 일부러 최악의 극한상황을 찾아가는 데 비해 골프는 최상의 상황을 추구한다는 점은 다르다.

야생 생존게임은 일정 기간 생존이나 탈출이 거의 불가능해 보이는 지역을 골라 진행된다. 온갖 극한상황을 돌파해야만 임무를 마칠 수 있다.

그러나 골프는 안전지대와 위험지역이 구분되어 있어 능력만 있다면 위험지역은 얼마든지 피할 수 있다.

굳이 위험을 감수할 필요가 없다. 확률이 매우 높은

안전지대가 펼쳐져 있지만 자신도 모르게 위험지역으로 끌려 들어간다. 바로 골프코스의 위험지역에서 야생 생존전문가와 같은 고도의 기술과 정신력이 필요하다.

클럽을 떠난 볼은 넓은 페어웨이를 피해 러프, 벙커, 숲을 찾아가기 일쑤다. 비단결 같은 그린도 미묘한 함정과 덫으로 골퍼의 인내심을 시험한다. 어프로치에서도 다양한 클럽과 기술을 동원해야 한다.

위험한 상황에서 탈출하기 위해 인내심을 갖고 머리를 쥐어짜야 한다는 점에서 야생 생존게임이나 골프는 너무도 닮았다.

파에 대한 오해

주말골퍼들이 저지르는 실수 중 하나는 파(Par)에 대한 오해다. 파란 그 홀을 실수 없이 성공적으로 공략했을 때 낼 수 있는 기준타수다. 그러나 대부분의 주말 골퍼들은 자신의 실력과 관계없이 파를 자신의 기준으로 받아들이는 우(愚)를 범한다.

파가 생긴 역사를 살펴보면 아마추어 골퍼들이 얼마나 가당찮은 기준으로 자기학대를 하고 있는지 알 수 있다.

골프의 본고장 스코틀랜드에서 코스설계가들이 골프코스를 만들면서 각 홀의 기준타수를 정할 때 기준으로 삼은 것은 아마추어 골퍼가 아닌 골프선수였다.

골프선수가 실수 없이 코스를 현명하게 공략해

성공했을 때 얻을 수 있는 기준타수를 19세기 초까지 '보기(Bogey)'라고 했다. 당시 인기를 끌고 있던 오페레타의 주인공 '보기맨(Bogeyman;도깨비, 유령의 뜻)'에서 따왔다고 한다.

선수가 실수 없이 경기했을 때 얻을 수 있는 스코어가 보기이고 버디(Birdie)는 신의 은총이나 자연의 축복이 있어야 가능한 귀한 선물로 받아들여졌다.

기준타수 용어가 공식적으로 탄생한 것은 1890년. 영국왕립골프협회(R&A)가 이른바 '3S'라고 해서 'Standard, Scratch, Score'란 용어를 만들었다. 줄여서 'SSS'라고 한다. '핸디캡에 상관없이 모두에게 동등하게 적용되는 기준타수'란 뜻이다. 그러나 'SSS'보다는 '보기'라는 용어가 더 일반적으로 사용되었다.

오늘날 기준타수를 뜻하는 파(Par)란 용어는 영국이 아닌 미국에서 탄생했다. 영국의 골프가 미국에 상륙하고 20년쯤 뒤인 1908년 USGA가 '동등하다'는 뜻의 '파(Par)'를 기준타수를 뜻하는 용어로 공식 채택했다. 이때부터 원래 기준타수를 의미했던 영국의 보기는 기준타수보다 한 타 더 친 스코어의 용어로 정착되었다.

이 용어에 익숙하지 않았던 영국의 골퍼가 미국에서 경기하면서 기준타수 즉 파를 하고도 영국관습대로 스코어카드에 보기라고 쓰는 바람에 손해 보는 해프닝도 벌어졌다고 한다.

이처럼 선수 기준으로 정해진 파를 주말골퍼들은 마치 자신의 기준으로 받아들인다. 파온에 실패하거나 파보다 한두 타 더 치면 큰 실수를 저지른 것으로 받아들이고 분노에 싸여 자신을 바보로 만들어 학대하기도 한다.

물론 골프 장비의 개발과 연습방법의 개선으로 처음 기준타수가 생겨날 시대의 상황과는 많은 차이가 있지만 파란 골프선수가 실수 없이 홀 아웃 했을 때 얻을 수 있는 스코어인 것만은 변함없다.

실제로 2019-2020시즌 PGA투어 선수들의 파온 확률(GIR, Greens in regulation)을 보면 주말골퍼들의 자학이 얼마나 터무니없는 것인가 알 수 있다.

코로나19 사태 이전인 2020년 3월 초 열린 PGA투어 아놀드 파머 인비테이셔널까지 22개 대회 통계를 보면 파온 확률이 가장 높은 선수가 짐 퓨릭으로 76.32%다. 부 위클리와 패트릭 캔틀레이가 75%로 공동 2위, 저스틴

토마스가 71.63%로 12위, 존 람이 70.5%로 27위에 올라 있다. 세계랭킹 1위 로리 매킬로이의 파온 확률은 71.06%로 18위다. 페덱스컵 랭킹 1위인 임성재의 파온 확률은 68.62%로 공동 61위에 불과하다.

내로라는 PGA투어 선수들도 파온 확률이 60~70%대인데 주말골퍼들이 파온을 못했다고 불만에 싸여 화를 낸다는 것은 말이 안 된다.

선수들의 기준을 자신의 기준으로 오해하고 엉뚱한 핸디캡을 머릿속에 담아두는 탓에 라운드의 즐거움을 잃는 것이다.

골프의 고해(苦海)에서도 즐거움을 맛보려면 잘못된 파에 대한 인식, 자신만의 핸디캡에서 벗어나는 지혜가 필요하다.

치명적 중독성

육체의 운동량으로 따지면 골프는 축구 배구 같은 구기종목이나 마라톤이나 장거리달리기 같은 육상 종목과 비교되지 않는다. 쾌감 또한 사격 야구 승마 등에서 얻는 것보다 진하다고 할 수 없다. 역동성이나 관객의 열광 면에서도 밀린다. 마치 안 해도 그다지 아쉬울 것 없는 느슨한 취미활동처럼 보인다.

그러나 치명적 골프의 중독성은 바로 조금씩 모자란 듯한 것들의 절묘한 조합에서 잉태된다.

육상이나 구기종목, 격투기, 등산처럼 많은 칼로리를 요구하는 운동도 아니면서 슛, 스파이크, 펀치, 배팅처럼 강렬함도 약하다. 프로골퍼를 제외하곤 관중으로부터 주시의 대상이 되지도 못한다.

제각각의 스윙, 그다지 빠르지 않은 걷기, 충분히 짊어질 수 있는 골프백과 제각각의 장비, 그다지 복잡하지 않은 경기규칙 등 얼핏 보면 골프는 이렇다 할 특색이나 역동성이 없는 스포츠처럼 보이기도 한다.

그럼에도 골프가 치명적 중독성으로 사람들을 매료시키는 것은 왜일까.

대결 구도의 모호성, 땀과 노력에 비례하지 않는 결과의 의외성, 두 번 다시 같은 샷을 날릴 수 없는 일회성, 그리고 끝없는 탐험에도 불구하고 골프의 진수를 알았다고 장담할 수 없는 불가사의성 등이 아닐까 싶다.

골프가 안고 있는 여성성(女性性) 또한 남성들로 하여금 골프에 몰입케 하는 요인이 될 수 있을 것이다.

골프는 여러모로 여성을 닮았다. 최종 목표가 그린에 뚫린 홀에 볼을 집어넣는다는 것의 상징성은 물론 여체를 연상케 하는 골프코스, 잠시라도 한눈을 팔고 정성을 기울이지 않으면 떠나 버리는 골프의 감각 등 골프에서 발견하는 여성성은 부지기수다. 특히 티샷에서부터 홀 아웃에 이르기까지 펼치는 온갖 전략은 사랑하는 여성을 대할 때와 매우 흡사하다.

이런 골프가 한때는 금녀의 성역이었다는 것은 잘 알려진 사실이다. 물론 처음부터 여성의 골프장 출입이 금지되었던 것은 아니다. 남정네들에 비해 골프에 대한 열기가 덜 했던 것은 사실이나 골프장 출입이 금지되지는 않았다.

남녀 모두에게 개방되었던 골프가 불행히도 골프를 지독히 좋아했던 한 여인으로 인해 금여의 철옹성으로 변했다. 바로 최초의 여성 골퍼인 스코틀랜드의 매리 여왕 때문이다.

지독한 골프광인 매리 여왕은 부군인 당리 경(卿)이 암살당한 지 3일도 안 돼 젊은 백작과 골프를 즐겼다. 이를 두고 의회가 들끓었고 '여왕이 백작과 공모해서 남편을 죽였다'는 소문까지 나돌았다.

결국 그녀는 1587년 골프 역사상 가장 무거운 벌타를 받았다. 남편이 암살된 지 3일 만에 젊은 백작과 친 골프가 화근이 되어 기어코 단두대의 이슬로 사라진 것이다.
그녀의 비참한 운명은 여성 골퍼의 불행을 예고한 것으로, 이후 200년간 여성은 골프장 근처에 얼씬도 할 수 없게 됐다. 당시 골프코스가 '금녀(禁女)의 낙원' 즉 '이브리스 패러다이스(Eveless Paradise)'로 불린 까닭이다.

골프는 그 자체가 항상 새로운 것들과의 조우(遭遇)다. 그것도 계절, 날씨, 골프장, 골프장비, 파트너, 캐디 등이 엮어내는 수많은 조합과의 조우다.

그래서 한 번도 같은 느낌은 없다. 수많이 날리는 샷도 두 번 다시 되풀이할 수 없다. 샷 하나하나가 처음이자 마지막이다. 늘 신천지를 탐험하는 느낌을 갖게 되는 이유다.

조우 즉 만남은 접촉이다. 접촉은 어떤 형태로든 느낌을 준다. 스포츠의 궁극적 쾌감도 승패가 아닌 접촉의 느낌에서 나온다고 믿는다.

작열하는 펀치로부터 전해지는 짜릿한 쾌감, 가벼운 터치의 상쾌함, 셔틀콕이 네트에서 튕겨나가는 느낌, 발등을 떠난 공이 골 네트를 가르는 순간의 쾌감, 시위를 떠난 화살이 과녁에 명중하는 순간의 느낌 등은 촉감에 가깝다고 할 수 있을 것이다.

골프야말로 철저한 '촉감의 게임(haptic game)'이다.

골프는 달리 보면 손과 골프채, 볼, 그리고 지면과의 접촉에서 쾌감을 얻는 스포츠다. 골프채가 아가위나무나 감나무에서 철, 티타늄, 카본 같은 복합소재 등으로 발전하는 것도, 골프공의 소재가 끊임없이 개발되는 것도 보다 나은 촉감을 얻기 위함일 것이다. 골프와 관련된 모든 공학은 결국 촉감과의 싸움이라 해도 지나침이 없다.

그러나 골퍼들은 곧잘 잊는다. 완벽한 촉감은 도구가 제공하는 것이 아니라 주인공이 대상에 쏟아 붓는 사랑에 비례하며 주인공과 대상과의 완전한 '하나 됨'이 이뤄졌을 때 절정에 이른다는 것을. 내 도구에 대한 각별한 사랑으로 도구와 하나가 되었을 때 좋은 촉감을 느낄 수 있다.

문제는 골프에는 '하나 됨'을 이뤄야 할 대상이 너무 많다는 데 있다. 골프클럽은 '하나 됨'의 가장 일차적인 대상이다. 클럽과 내 손과 팔이 얼마나 친숙하고 익숙한가에 따라 골프의 행로가 달라진다. 그 다음은 육체와 클럽과 스윙의 '하나 됨'이다.

기능적인 차원만 이 정도인데 조금 시야를 넓히면 하나가 되어야 할 대상은 많다. 잔디, 러프, 모래 등의 코스, 변화무쌍한 기상조건, 그리고 팀원 등과도 모래알 같은 이질감 없이 일체화가 이뤄졌을 때 비로소 골프의 무애무변(無涯無邊)한 세계를 맛볼 수 있다.

핸디캡에 담긴 철학

골프에서 핸디캡(handicap)은 참 묘하다. 그냥 골프 얘기를 할 때는 되도록 핸디캡을 낮춰 말하고 실제 라운드에서 내기에 들어가면 실제보다 높여 주장한다. 체면을 내세울 때와 주머니를 생각할 때의 핸디캡이 달라진다. 그러면서도 모든 골퍼들은 궁극적으로 핸디캡을 낮추기 위해 고군분투한다.

핸디캡의 어원은 위스키를 좋아하는 스코틀랜드 사람들 사이에서 비롯되었다는 것이 정설로 알려져 있다.

술과 친구를 좋아하는 스코틀랜드 남자들은 친구 셋 이상만 모이면 아침부터라도 술집으로 직행하여 술잔치를 벌이는 게 관습이라고 한다. 스코틀랜드 사나이들의 열린 가슴은 술값을 계산할 때도 그대로 드러나 각자 제 몫을 내는 네덜란드 사람들과는 달리 쩨쩨하게 굴지 않았다고 한다.

스코틀랜드 사나이들은 술집에서 일행 중 누군가 "자, 이제 그만 마시고 술값을 내지!"하고 말하면 누군가가 모자를 벗어들고 "핸드 인 어 캡(Hand in a cap)!"하고 소리쳤다고 한다. 그러면 모두 주머니에서 돈을 꺼내 모자 속에 집어넣는데 일정한 액수가 정해지지 않고 자기 주머니 사정에 따라 내면 되었다. 누가 얼마를 냈는지를 모르면서 모두 자기 형편에 맞게 냈다고 하니 공평하고 마음 편한 방법이다.

모자 속에 쪽지를 넣어 제비뽑기로 술값 낼 사람을 정한 데서 비롯되었다는 설도 있다.

이런 어원을 가진 핸디캡 제도를 골프에 도입했다는 것은 골프의 신사도를 가늠케 한다. 자기의 주머니 사정에 맞게 술값을 내듯 골프를 할 때도 상대방의 약점이나 허점을 이용하는 게 아니라 그것을 보완할 수 있도록 점수를 접어준다는 것은 골프가 남녀노소 불문하고 평생 운동으로 즐길 수 있는 스포츠로 자리 잡게 하는 데 결정적인 역할을 했다.

18세기엔 경마에 이 제도가 공식 도입되었다. 핸디캡 사정원(査定員)이라고 하는 심판관이 과거의 경기기록에 따라 말의 부하 중량을 달리 정했는데 빠른 기록을 가진 말일수록 무거운 모래주머니를 달고 달려야 했다. 속보 경마에서는 출발 지점을 다르게 했다고 한다.

골프의 핸디캡은 만인이 편한 마음으로 수용할 수 있는 가장 민주적인 게임 규칙이다. 다른 스포츠에선 약자는 어쩔 수 없이 패자의 쓰라린 맛을 봐야 하지만 핸디캡이라는 절묘한 룰이 존재하는 골프에선 강자라도 언제나 이기리라는 보장이 없다. 약자라고 해서 늘 진다는 법도 없다. 항상 '붙어볼 만한 게임'의 가능성이 열려 있다.

핸디캡의 정신을 제대로 깨닫는다면 티잉 그라운드 위에서 "핸디캡을 더 달라" "못 주겠다"든가, "핸디캡이 엿장수 고무줄이냐, 늘었다 줄었다 하게!" 같은 대화를 애교로 넘길 수 있다.

그러나 골프를 하겠다고 나선 이상 높은 핸디캡을 자랑으로 내세울 수는 없다. 골프라는 것이 부단한 연습과 자기 수양으로 스코어를 개선해나가는 게임인 만큼 핸디캡을 줄이려는 노력은 반드시 뒤따라야 한다.

골프기술을 완벽에 가까운 경지로 끌어올렸다는 평가를 받는 남아공의 게리 플레이어나 미국의 벤 호건은 거의 구도자에 가까운 자세와 집념으로 작은 체구의 핸디캡을 극복하고 골프사의 한 페이지를 장식할 수 있었다.

골프의
금과옥조

●

골프 서적을 훑어보면 전문가들이 중요하다고 강조하는 사항들이 너무나 많은 것에 놀란다. .

프로골퍼 톰 왓슨은 골프의 필수 3요소로 욕망(Desire) 헌신(Dedication) 결단(Decision)의 3D를 꼽았다. 골프를 제대로 즐기며 좋은 스코어도 내보겠다는 욕심과 골프를 사랑하는 마음, 그리고 실천으로 옮기는 노력 등을 일컫는 것이리라. 프로골퍼 빌리 캐스퍼는 챔피언이 되기 위한 필수 3D로 Desire(욕망) Devotion(헌신) Discipline(자기제어)를 꼽았다.

레슨프로 출신의 밥 토스기는 골프에서 훌륭한 샷을 위해서는 5P가 필요하다며 Preparation(준비) Position(위치)

Posture(자세) Path(궤도) Pace(보조)를 강조했다. 샷을 위한 준비스윙을 한 뒤 목표를 잡아 위치를 굳히고 자세를 제대로 잡은 후 제대로 된 스윙을 하되 페이스와 스피드 리듬을 유지해야만 한다고 설명한다. 실전에 필요한 기술 위주의 필수사항이 아닐까 여겨진다.

누가 처음 설파했는지는 모르겠으나 골퍼에서 제대로 가다듬어야 할 3A로 Ability(능력) Ambition(의욕) Attitude(자세)를 들기도 한다.

기복 없는 플레이를 하려면 두 가지 3C를 갖춰야 한다는 금언 역시 골프 진리로 받아들여지고 있다. Confidence(자신) Concentration(집중) Control(자제)의 3C와 Consistence(견실) Composure(침착) Courage(용기)의 3C가 바로 그것이다. 구력이 좀 되는 골퍼라면 이 여섯 가지 C가 얼마나 중요한지 공감할 것이다.

골프에서 금기시해야 할 3C로는 Confusion(혼란) Complain(불평) Consolation(자위)를 꼽기도 한다.

골프의 대선배들은 골프 에티켓을 위해서는 3R을 기억하라고 가르친다. 샷을 하면서 떨어져나간 잔디를 제자리에 메우는 Replace, 벙커에 난 발자국이나 스윙 자국을 없애는 Rake, 그린에 생긴 볼 자국이나 스파이크

자국을 없애는 Repair를 명심하라는 말이다.

이처럼 수많은 금과옥조에도 불구하고 많은 사람들이 골프를 하면 할수록 미궁에 빠지는 것은 골프라는 운동 자체가 '목표(goal)가 없는 끝없는(endless) 게임'이기 때문일 것이다. 그래서 골프는 '죽을 때까지 끝없이 깨달아가는 게임'이다. 나이가 70이 넘어서도, 구력이 30년을 넘었어도 어느 날 필드에서 돌아와 "이제야 골프가 무엇인지 깨달을 것 같군!"하고 스스로 무릎을 치는 일이 벌어지는 것은 다 이유가 있다.

구력 30여 년을 넘기면서 지금까지 누적된 골프 관련 지식과 수많은 시행착오, 주변의 골프메이트들을 통해 보고 들은 경험을 종합해볼 때 골프에서 가장 필요한 것을 세 가지로 요약하고 싶다. 물론 부단한 연습과 탐구정신 같은 것은 기본으로 하고.

그것은 통찰력(Penetration) 결단력(Decisiveness) 집중력(Concentration)이다. 이 세 가지가 한 사람의 골프를 결정적으로 좌우한다고 믿는다.

통찰력이란 어떤 골프장의 전반적 지형적 특징과 각 홀의 특징을 알아내고 계절과 시간에 따라 변하는 자연환경의 흐름을 예리하게 간파하는 능력이다. 코스 안내도를 본 뒤 티잉그라운드에 올라서면서 그 홀이 숨기고 있는 함정과 유혹을 읽어내고 안정적이고도 효율적인 공격 루트를 찾아내면 게임을 풀어가기가 한결 쉽다. 흔히들 짧은 파4나 파5홀을 소개할 때 캐디들은 '서비스홀'이라고 말하지만 서비스홀이란 없다. 코스 설계가들은 거리를 짧게 하는 대신 그 속에 함정을 숨겨놓기 마련이기 때문이다. 숨겨진 함정이 없다 해도 플레이어 스스로가 만만하게 보고 버디 욕심을 노려 몸과 마음이 경직되는 덫에 걸려들기 마련이다. 그린에 이르기 전부터 그린의 흐름을 살펴 편평한(?) 그린에 숨겨진 산과 산맥, 골짜기를 읽어내는 능력 또한 통찰력의 중요한 한 부분이다.

통찰로 얻은 정보를 냉정하고도 객관적으로 분석한 뒤 공략방법을 결정하는 능력이 결단력이다. 뻔히 OB나 벙커 또는 해저드로 빠질 위험성이 높은데도 설마를 믿고 공략루트를 정하는 것은 결단력 결핍이다. 피할 지점은 확실하게 피하겠다는 마음의 다짐이 필요하다. 안전한 공략을 작정했다면 거리상 다소 불리하더라도 안전한 지점에 안착하는 것을 최우선 목표로 삼아야 한다. 바로 온을 노릴 것인가, 레이오프를 할 것인가, 어떤 길을 선택하느냐에 따라 그날의 게임 흐름이 180도 달라질 수 있다.

이때 냉정한 결단력이 요구된다. 워터해저드를 넘기겠다고 작정했는데 막상 준비자세를 취하니 자꾸 워터해저드에 볼이 빠질 것 같은 생각이 들면 올바른 결단력이 아니다. 그린 위에서도 거리, 경사, 잔디의 결 등을 잘 읽어냈으면 어떤 길로 어떻게 스트로크를 해야겠다는 결단이 필요하다. 결단 없이 스탠스를 잡으면 필경 확신 없는 어정쩡한 퍼팅으로 이어지고 만다.

훌륭하게 통찰하고 올바른 결단을 내리고도 집중력이 떨어지면 좋은 결과를 기대할 수 없다. 집중력이란 자신이 모은 정보를 신뢰하고 그 정보를 바탕으로 내린 결정을 확고하게 믿고 온 정성을 쏟아 샷을 창조해내는 능력이다. 이때 끼어들기 쉬운 것이 실패를 가정한 최악의 상황, 긴가민가 하는 의구심, 동반자들의 움직임, 머릿속의 정보와 결단의 내용이 비워져 버리는 순간적 혼미 등이다. 단호한 결행은 최고의 집중이 이뤄졌을 때 그 빛을 발한다.

라운드 요청을 거절한 후 무슨 일이?

라운드 하루 이틀 전 친구로부터 라운드 요청을 받았다고 가정해보자.

예상되는 결과는 두 가지다. 요청을 수락하거나 거절하는 것이다.

날짜가 임박한 데도 라운드 요청을 수락했다면 아무런 문제가 없다. 환영받는 골프메이트로 보너스점수가 누적된다. 다른 일정이 있는데도 만사 제쳐두고 수락했다면 가산점이 더 추가될 것이다.

그러나 라운드 요청을 거절한 경우는 꽤 복잡한 상황이 벌어질 수 있다.

라운드 당일 불가피한 선약이 있어 정중히 거절한 경우

골프메이트로서의 관계는 손상되지 않는다. 거절하면서도 "전화를 줘서 고맙다, 불가피한 선약이 있어 이번엔 못 가지만 다음 기회에는 꼭 가도록 할게." 하고 양해를 구했다면 당신은 친구의 골프 초청리스트 상단을 그대로 유지할 수 있다. 라운드 하루 이틀 전에 전화를 줄 정도라면 평소 골프 메이트로서 좋은 점수를 받았다는 증거다.

"이렇게 촉박해서 전화 주면 어떻게 해?"라는 반응을 보였거나 골프장이나 동반자들을 알아본 뒤 "이번엔 좀 곤란한데…."하며 거절했다면 사정은 달라진다.

통화가 끝나는 순간 당신은 친구의 골프메이트 리스트에서 맨 뒤로 밀리거나 지워진다. 월례회나 계절별 모임 등 의례적 행사가 아니라면 전화를 준 친구와 함께 라운드할 기회는 다시 없을 수도 있다.

라운드 요청 전화를 한 친구의 입장에서 한번 생각해보자.

대개 골프 약속은 한두 달, 짧아도 두세 주 전에 하는 것이 예의다. 금요일 저녁 무렵 전화해서 내일, 또는 모레 라운드를 하자고 하면 분명 결례다. 상대방의 일정이나 입장은 염두에 두지 않고 일방적으로 본인이 편리한 대로 요청하는 것이기 때문이다.

이런 전화를 하는 사람은 그대로 "이러면 결례가 될 텐데" 하면서 어려운 입장이고 전화를 받는 사람은 또 그대로 "내가 얼마나 함부로 대할 사람이라고 생각하면 땜질로 나오라는 거냐?"라며 불쾌하게 생각할 수 있다.

그러나 한편으로 이런 결례를 무릅쓰고 라운드 요청 전화를 했다는 것은 그만큼 당신을 좋은 메이트로 염두에 두고 있다는 증거다. 즉 당신을 이런 결례 정도는 이해할 수 있는 골프광으로 인정하고 있다는 의미이다.

친구들의 골프메이트 리스트 상단을 차지하려면 꽤 까다로운 조건을 충족시켜야 한다. 골프메이트 리스트의 상단을 차지하고 있는 친구들을 보면 공통점이 있다.

우선 까다롭지 않다. 골프장을 탓하지 않고 거리가 멀든, 티 오프 시간이 이르든 늦든 오케이다. 날씨도 개의치 않는다. 어떤 경우에라도 클럽하우스에 출현하는 것을 철칙으로 여기고 가능한 한 라운드하겠다는 자세가 되어 있다.

무엇보다 아무 때나 연락해도 만사 제치고 달려 나오는 친구는 대환영이다. 친구들의 골프메이트 리스트의 상단을 차지할 수 있는 핵심요소다.

한 지인은 야간근무를 마친 뒤 새벽에 귀가해 잠자리에

들기 직전 "라운드하기로 한 사람이 갑자기 올 수 없어 한 자리가 비었는데 바로 올 수 있느냐?"는 전화를 받고는 그대로 골프백을 챙겨 골프장으로 달려갔다. "아무 불만이 없었느냐?"고 물었더니 "그런 상황에서 그 친구가 나를 먼저 떠올렸다는 게 얼마나 고마우냐?"고 되물었다.

연습장의 한 여성 지인은 "라운드 요청이 오면 콩나물을 다듬다가도 달려나가는 정도는 되어야 진짜 골프광이 아닐까요?"라고 말할 정도다.

'저 친구는 골프에 관한 한 아무 때나 연락해도 괜찮은 친구'로 받아들여진다는 것은 당신이 바로 친구에겐 최고의 골프메이트라는 의미다. 정말 불가피하게 거절할 사유가 있다면 정중하게 사양하고 다음번에 꼭 다시 연락 줄 것을 요청하는 것을 빠뜨리지 않는 것이 골퍼의 예의고 전략이다.

매너가 좋다는 것도 좋은 호객 조건이다. 골프 룰을 철저히 지키고 동반자를 배려하는 태도가 몸에 배었다면 기분 좋게 초대하고픈 골프메이트다.

기량이 뛰어나다는 것은 좋은 골프메이트의 조건과 거리가 멀다. 프로 못지않은 훌륭한 기량을 갖고 있어도 동반자를 배려하지 않고 자기 기준으로 플레이하는 고수는 환영받지 못한다. 좋은 매너에, 겸손하고, 격식도 안 따지고, 누구와도 잘 어울리면서 좋은 실력까지 갖추었다면 최상의 골프메이트가 되기에 충분하다.

골프의 황금률

대부분 분야에서 목표의 100% 혹은 초과 달성은 미덕이지만 골프에서 100%란 결코 미덕이 아니다.

파워 100% 발휘, 100% 실력 발휘의 환상에서 깨어나지 않는 한 기량 향상은 기대하기 어렵거니와 골프 자체를 즐기기도 힘들다.

많은 골퍼들이 비거리의 증대를 위해 자신의 파워를 100% 발휘하기 위해 기를 쓴다. 그러나 파워풀한 장타의 맹신에서 벗어나지 않는 한 스코어 개선은 먼 얘기다. 골프에서 즐거움을 얻는 일 또한 요원하다.

골프의 질은 샷의 재현성(再現性)으로 판가름 난다. 어떤 클럽으로 얼마나 일정한 거리, 일정한 방향으로 볼을 보낼 수 있는가가 관건이다. 비거리도 일정하게 좋고 방향성도 뛰어나다면 더 말할 나위가 없겠지만 대개는 비거리가 좋으면 방향성이 보장되지 않는다. 미스샷을 낼 확률도 그만큼 높다.

250m 정도의 드라이버샷을 날리는 장타자라도 페어웨이 안착률이 30% 미만이라면 페어웨이 비거리 200m에 페어웨이 안착률 70%인 단타자를 이길 수 없다.

가끔 나오는 호쾌한 장타에 경탄의 박수를 보내는 동반자들의 속마음은 '장타 날리는 기분 즐기시게나. 우리 주머니는 자네 장타 때문에 두둑해진다네.'라며 웃고 있다는 사실을 깨달아야 한다.

골프에서 재현성을 높이려면 가장 편한 자세로 부드러운 스윙을 해야 한다. 그런데 대부분은 어떤 클럽을 쥐든 100%의 파워로 스윙하려 든다. 심지어 힘을 쓸 아무런 이유가 없는 짧은 거리의 어프로치 샷을 할 때도 힘을 들인다.

100%의 힘을 발휘한다는 것은 몸의 경직, 그에 따른 동작의 부조화를 초래하기 마련이다. 100% 발휘를 목표로 한

스윙은 대개는 120%의 힘을 쓰려는 동작을 유도해 정상적인 스윙을 불가능하게 만든다.

미국골프재단 NGF(National Golf Foundation)에서 실시하는 전문가 레슨과정에서는 샷의 재현성을 높이기 위해 '북 스윙 드릴(Book swing drill)'이란 독특한 트레이닝 방법을 쓴다.

처음 한 달은 이 훈련을 집중적으로 시키는데 양 손바닥으로 책을 잡고 스윙 연습을 하도록 한다. 이때 몸이 회전하면 책의 방향도 함께 움직여 테이크 백에서는 오른쪽 손등이 아래로 향하고 팔로우스윙에서는 왼쪽 손등이 아래로 향하도록 하는 연습이다. 스윙에 있어서 팔 동작을 철저하게 습득함으로써 수백 번 반복해도 동일한 동작이 나오도록 근육에 기억시키기 위한 과정이다.

이 연습을 마치고 겨우 클럽을 쥐게 하는데 첫 가르침이 "내가 가진 최대한 힘의 20%만 사용하라."는 것이다. 샷의 재현성을 높이기 위한 방법이다.

20%의 힘을 이용해 스윙하는 법을 배우고 나면 그제야 정상적인 스윙에 들어가는데 이때의 가르침 역시 "아무리 많은 에너지를 투입한다고 해도 70% 정도면 충분하다"고 가르친다. 그러면서 100%의 힘을 가하려는 아마추어들의

자세를 가장 경계해야 한다고 충고한다.

심리적으로도 골프에서는 70~80점이 미덕이다. 90~100점짜리 샷을 날리고 나면 같은 샷의 재현을 바라는 욕심이 생긴다. 욕심은 근육의 경직과 심리적 압박감을 초래, 자연스런 스윙을 방해한다.

반면 70~80점은 자만하지도 않고 크게 낙담하지도 않으면서 더 나은 단계로 나가기 위한 노력을 촉발한다.

서예에서도 머뭇거림이나 멈춤이 없는 필력에서 좋은 작품이 나오듯 골프 스윙도 옹이가 없어야 한다. 필요 이상으로 힘을 가하려고 할 때 부드러운 스윙은 사라진다. 팔에 힘줄이 돋는 순간 스윙 플레인이 찌그러진다. 과도하게 허리를 쓰는 순간 중심축이 무너지면서 몸이 출렁거리고 헤드 스피드도 떨어진다. 팔로 후려 패려는 자세를 취할 때 스윙 궤도는 흐트러진다. 목표 방향을 벗어나 길게 날아가는 볼은 아무리 짧게 친 볼보다 가치가 없다. 어쩌다 나온 멋진 샷은 무던한 샷을 이길 수 없다.

슬럼프 탈출의 열쇠

박세리만큼 슬럼프의 주술에 걸려 마음고생을 한 경우도 드물 것이다.

2004년 박세리(당시 27세)에게 찾아온 슬럼프는 본인은 물론 옆에서 지켜보는 골프 팬들을 안타깝게 했다. 그는 2001~2003년까지 3년 연속 상금랭킹 2위를 달리다 2004년 11위, 2005년에는 102위로 추락했다.

안니카 소렌스탐(스웨덴)에 막혀 3년 연속 상금랭킹 2위에 머물렀던 박세리는 2004년 시즌을 앞두고 "2인자는 지겹다"며 '넘버원'에 도전하겠다는 당찬 각오를 밝혔다.

초반 2개 대회 연속 '톱10'을 시작으로 5월까지 5개 대회에서 3차례 '톱10'을 이뤄낸 데 이어 5월

미켈롭울트라오픈에서 우승할 때까지만 해도 박세리의 '넘버원' 꿈은 가능해 보였다.

미켈롭울트라오픈 우승으로 '명예의 전당' 입회에 필요한 조건을 충족한 박세리는 그러나 다음 대회부터 끝모르는 부진의 늪으로 빠져들었다. 2개 대회 연속 컷오프라는 수모도 맛봤다.

꿈에 그리던 명예의 전당 입회라는 목표를 이룬 뒤의 일시적 허탈감이려니 했지만 그의 추락은 바닥을 몰랐다. 오버파 스코어가 나오는가 하면 80대 스코어를 치기도 했다.

2005년은 더했다. "입에서 단내가 나도록 맹훈련을 했다"고 말했지만 시즌 초반부터 성적은 바닥을 헤맸다. 4월 나비스코챔피언십 공동 27위가 가장 좋은 성적이었고 이후 컷오프, 기권을 거듭했다.

한마디로 '총체적 슬럼프'였다. 80대 타수가 속출했고 언더파 스코어는 34라운드 중 고작 8차례에 불과했다. 손가락 부상을 이유로 '병가'를 내고 담금질을 했지만 2006년 시즌에도 변화는 없었다. '박세리도 끝났다'는 말이 나왔다.

골프 문외한에게는 물론 골프에 일가견이 있다는 사람들도 박세리의 길고 긴 슬럼프는 불가해한 일로 받아들여졌다.

골프의 속성이 천국과 지옥 사이에 걸쳐진 외줄 위의 곡예나 다름없어 애당초 추락 없는 골프는 존재할 수 없다는 사실을 인정하면서도 박세리의 경우는 미스터리 중의 미스터리로 보였다.

초등학교 때부터 다듬은 흠 잡을 데 없는 스윙, 든든한 배짱, 그리고 화려한 우승기록과 다양한 실전경험 등을 생각하면 한 경기 또는 한 계절의 슬럼프는 있을지 몰라도 2년이 넘는 긴 슬럼프란 상상할 수 없었다.

그러나 이런 악성 슬럼프는 박세리에게만 찾아온 것은 아니다.

한때 타이거 우즈와 함께 세계 랭킹 1위를 다투던 데이비드 듀발(47·PGA투어 통산 13승)이 2002년부터 슬럼프에 빠져 여태 헤어나지 못하고 있다.

메이저 5승을 포함해 LPGA투어 통산 15승의 청야니의 슬럼프도 악명 높다. 2008년 신인상을 시작으로 2012년까지 한해도 거르지 않고 우승컵을 챙겼고 2012년에는 메이저 2승을 포함 무려 7승을 올렸으나 2013년부터 추락하기 시작, 이후 승수를 추가하지 못하고 컷 통과에 급급해하고 있다.

메이저 1승을 포함 LPGA투어 통산 9승을 올린 최나연도

2015년 2승을 올린 이후 승수를 추가하지 못하고 있다. 2009년부터 2012년까지 매년 1~2승을 올렸던 그는 2016년부터 지금까지 바닥을 헤매며 컷 통과도 힘든 부진의 터널에 갇히고 말았다.

아리야 주타누간(태국)의 슬럼프는 불가사의할 정도다. 2016년 5월 요코하마 타이어 LPGA클래식 우승을 시작으로 그 해에만 5승, 2017년 2승, 2018년 3승을 거두며 무적의 질주를 하던 그가 2019년 이후 단 한 번의 우승기록 없이 중하위권을 벗어나지 못하는 것은 이해 불가다.

슬럼프(Slump)란 원래 지질학 용어다. 바위처럼 굳어지지 않은 퇴적층을 지탱해주던 경사면 밑부분의 토양이 유실되면서 퇴적층이 미끄러지거나 흘러내리는 현상을 말한다.

일상적으로는 일시적인 부진이나 난조(亂調), 한계를 의미한다.

박세리의 경우를 참고해 아마추어 골퍼들이 겪는 슬럼프를 생각해보자.

주말골퍼들은 연습을 게을리하면서도 스코어가 기대에 못 미치면 절망하고 분노에 휩싸이기 일쑤다. 구력 수십 년에 싱글을 친다는 골퍼 역시 느닷없이 찾아오는 슬럼프에 심한 배반감을 느끼며 골프와 결별할 것을 수없이 다짐하기도 한다.

그러나 프로선수의 절망감과는 다르다. 몸에 밴 습벽이 골프의 기본과 거리가 멀고, 평소 연습을 게을리한다거나, 집중하지 못한다거나 자신의 취약점을 알기 때문에 느닷없이 찾아오는 슬럼프가 그렇게 황당하지는 않다.

그래서 박세리 같은 세계 정상급 골퍼가 2년여 동안 슬럼프에서 헤어나지 못한다는 것을 납득하지 못한다.

이런 박세리가 2006년 메이저대회인 맥도널드챔피언십에서 호주의 카리 웹과 연장 접전 끝에 우승컵을 안음으로써 슬럼프에서 탈출하는 데 성공했다.

골프에서 슬럼프란 마치 유령의 주술과 닮았다. 느닷없이 슬럼프란 유령이 다가와 풀리지 않는 주술을 걸어놓곤 슬그머니 사라진다. 유령이 주술을 걸어놓고 떠나버렸으니 저절로 주술이 풀릴 리가 없다. 대개는 주술을 풀기 위해 안간힘을 쓰다가 스스로 포기한다. 안간힘을 쓰면 쓸수록 더 깊은 수렁으로 빠져들기 마련이다. 극히 소수만이 자신의 내부에서 주술을 푸는 열쇠를 찾아내 슬럼프에서 벗어날 수 있을 뿐이다.

슬럼프에 빠진 골퍼들은 하나같이 '이유 없이, 갑자기' 슬럼프에 빠졌다고 생각하지만 깊이 따지고 들면 분명 이유가 있다. 다만 스스로 깨닫지 못할 뿐이다.

박세리도 오랜 고통의 나날을 보낸 뒤에야 추락의 원인을 깨달았다고 한다. 명예의 전당에 오른 뒤 찾아온 목적 상실에 따른 허탈감, 골프를 빼면 의미를 찾기 힘든 단조로운 일상, 결혼 적령기를 맞은 여인 특유의 초조감, 실력 있는 후배들의 등장, 골프가 아닌 취미생활 부재 등등이 복합적으로 작용해 자신감 상실과 강박관념, 조바심 등을 초래했던 것이다.

오죽했으면 박세리가 아버지에게 "왜 아빠는 나한테 노는 법을 안 가르쳐줬느냐"고 눈물을 흘리며 따졌겠는가.

골프에서 슬럼프라는 주술을 푸는 열쇠는 내 안에 있다.

임팩트와 스윙 스피드

스피드를 중시하는 슈퍼 카의 보편적 척도는 몇 초 만에 시속 100km에 이르는가에 달려 있다. 일반 승용차는 액셀 페달을 세게 밟아야 10초 안에 시속 100km에 도달할까 말까 한다. 그러나 고급승용차는 5~7초 만에 시속 100km에 도달하고 포르쉐 페라리 람보르기니 등 이른바 슈퍼 카들은 3~4초 만에 시속 100km를 돌파한다.

슈퍼 카라 해도 처음부터 높은 속도를 낼 수 없다. 아무리 빠른 차라 해도 정지상태에서 출발해 서서히 속도를 높인다.

자동차의 스피드와 골프 스윙의 스피드는 원리가 같다.

슈퍼 카도 제로에서 출발해 일정 시간이 지나야 최대 속도에 이를 수 있듯 스윙도 제로에서 출발해 일정한 지점에 이르러야 폭발적인 헤드 스피드를 구현할 수 있다.

그런데 상당수 아마추어 골퍼들은 백스윙에서 다운스윙으로 전환하자마자 힘을 주어 헤드 스피드를 올리려 한다. 이 경우 정작 최고의 헤드 스피드가 필요한 임팩트 존에서 속도가 줄어 원하는 파워와 속도를 구현하는 데 실패한다.

스윙 자세나 체격, 근력 등에 따라 개인차가 있겠지만 골퍼가 스윙할 때 극대화할 수 있는 파워의 절대치는 개인별로 일정하다고 봐야 한다. 개인별 파워 용량이 정해져 있다는 의미다.

일정한 파워를 다운스윙을 하자마자 왕창 써버리면 임팩트 존에서 사용할 파워는 적어질 수밖에 없다. 임팩트 존에서 최대의 파워, 즉 최대의 스피드를 내려면 다운스윙을 할 때 서서히 내려와 가속을 붙여 임팩트 존에서 최대화하는 동작이 필요하다. 마치 밤하늘의 혜성이 긴 꼬리를 달고 우주의 심연 속으로 사라지듯 스윙이 만들어져야 한다는 뜻이다.

골프를 배운 지 5~6개월쯤 되었을 때의 일이다.

출퇴근길에 가끔 찾는 연습장에서 있는 힘을 다해 드라이버를 휘두르는데 옆에서 연습하던 분이 내 스윙을 한참 보더니 이상하게 생긴 도구를 주며 한번 휘둘러보라고 했다.

나보다 연장자인 그 분은 골프를 한 지 수년은 족히 된 것 같았다.

그가 건네준 도구는 길이가 1m가 조금 넘는 막대기 모양으로 앞이 뭉텅하게 생겼는데 처음 보는 것이었다. 스윙을 체크하는 도구라고 했다.

그의 성의도 있고 해서 시키는 대로 도구를 잡고 클럽 휘두르듯 휘둘렀다. 몇 번 휘두르는 것을 본 그는 도구를 되받아 시범을 보여주었다.

그가 스윙을 하자 도구는 임팩트 존을 지나면서 '딸깍' 하는 소리가 들렸다.

"너무 움켜쥐고 패듯이 스윙하면 이런 소리가 나지 않습니다. 이런 소리가 나도록 부드럽게 해야 합니다."

나는 건성으로 그런가 하고 대답했다. 내 자세에 배우겠다는 의지가 안 보였는지 그는 자기 자리로 돌아갔다.

"다 각자가 알아서 하는 거지 뭐, 이래라저래라 하는 거야."

나는 속으로 중얼거리며 하던 연습을 계속했다.

그때 그 사람이 나에게 깨닫도록 하려고 한 것이 무엇인지는 10년이 지나서야 알게 되었다. 그것은 바로 헤드 스피드를 높이기 위한 부드러운 스윙이었다.

나는 부단히 부드러우면서 힘찬 스윙을 위해 노력했지만 부드럽기만 했지 힘찬 스윙은 만들어내지 못했다.

그런데 최근 우연히 친구 집을 방문해 예의 그 도구를 닮은 스윙 머신을 발견했다. 스윙을 하면 '딸깍' 하는 소리가 나도록 돼 있는데 그 소리는 파워가 최대일 때 즉 헤드 스피드가 최대일 때 소리가 났다.

연습 삼아 몇 번 휘둘렀으나 '딸깍' 하는 소리는 임팩트 지점이 아닌 다운스윙 시작지점과 임팩트 존 중간 지점에서 났다.

그는 다운스윙 출발 때 너무 힘이 들어가는 바람에 임팩트 지점을 지날 때 파워의 극대화가 이뤄지지 않아서 그렇다고 설명했다. 내려오면서 힘을 주는 바람에 정작 임팩트가 필요한 볼을 가격하는 순간은 이미 힘이 소진되어버리기 때문이라는 설명이었다.

설명을 듣고 부드럽게 천천히 내려오다 몸통을 빠르게 회전시켜 임팩트 존을 지날 때 가속시키자 그때서야 임팩트 존 지점에서 '딸깍'하는 소리가 났다.

골프깨나 친다는 내 자신이 이제껏 이런 것 하나 제대로 터득하지 못하고 있었던 게 부끄러웠다.

후에 스크린골프 연습장에서 이 개념을 갖고 연습해보니 볼 스피드가 전보다 더 높게 나타났다.

'아 그랬었구나!' 비로소 확신이 생겼다.

이후 연습장을 찾을 때마다 임팩트 존에서 최고의 파워와 속도를 내기 위한 연습을 계속했는데 스키점프의 이미지가 큰 도움이 되었다.

무릎과 허리를 구부린 채 경사가 심한 활강대를 내려와 활강대 끝 지점에서 무릎을 죽 펴며 하늘로 날아오르는 자세를 취한 채 공중을 나는 스키점프는 골프의 다운스윙을 닮았다.

제로 베이스에서 출발해 점점 가속도가 붙어 최고의 스피드가 발현되는 지점에서 무릎을 펴 비상하는 스키점프의 과정은 백스윙에서 잠깐 멈췄다가 제로 베이스에서 다운스윙을 시작, 점점 가속도를 붙여 임팩트 존을 지날 때 최대의 속도와 파워를 내는 골프와 너무 흡사하지 않은가.